天津近代
历史人物传略
六

万新平 主编

荣华 方昀 阎峰 于学蕴 副主编

天津出版传媒集团

天津人民出版社

图书在版编目（CIP）数据

天津近代历史人物传略.六 / 万新平主编；荣华等
副主编.—— 天津：天津人民出版社，2021.12
ISBN 978-7-201-18093-9

Ⅰ.①天… Ⅱ.①万… ②荣… Ⅲ.①历史人物-列
传-天津-近代 Ⅳ.①K820.821

中国版本图书馆 CIP 数据核字(2021)第 271686 号

天津近代历史人物传略（六）
TIANJIN JINDAI LISHI RENWU ZHUANLÜE(LIU)

出　　版	天津人民出版社
出 版 人	刘　庆
地　　址	天津市和平区西康路 35 号康岳大厦
邮政编码	300051
邮购电话	(022)23332469
电子信箱	reader@tjrmcbs.com

策划编辑	韩玉霞
责任编辑	杨　轶
装帧设计	卢炀炀

印　　刷	天津新华印务有限公司
经　　销	新华书店
开　　本	710 毫米×1000 毫米　1/16
印　　张	18.75
插　　页	2
字　　数	260 千字
版次印次	2021 年 12 月第 1 版　2021 年 12 月第 1 次印刷
定　　价	95.00 元

编辑委员会

序　一

多年来,天津市高度重视天津近代历史研究工作,在市委、市政府的关怀和支持下,2012 年 3 月,在天津市档案馆成立了近代天津历史研究中心。这是全国档案系统第一家地方近代历史研究机构,为进一步做好天津近代历史研究搭建了一个重要平台。《天津近代历史人物传略》是研究中心成立后,经市委、市政府批准立项的首个大型学术研究和出版工程。

1840 年鸦片战争至 1949 年中华人民共和国成立,一百多年的中国近代史,是灾难深重、落后挨打的屈辱历史,也是中国人民探索救国之路、实现自由民主的历史,更是中华民族抗击侵略、打倒帝国主义以实现民族解放,打倒封建主义以实现人民富强的斗争史。天津城市在近代具有特殊的历史地位,有"近代中国看天津"之说。鸦片战争、第二次鸦片战争、洋务运动、甲午战争、戊戌变法、义和团运动、清末新政、辛亥革命、五四运动、中国共产党成立,党领导下的土地革命、抗日战争、解放战争,等等,这些影响中国近代历史发展进程的重大事件,无不在天津留下了深深的印记。

作为近代中国北方最大的通商口岸,处在东西方文化交汇点的天津近代化的进程也在加速。这个时期,在天津诞生了近代中国第一批近代工厂、第一所国立大学和第一所私立大学、第一批近代银行、第一条铁路、第一个电报局,等等,逐步实现了向北方经济中心城市的重大转变。20世纪二三十年代,中国形成了南有上海、北有天津的经济格局,奠定了天津经济发展的重要地位。对天津近代百年历史进行深入研究,对于促进改革开放、实现天津又好又快发展具有重要的现实意义。

历史是一部厚重的教科书,透过近代中国宏大的历史场景,我们看到的是一个个鲜活的历史人物。在天津近代历史的舞台上,他们与那些重大历史事件一起,共同勾勒了天津近代历史的脉络。在这里,许许多多革命先驱为了人民的解放事业浴血奋斗,留下了可歌可泣的英雄事迹;在这里,许许多多志士仁人为了救国图强,兴产业、办实业,为加快民族工业的发展付出了心血和汗水;在这里,汇聚了国内外许许多多专家学者、有志青年,在教育、科技诸领域构筑了国内人才的一个高地;在这里,涌现出许许多多知名的演员和艺术家,成为民族文化的一方沃土。无数先进人物,在国难与民族危亡关头英勇献身的精神,在救亡图存的磨难与抗争中勇于探索、自强不息的精神,在近代天津的历史长河中永远闪烁着耀眼的光芒!一部天津近代历史给我们留下的历史财富是极为宝贵的!当然,天津也曾是为数众多的清末遗老遗少、军阀买办、达官显贵聚居之地,也是反动黑暗势力麇集的地方。

本书以马克思主义唯物史观为指导,以对历史的敬畏之心,从天津近代百年历史中选取了近千位具有代表性的历史人物编辑成传。这些人物涉及天津近代社会各党派、各阶层、各界别。在编辑过程中,我们牢牢把握三个原则,一是坚持实事求是的原则,注重史料的真实性,充分挖掘和运用第一手史料,参考了大量历史文献和最新研究成果,反复印证所选用的口述史料,对各类史料认真甄别,去伪存真、去粗取精,力求全面、真实地记述每一个人物的生平事迹。二是坚持客观公正的原则,注重撰述的客观性,一切用史实说话,不隐恶,不溢美,以期客观真实地反映入传人物的全貌及其对历史的影响，切实从人物的视角呈现一部客观真实的天津近代史。三是坚持严谨细致的原则，注重行文的规范性，确保传文结构合理、层次分明，文字表述精炼、准确、生动，参考文献与注释体系符合学术要求，力求使这部书成为一部集学术性、资料性和可读性为一体的史学著作。

本书编辑过程中，得到了市委、市政府的关心指导，得到了市有关单位的热情帮助，得到了史学界专家学者的大力支持。这部书凝结着大家的心血和汗水，是集体智慧的结晶。在此，我们向各位领导和所有为本书做出贡献的同志表示衷心的感谢！

由于水平的局限，以及史料的搜集和研究还有待进一步深入，本书需要进一步完善和提高，我们真诚地希望广大读者提出宝贵意见。

今后，近代天津历史研究中心要更好地聚合全市近代史研究人才，发挥好重要平台的作用，充分调动专家学者和全市史学工作者的积极性，进一步搞好天津近代历史的研究工作，讲好天津故事，努力扩大天津历史文化名城的影响力和知名度，切实为建设美丽天津做出新的更大的贡献。

天津市档案馆

近代天津历史研究中心

2016 年 7 月 18 日

序　二

　　《天津近代历史人物传略》即将出版,这是天津近代史研究领域的一项重要成果,是一部具有权威性的有关近代天津人物研究的著作,对于深入认识和研究天津近代历史具有较高的学术价值。

　　天津地处京畿,据通衢,扼海口,地理位置十分重要,以1860年被迫开放为标志,天津的历史进入近代时期。洋务运动、小站练兵、清末新政先后发端于天津,义和团运动、辛亥革命、五四运动、中共建党、抗日战争、解放战争在天津留下了史迹,还有九国租界的开辟、北方经济中心的确立,都深刻影响了近代中国的历史进程,故有"近代中国看天津"之说。

　　在这百年剧变的历史中,涌现出一大批中外历史人物,有革命者、实业家、作家、学者、艺术家、达官贵人、失意政客,等等。本书的编者不以传主的政治倾向和职位高低为标尺,坚持收录人物的客观标准,经过深入研究,从近代天津各个领域、各个阶层、各个党派筛选出值得一写的人物,有千人之多,其所涉近代人物的完整性、系统化,在天津近代历史研究领域还是首次。

　　在记述人物的生平事迹时,编者以马克思主义唯物史观为指导,怀着对历史人物客观公正之心,注重史料的真实性,充分运用第一手的档案史料，参考了大量历史文献和最新研究成果，反复印证所依据的口述资料，对选取的各类史料认真甄别，进行去伪存真地深入分析，确保了人物生平事迹的真实可信。一切用史实说话，不隐恶，不溢美，客观记述每一位传主的言行和作为、形象和面貌，以及对社会的影响，注意避免没有史料依据的主观评价，注重行文的规范性，传文结构严谨、层次分明，文字表述精炼、准确、生动，参考文献与注释体系符合学术要求，全书具有较高的研究价值，是一部精品之作。

这是一部集具学术性、资料性和可读性的大型工具书，以人物的活动反映了近代天津社会的方方面面，成为了解天津、认识天津、研究天津的史料宝库，肯定会受到读者的喜爱。近代中国看天津，读完这部书，你会感觉此言不虚。

魏宏运

2016 年 6 月 18 日

凡　例

一、本书定名为《天津近代历史人物传略》，是具有学术性、资料性和可读性的多卷本工具书。

二、本书收录人物时限，上自 1840 年 6 月 28 日第一次鸦片战争爆发，下迄 1949 年 10 月 1 日中华人民共和国建立。入编人物主要经历和重要事迹应在此时限之内。入编人物 1949 年后健在与否不限，但必须是在 1949 年前确已成名且有重要事迹可书者。凡属 1949 年前仅崭露头角，而 1949 年后始声名大显，或 1949 年前虽已知名，但与天津关系甚浅，而 1949 年后始长居天津者，一般不予收录。

三、本书中关于天津的区域范围，系以现在天津市的行政区划为准，凡属现天津市所辖区之人物，符合收录标准者予以收录。

四、本书收录人物以天津籍为主，包括祖籍天津但流寓外地者；或寄籍天津，出生成长以及长居、终老于天津者。外省市籍人物，视其与天津历史渊源之深浅，在天津具体活动及其影响之久暂大小为依据，酌量收录。

五、本书收录人物为近代天津在政治、军事、经济、文化、社会各个领域的知名人物，包括近代天津各个重要历史时期及历次重大历史事件中有重要活动、重要影响和重要贡献的中外历史人物。具体而言，军界为师长以上；政界为省、市厅、局长以上；经济界为历届商会会长，主要同业公会会长，著名工厂、商号、银行、钱庄的创业人或经理；文化界为大学与比较著名的中、小学创办人或校长，著名的教授、学者、科学家、工程师、文学家、书画家、音乐家、文物收藏鉴赏家，知名报社社长、编辑与记者，著名的演员、民间工艺艺人，主要医院院长、著名中西医师；社会人士为地方名流（乡绅、盐商、买办等），知名的法官、律师、寓津旧军政人员、前清遗老、宗教神职人员与居士、体育家、武林高手，以及三教九流中的代表人物等。全国性知名人物尤应重点收录。

六、本书传略以一人一传为原则，因资料缺少等原因也可同类数人合为一传。

七、本书人物传略以本名为主，其有习惯俗称，向以字、号、别名、艺名流行社会者，用其俗称。人物排列以姓氏汉语拼音字母为序，同音者以声调为序，同声调者以第一二笔的笔形为序，同姓者以名字的汉语拼音字母为序。末卷附有《人物姓氏笔画索引》和《人物分类索引》，以便检索。

八、本书人物传略正文大体上包括生卒年、性别、字号、民族、籍贯、出身、学历、主要经历及在天津重要活动事迹诸项。生卒年均用公元纪年，括注于词目人物姓名之后。不详者以文字或"？"标注。卒年为空白者表示其人健在。汉族一概不特为标注。籍贯一律用当时地名，必要者括注今名。叙事一律用公元纪年，必要时可标注清朝年号。对人物生平事迹一般不做具体评论和评价。

九、本书人物传略撰写中所引用的文献资料，一般注明出处，并在传略正文后列出主要参考书目。

目　录

蔡 远 泽

蔡远泽(1886—1945),字惠臣,号璋石,浙江德清人。

蔡远泽在 1900 年前后就读于上海南洋公学。1902 年 11 月,由于南洋公学教习禁止学生阅览一切新书及进步报刊,爆发了退学风潮,时在校读书的蔡远泽也参加了罢课,退学后被蔡元培在上海创办的爱国学社收留,后考入北洋大学堂预科就读。

1906 年,经北洋大学堂选送,蔡远泽赴美国留学。先在麻省理工学院(MIT)矿科获学士学位,后相继获得麻省理工学院采矿系硕士学位、哥伦比亚大学会计学硕士学位。回国后,于 1917 年 12 月在上海加入寰球中国学生会。1918 年任北洋大学工科采矿冶金专业教授。1919 年 9 月起,兼任北洋大学工科学长,并在直隶高等工业专门学校化学科兼任教职。1924 年 8 月,北洋大学校长刘振华裁撤工科学长一职,蔡远泽遂辞去教职。

蔡远泽此后致力于发挥专业特长,曾任奉天省黑山县境内八道壕煤矿工程师、宛平县门头沟琉璃渠煤矿经理以及通惠实业股份有限公司矿师、大北煤矿总工程师等职。蔡远泽还从事探矿工作,1927 年 1 月取得了磁县北沟迤西地方煤矿的勘查许可证。

1928 年 7 月,北洋大学改称国立北平大学第二工学院,茅以升任院长。1929 年 3 月 31 日晚,校内大楼因失火而被烧毁,土木科机械、画图室全部以及博物院中之矿石标本并化石等珍品,悉付一炬。1929 年 8 月,又更名为国立北洋工学院。1930年7月,经北洋大学毕业生同学会推选,经南京国民政府教育部批准,蔡远泽被委任为校长。他就任后,竭力恢复教学秩序,积极争取庚子赔款中比利时退还的部分资金,主持校园设施规划,重建被焚校舍,修建新操场及桥梁,筹设工程学馆主体建筑。后因办学经费困难,因四处奔波筹措经费而患病调养,于1932年9月辞职。

1933年,蔡远泽担任南京国民政府财政部盐务稽核总所下设在北京的盐务学校校长,相继被聘为北洋工学院采矿冶金科咨询委员会委员、院史编纂委员会委员。

1933年11月,蔡远泽呈请开采河北省磁县北大峪一带的煤矿(面积482公顷32公亩)。1934年4月,经南京国民政府实业部核发采矿执照,准予开采20年。蔡远泽遂将该煤矿命名为"永安煤矿",该矿资本定300万元,尚有向平汉线双庙车站接修运煤轻便铁道之计划。

1935年7月,盐务学校因办学经费不敷而停办后,改设盐业研究所,从事盐质改进、渔盐及工农业用盐的变色变性、硝酸炼制及副产品利用等研究。蔡远泽改任盐务稽核总所保管处处长。1936年,财政部为降低西南地区制盐成本,将盐业研究所迁至重庆,蔡远泽被委任为所长。

因南下任职,蔡远泽遂以无力经营永安煤矿为由,于1936年9月呈请河北省政府,将该煤矿产权移转给以北洋大学原教授李养冲为常务董事的致和煤矿股份有限公司,蔡远泽成为该公司股东。

抗日战争全面爆发后,蔡远泽积极兴办实业支援抗战。1938年6月,财政部盐务总局派盐业研究所所长蔡远泽、工程师朱庭祜到四川威远调查,接洽开采黄荆沟煤矿事宜,他们共同完成了《调查威远煤矿报告》,成立了黄荆沟煤矿局。1938年10月,蔡远泽报呈食盐制造氯酸钠炸药厂计划书,引起重庆国民政府经济部资源委员会、军政部兵工署的重视,后由军政部兵工署筹备设立。

1940年,蔡远泽辞去盐业研究所所长一职,在北洋大学同学会重庆分会开展活动。1941年,北洋大学全国校友集议,决定在大后方筹设私立北洋工学院,蔡远泽在贵阳被推定为筹备委员会委员。1942年,赴湖南创办焦炭公司,在湘粤一带颇有声望。

1944年,日军进攻湘桂,蔡远泽返回重庆。1945年在贵阳开办中国煤矿公司。同年5月,因感染斑疹伤寒,病逝于贵阳中央医院,终年59岁。

参考文献:

《大公报》1924年9月17日《北洋大学新校长之设施言行不能相顾》,《大公报》1930年7月2日《北洋大学校长改聘》。

《益世报》1930年7月14日《北洋院长蔡远泽将抵津》。

财政部盐务署盐务稽核总所编:《盐务汇刊》第24期,1933年8月15日。

国立北洋工学院总务处:《国立北洋工学院校友及毕业同学录(民国二十四年度)》,1936年3月编印,第4页。

中国第二历史档案馆编:《中华民国史档案资料汇编》第5辑第1编《财政经济(一)·财经会议与财政概况》,江苏古籍出版社,1997年。

(王勇则)

曹 鸿 年

曹鸿年(1879—1956),字恕伯,晚年改名宏年,天津人,回族。1879 年 7 月 11 日,曹鸿年出生在小商人家庭,幼年敏而好学。初入私塾,师从顾叔度读书,并学习诗文书法,长于汉隶。后又跟随著名花鸟画家王铸九学习国画,专于竹兰。

1900 年,曹鸿年学业有成,在家中设馆,招生授课,从此走上了教育之路。1901 年始,清廷推行"新政",废科举而兴办新式教育。天津也开始了从私塾到新式学堂的变革,同时掀起废庙兴学之风。曹鸿年经天津教育界前辈严范孙介绍,到天津城里的会文书院听讲,学习有关新式学堂的知识,这成为其从私塾教学步入新式学堂执教的起点。

1902 年,曹鸿年被聘为天津西北城角文昌宫民立第一半日蒙学堂教员。不久调任城西慈惠寺两等官立小学堂教员,后经县政府指派前往直隶省立单级教员讲习所学习。1905 年 12 月,曹鸿年由天津县劝学所委任,在西马路宣讲所内创办单级小学,并担任主任教员。1909 年和 1910 年的《直隶教育官报》,对曹鸿年的教学工作多次给予好评。

1914 年 4 月,曹鸿年担任天津县立单级教员讲习所分所主任教员,兼任望海楼私立单级教员讲习所主任教员。11 月,曹鸿年担任模范单级小学校校长,校址在河东锦衣卫桥的火神庙,隶属于省立第一师范学校,是师范学校毕业生的实习校,后改称省立第一师范学校附属小学第二部,曹鸿年任主任。1916 年 12 月,该校 11 个班的学生毕业,曹鸿年以二部主任的身份,带领毕业生到北京及保定等地学校,参观学习教学工作。

1917 年初,北洋政府教育部派员视察直隶、江苏、浙江三省的初等教育,评定优良小学 11 所,曹鸿年任职的这所附属小学名列第四。教育部的评语说:"该主任诚恳勤勉,富于研究心、责任心,其所办小学堪膺优良小学之选。"①曹鸿年荣获三等奖章一枚。

曹鸿年十分重视体育教学,编著了《新式体操》一书,亲自绘画连环插图,石印出版,很受欢迎。他个人也坚持体育锻炼,每天练习八段锦和剑术。

9 月,曹鸿年蒙直隶督军兼省长曹锟的委派,作为第二期中小学校负责人 14 人中的一员,赴日本、朝鲜、江浙等地考察教育。

1918 年 4 月,曹鸿年考察归来后,整理出《考察日韩江浙教育笔记》一书,由天津直隶书局印刷代售。该书记述了沿途风景、社会状况、学校内容、教育精神,以及农业、工业、商业见闻等内容。曹鸿年还撰写了《论国民教育》一文,这篇文章不仅表明了他的教育救国思想,也说明了他对于发展教育的信心和抱负。他不仅重视文化教育,而且其德智体全面发展的教育理念,在当时无疑是超前的。

1921 年 1 月 1 日,北京清真书报社主办的《清真周刊》正式出版了。创刊号登有曹鸿年的发刊词,主要强调了家庭教育、社会教育、学校教育和宗教教育的特点和作用。这年暑假过后,曹鸿年出任直隶美术学会图画导师,从此走上了专心从事书画艺术创作并以此来养家糊口、维持生计的道路。

1922 年 7 月,吴兴人钱云鹤在沪创办上海书画院,慕名向曹鸿年征求书画。曹鸿年寄上 10 余幅兰竹佳作,每幅有题并附诗,诗意清新,画法古茂。曹鸿年的画作被收入民国著名画刊《神州吉光集》,浙江嵊县人郑昶所著《中国画学全史》一书,也将曹鸿年列入其中。

---

① 曹世瑛、曹世雄:《先父曹鸿年传略》,载天津市地方志编辑办公室:《天津史志》,1990 年第 3 期,内部印行。

1924年6月,曹鸿年选出各体字、各种画共12帧,论书法、论画法、论篆刻等著作,历年所作诗、词、楹联,论教育的文章,以及有关他个人经历的文稿,编为《松寿轩第一集》出版。由新民意报馆印刷,天津益世报馆、天津国货售品所、天津新民意报馆发行。刘孟扬为该书题写了书名并作序,天津著名教育家严范孙题赠七律一首,对曹先生的书画艺术给予了高度的评价。

曹鸿年的书画诗词等艺术造诣颇深。他的书法悬肘中锋,笔力遒劲,篆隶行楷魏碑大草,皆能挥洒自如,尤以隶书见长,还擅长金石篆刻。曹鸿年凭着真才实学享誉文化艺术界,声名日隆,前来求索书画者日众。曹鸿年曾参加张大千在西安举办的全国书画家作品展。张大千称"先生诗、书、画三绝,足为北人吐气"。在后来的书信往还中,张大千称赞曹鸿年是"江北才子"。① 足可见曹鸿年在全国书画界的影响。

1925年2月,在天津清真大寺的扩建增修工程中,曹鸿年为山门的南、北跨院二道门,分别撰写了"追踪修业"和"进德扬辉"匾额,以砖刻的艺术形式,装饰在门楣上,古朴典雅,美观大方。3月,曹鸿年主编的《明德报》第二号出版。曹鸿年身体力行,修身养德,谦虚谨慎,认真负责地办好这份期刊。

1930年2月,小伙巷牛圈街的清真女寺创建伊始,曹鸿年为之撰写了"清真古教"匾额,以砖刻的艺术形式,镶嵌在礼拜大殿的外墙上,庄重圣洁,朴实无华。3月,小伙巷栅栏口西街14号的清真老义学扩建,曹鸿年撰写了《天津清真老义学碑》,镌刻在白色大理石上,镶嵌在室内东墙上,碑文记述了清真老义学的历史沿革及房屋产权情况。此碑现在天津市红桥区伊斯兰教协会收藏。10月,曹鸿年《题殷墟甲骨文》一篇,在《字学杂志》第二期上发表,令人瞩目。

1934年2月,天津基督教青年会的王子英组织宗教生活运动大会,

---

① 李佺棠:《我的老师回族书画家曹鸿年先生》,《南开春秋》,1991年总第4期。

约请曹鸿年讲述清真要理。曹鸿年以《说清真教缘起及五大纲》为题,发表了生动的演讲。4月,天津清真南大寺的盥洗室(俗称水房子)修葺一新,曹鸿年为之撰写了对联一副。

1937年卢沟桥事变爆发。平津沦陷后,曹鸿年坚守晚节。时有北平伪华北政务委员会主席缪斌、伪山东省主席马良,都曾致函曹鸿年,向其求索字画,曹鸿年始终未予理睬。抗战胜利后,李宗仁担任北平行辕主任,对沦陷期间不愿附敌的知名人士给予表扬,曹鸿年收到了慰问信。

1939年,天津遭遇特大洪水,天津清真南大寺被洪水浸淹。翌年,天津清真南大寺将山门及南北跨院提升改造,落地重建。10月,曹鸿年为南角门题写了"清真南大寺"匾额,镌刻在白色大理石上,镶嵌在门楣之上。1943年6月,天津清真南大寺在义学胡同东口,面向西马路,增建木牌坊一座(民间称之为小牌坊)。采用的是单间、双柱、两层的门式木构架,上层是用阿拉伯文书写的五开光经字匾,下层是曹鸿年书写的"清真南大寺"汉字匾。曹鸿年也曾为沧州清真北大寺撰写对联。曹鸿年不愧是一位受人爱戴的回族书画艺术家。

1949年1月15日,天津解放了。曹鸿年的生活得到了政府的关怀和照顾,他看到改天换地、政通人和,对新社会充满了希望。曹鸿年拥护中国共产党的领导,向党组织提出了入党申请。

1951年4月5日清明节,市立第八小学为解放天津而牺牲的烈士扫墓,请曹鸿年代撰挽联。联曰:华北人民解放后,千废并举,万象更新,已度两年,未忘英雄铁血;国内百业改进中,善政频颁,仁人领导,试藉互爱,发扬民主精神。曹鸿年感情深厚,真情实感,跃然纸上。

1953年,曹鸿年被天津市文史研究馆聘为馆员,并光荣地加入了中国共产党。

曹鸿年著有《考察日韩江浙教育笔记》《实际小学管理法》《教育管见》《新式体操》《教育法规汇编》《新管理法》等教育专著,《松寿轩第一集》《松寿轩第二集》《松寿轩诗稿三百首》《松寿轩歌词巧对汇编》《松寿轩书画篆刻丛谈》等艺术专著。

1956 年 5 月 2 日,曹鸿年因病去世,终年 77 岁。

参考文献:

天津回教联合会:《明德报》第 1 号,1924 年 11 月出版。

天津市地方志编辑办公室:《天津史志》,1990 年第 3 期,内部印行。

天津市政协文史委编:《天津文史资料选辑》第 104 辑,天津人民出版社,2005 年。

(尹忠田)

邓曰谟

邓曰谟（1896—1983），号舒菴，广东香山人。1896 年 5 月出生在一个殷实的工商业者家庭，家庭环境使邓曰谟从少年时期即有机会接触西方的工业文明。

1908 年，邓曰谟进入当地的教会学校博文书院学习。1911 年，15 岁的邓曰谟来到上海，参与了反对清王朝的革命活动，担任密码电报的翻译。1914 年，邓曰谟参加了大学的入学考试。1915 年 1 月邓曰谟进入北洋大学预科，1917 年预科毕业转入本科采矿冶金专业。1920 年 6 月，邓曰谟在北洋大学采冶科毕业，获工学学士学位。经北洋大学教授美国人斯佩芮推荐，1920 年 12 月自费去美国学习，先是在美国芝加哥的格雷（Gray Works）钢铁厂研制实验仪器，后来又在查默斯（Allis Chalmers）机电厂学习水力机与发电机制造技术。1922 年底，邓曰谟回到国内，先后从事工业技术和教学工作。

1930 年，邓曰谟到北洋大学任教，先任化学教授，继任机械学教授，后任水利学教授。南京国民政府教育部规定，凡是工科院校必须建立实验室。但当时的教学实验仪器设备几乎全靠进口，且价格昂贵，如一台50 000 磅材料试验机需花费 15 000 多美元，而政府对学校的拨款极为有限。为了克服这个困难，邓曰谟下决心自己设计、自己制造。1932 年至1933 年，邓曰谟依托机械研究社，经过一系列艰苦试验，成功地设计并制造出了材料试验室、水力实验室的一系列仪器设备，如油压试验机、冲击试验机、水泥拉力机、流速计、混流水泵、两级水泵、水轮机等,除了装备北洋大学的材料试验室和水力实验室外,还供给山东大学、中山大学、河南大学、重庆大学、焦作工学院、河南水利专门学校等高校的有关实验室使用。其中 50 000 磅材料试验机为当时由中国人自己设计和制造的第一台全能材料试验机,可以进行有关材料机械性能的一系列静力试验。

邓曰谟还设计制造出一种动力机械煤气发动机,用煤炭经煤气发生炉产生一氧化碳来发动内燃机并在北洋大学实习工厂自行研制成功了机械加工设备大型工件车床。邓曰谟因而成为中国早期机械设备研制和教学方面富有创造活力的开拓者之一。

1934 年,北洋工学院成立了"飞机工程研究会"。1934 年 1 月,南京国民政府军政部航空署拨给北洋工学院一架德国造福克·沃尔夫(Focke)飞机,以供研究仿制,其发动机为一星型 5 缸汽油机。时任北洋工学院机械系教授、材料试验室主任的邓曰谟,毅然主持承担了飞机发动机的试制工作。此事在当时不仅有材料、技术及工艺上的困难,还有来自社会上的阻力。邓曰谟和他的助手们从铸造合金入手,自己动手冶炼,用了两年时间,试验数百次,终于闯过了一道道难关,使铸造合金在强度、硬度、表面性能方面的技术指标达到了德国标准。接着,邓曰谟逐一仿制发动机零件,把发动机件取下一件,仿造一件,首先进行试验室台架试验,然后进行实物运转试验,即把仿造的机件装在原机上开车试验,比较其性能差距,并加以改进。最后把整个原机零件都替换成了自制零件。试验结果,自制发动机在马力、转速、稳定性等方面都达到了德国原机的水平,取得了完全成功,试制成功中国第一台飞机发动机。

抗日战争胜利后,邓曰谟复任北洋大学采矿系教授,继续从事教学工作和机械设计与制造。1947 年 5 月 20 日,北平学生举行了"反饥饿、反内战"的大游行和街头宣讲,邓曰谟的次子邓霄担任队前纠察,被国民党军警用带铁钉的木棍打成重伤。邓曰谟专程从天津赶到北平,参加了 5 月 22 日晚在北京大学民主广场举行的"光荣战士晚会",并在会上发表演讲,愤怒谴责当局的暴行。

1949年10月,中华人民共和国成立,邓曰谟被任命为北洋大学校务委员会委员、天津财经委员会委员,担任天津市农垦局、农业部、新港及海河工程局等多个单位的顾问,并再次成立了机械研究社,承担了大量工程设计和机械制造任务。1948年,国民党军队撤退时炸毁了保定地区安新县水闸,天津市政府决定在1949年汛期到来之前修复该闸,但当时天津的大小工厂都未开工,无法承担这一任务。如果不能及时修复该闸,安新县及邻近地区的数十万人的生命财产就会受到严重威胁。受天津市政府委托,邓曰谟于1949年5月承担了水闸修复任务,从水闸的设计到安装,他和助手们仅用了21天就完成了抢修任务,使安新县及附近地区安然度过了1949年的汛期。1950年,邓曰谟还主持了天津芦台高里区水利灌溉工程的设计和重建。1956年,他主持设计了北京永定河三家店水利枢纽工程。

1952年高等学校院系调整,邓曰谟由天津大学转至中国矿业学院,任机械系教授,长期致力于机械工程的理论研究和教学工作,在培养研究生、承担工程设计、开展校内外技术咨询服务等方面做了大量工作,为许多厂矿企业解决了工程技术上的难题。1958年,唐山煤矿出现煤水泵止推轴承工作时间不长即烧毁的问题,矿上的许多煤水泵几乎一两天就要换一套新轴承,眼看库存的轴承就要用完,生产受到影响。煤矿向中国矿业学院求助。邓曰谟被派到唐山去帮助解决这个问题,他在唐山煤矿设计院的协助下,通过仔细分析试验,找到了问题的症结,采取有效的技术措施,攻克了这一技术难题,使煤水泵轴承寿命延长达半年以上。

作为国内早期的机械工程领域的专家教授,邓曰谟具有机械、电机、采矿、冶金、水利、工程材料等多方面的专长,工程实践经验非常丰富。他写过一些短篇工程常识,还结合教学工作的需要,编写过矿山机械、材料试验等多种讲义。从教40余年,一直未脱离机械设计与制造的实际工作,先后在焦作工学院、北洋大学、中国矿业学院讲授过物理、化学分析、矿山机械、冶金机械、水利机械、矿藏设计、机械设计、材料试验、工程材料学、机工学、水利学、制图和金属工艺学等十几门课程,桃李满天下。

1983 年 12 月 30 日,邓曰谟在北京病逝,终年 87 岁。

参考文献:

北洋大学—天津大学校史编辑室:《北洋大学—天津大学校史》第 1 卷,天津大学出版社,1990 年。

李义丹、王杰主编:《文化记忆》,天津大学出版社,2011 年。

李义丹、王杰主编:《实事求是 日新又新——天津大学文化研究》,高等教育出版社,2013 年。

（王 杰）

丁 开 嶂

丁开嶂(1870—1945),原名作霖,字小川,河北省丰润人。幼时在乡间读私塾,20岁左右应遵化乡试,得中秀才。1902年京师大学堂成立后,丁入学师范馆。

1904年日俄战争爆发后,丁开嶂化名开山,赴东北创立抗俄铁血会,袭扰俄军。1905年,又创立华北救命军,要求清室召还因参与维新而被迫流亡的人士;立即停止科举,革除弊政,速订宪法。1906年冬,丁开嶂加入中国同盟会。同年改华北救命军为革命铁血会,设根据地于家乡丰润县南青坨村。1907年,丁自京师大学堂毕业,奏奖文科举人,分发吏部候补主事,未就,不久后创立北振武社。1911年10月10日武昌起义后,黎元洪特派胡鄂公、孙谏声北上,请丁担任铁血会军长职,商议举行滦州暴动。丁虽患腿疾,仍拄杖赴津,指挥革命运动,在天津法租界内设铁血军军部,任军长。同时建立四部军,即永、遵、通、蓟之京东部军4万人,张家口、古北口外之京北部军5000人,朝阳、热河之边外部军万余人,锦、广、义、宁南至营口之关东部军5万人,并着手筹划滦州暴动方略和购置军火等准备工作。同年12月29日,丁开嶂与已加入铁血会的滦州清军管带王金铭、施从云、张建功多次计议后,密电邀北方革命组织齐集滦州准备起义。

1912年1月2日,滦州宣布独立。丁开嶂派铁血会永遵(永平遵化)部部长孙鼎臣、炸弹队队长李辅廷、副队长胡珍率领聚于滦州的铁血会成员入城共同防守。4日拂晓，清通永镇总兵王怀庆与第三镇统制曹锟合力向滦州大举进攻。革命军遭敌埋伏，总司令施从云等遇难。丁开嶂率军增援，受阻而退。滦州暴动失败后，丁开嶂又发动铁血会相继在张家口、通州、天津、奉天、遵化组织起义，均遭镇压。

1912年2月，丁开嶂在天津召集四部军将领举行军事会议，决定派各部军精选壮士潜入北京，于农历除夕分路攻击清廷各衙门，同时各部树旗，宣告独立。会议推举丁开嶂为中华民国军政府北部民军临时大元帅，都督燕辽诸军事。袁世凯迫于南北革命彼呼此应，于2月12日强迫清宣统帝退位。铁血会遂放弃全军起义的计划，于1913年自动解散。

中华民国建立后，丁开嶂被授予开国头等九鼎勋章，任同盟会本部评议员。1915年，应奉天学界邀请，再组铁血会，反对"二十一条"的签署。北洋政府时代，屡次征聘皆不就。1919年赴上海与孙中山会晤，以所著《大新世界》请教，孙中山视其为救世先锋军。1923年，孙中山与张作霖合作后，丁开嶂任定国仁义军总司令部参谋长。

1931年九一八事变后，东北沦丧。丁开嶂著《论收复东北大计划》一书，书中力陈不抵抗政策、依赖国际联盟解决决非良策。1932年，在洛阳召开的国难会议上被聘为议员。丁开嶂多次拟具议案，呼吁国共合作，协力抗日御侮。由于与会者缺乏共识，只得作罢返乡。1937年七七事变后，丁开嶂的故乡沦陷，他逐渐抑郁寡欢，积劳成疾，右臂致残。八路军在冀东开展活动后，丁所在乡村为冀东丰滦迁联合县所辖，共产党区县干部时常前往探望丁开嶂，他亦以礼相待，并以抗日救国相勉励。

1945年8月7日，丁开嶂因病逝世，终年75岁。

参考文献：

丁文隽：《丁开嶂先生与铁血会》，载河北省政协文史委：《河北文史资料》第6辑，1982年。

《丁开嶂》，载中国人民解放军河北省唐山军分区：《唐山市军事志》，

1997 年。

丁迈鸿:《先父丁开嶂——一位被遗忘的北方革命者》,《北京师范大学校报》,2002 年 1 月 14 日。

丁开嶂:《辛亥革命时期的铁血会》,载刘萍、李学通主编:《辛亥革命资料选编》第 1 卷《反清革命》(下),社会科学文献出版社,2012 年。

(欧阳康)

丁 子 良

　　丁子良(1870—1935),名国瑞,字子良,号竹园,以字、号行,北京人,回族。丁子良出生于一个中医世家,其叔父丁庆三(名德恩)是北京知名的中医外科大夫。丁子良幼学诗书,聪颖过人,受其叔父影响,青年时代便研习中医,立志"不为良相,乃为良医"①。

　　1895年春,丁子良来天津行医,到西北角回族聚居区投靠教亲,很快就在小伙巷租到门脸房屋一处,榜书匾额"敬慎医室",悬壶济世。丁子良专于中医内科、妇科、小儿科。他医术精湛,医德高尚,真心实意地治病教人,很快就打开局面,赢得了口碑。

　　1906年,丁子良在天津《商报》上发出启事,倡议创建中医研究会,得到知名人士林墨青、刘孟扬等人的大力帮助。他精心撰写了《创议中医研究会章程》,大项共计10章,小项则有81条之多,事无巨细,面面俱到,切实可行。研究会的工作顺理成章地开展起来,丁子良被选举为研究会董事。研究会的活动内容很丰富,包括医药学术演讲、病例医案研讨、中草药药材辨认以及施诊治病等方面。

　　丁子良积极提倡中西医结合,他在阐述创建中医研究会的宗旨时写道:"中西医学,互有短长,凡西是而中非者,我取而效法之,中是而西非者,我发明推阐之,表面之名称不同,而理想意旨确相合者,我引证解明

---

① 刘成麟:1923年11月刊行《竹园丛话》第3集"序"。

之,理想治法与习惯万难符合者,姑且阙疑以存之。总以讲明医术,有益病人为归宿,不存门户之见。"①丁子良言简意赅,寥寥数语,把中西医结合的理论、方法和目的阐述得清清楚楚、简便易行,是其行医多年的经验之谈。他还是将医学与药学相结合的开拓者和实践者。基于把医学与药学相结合的主张,丁子良在呈禀天津县署各衙门批准立案时,把最初创议的"中医研究会"定名为"天津医药研究会"。

1907 年秋,丁子良辞去天津医药研究会董事之职,专心创办白话报。同年,丁子良在津创办《竹园白话报》。他认为开社会之风气,最宜办小张的白话报,或是浅文话报,言论越浅越好。因为对社会风俗的病症下药,教妇女小孩,不论粗细人一听就懂。1908 年 10 月 25 日,第 404 号《竹园白话报》改称为《天津竹园报》。丁子良写过很多移风易俗的文章,如《结婚宜速改良》《好女不穿嫁妆衣》《好男儿当爱国》等。他这些有益世道人心的文章,深入浅出,亦庄亦谐,开通风气,增益民智,颇受广大读者欢迎。丁子良也写过很多政论文章,如《十年来官府之罪恶》《中华民国之新国耻》《忠告袁大总统》等。他这些针砭时弊的文章,言辞犀利,入木三分,笔锋敏锐,一语破的,在社会上产生较大影响。

丁子良作为报人,十分关心报业的处境和发展,他撰述了多篇有关报业的文章,如《论中国订定报律》《说报》《作报难》《叹报律》《劝官府勿再与报馆结怨》《办报之难易》《白话报立言之难》等。这些金声玉振的文章,由表及里,阃中肆外,是丁子良亲身经历的感慨之谈,是研究近代报业经济、新闻出版史不可多得的宝贵资料。

1911 年,丁子良与顾叔度、李镇桐、丁义华、杜清廉、刘孟扬等 6 人,发起成立了"国民争废烟会"。大会公推丁子良为临时会长,又推选出丁子良、李子久、刘伯年、李玉孙、杜竹轩等 5 人,组成废约代表团,进京请愿,为废除英国与中国订立的有关鸦片烟的不平等条约而奔走。这是继

---

① 《创议中医研究会章程》,连载于 1924 年 7 月至 8 月刊行《竹园丛话》。

虎门销烟之后再次掀起的国民废烟行动。

1912年正月，天津地方疫病流行，传染快，治疗难。丁子良回到医药研究会，共同会诊研讨医治良方。2月，疫情得到控制。5月7日夜间，医药研究会因相邻商铺失火被毁，使这一近代以来较早创建的医学团体遂告终结。

丁子良的二弟丁宝臣1906年在北京创办《正宗爱国报》，因刊文抨击袁世凯政权的弊政，1913年8月1日，袁世凯以"惑乱军心，收受乱党资助"等罪名将丁宝臣逮捕，判处死刑。北京各界人士多方营救而不能，丁宝臣被杀害时年仅37岁。①

1915年，丁子良因家庭的巨大变故，举家迁居法租界，诊所迁至法租界梨栈大安里，从此专心为患者诊脉治病，"敬慎医室"远近闻名。为了便于患者服药，专门研制出多种中成药，计有清肺化痰露、秘制消核膏、黑色密药、加料如意金黄散。精工创制古玉生香香皂，专治散风洁血、解毒杀虫、除垢祛湿、润肌泽肤，凡脸面上粉刺、雀斑等、诸症皆适用。丁子良凭着多年的临床经验著书立说。主要著作有《增补瘟疫论》《说疫》《敬慎医室集效方》《治痢捷要》等，丰富和充实了我国医药学文化宝库。丁子良胸怀坦荡，开放大方，从不保守，把自己的治疗经验、制药方法公之于众，将预防疾病、炮制药材的方法，毫不保留地公之于众。繁忙的日常医务工作，使他逐步走出了家庭变故的阴影，又开始撰述文章。

1923年，丁子良把30年来发表的演说文章编辑成《竹园丛话》，共为24集（册），由天津敬慎医室印行。《竹园丛话》的内容分为两类：一类为撰著，是丁子良的自撰之稿，分为演说、寓言、谐谈、卫生、杂俎等栏目；一类为选录，凡是各报各书有关时局、有益世道的文章皆转载之，署原著者之名。《竹园丛话》议论内容广泛，涉及政治、经济、文化、教育、时事诸方面，

---

① 张巨龄：《醒世篇与丁宝臣的〈正宗爱国报〉》，《北方民族大学学报》（哲学社会科学版），2012年第6期。

文笔犀利,通俗易懂,深为社会欢迎。

1935 年,丁子良病逝于天津,终年 65 岁。

参考文献:

《竹园丛话》全 24 集(册),天津敬慎医室铅印本,1923 年至 1926 年间刊行。

(尹忠田)

芙 蓉 草

　　芙蓉草(1901—1966)，乳名久林，学名赵同山，后改桐珊，字醉秋，京剧旦角演员，艺名芙蓉草，天津武清人。1900 年 7 月 13 日(清光绪二十六年农历五月二十八日)出生于武清县的小长亭村，其父赵万春，是流动木匠；母亲王氏，1890 年前后在北京当女佣，10 年后回到家乡。52 岁得子的赵万春对儿子十分疼爱，附近村庄每演庙会戏，他必定带着芙蓉草去看，使芙蓉草从记事时起就对庙会戏产生浓厚兴趣。每次看完戏，回到家就模仿着戏台艺人又唱又舞，逗得一家人大笑不止。

　　芙蓉草念过 3 个月的私塾，8 岁时拜年长他二十有余的堂兄赵庭玺为师，学唱梆子老生。同时跟张凤仪(艺名麻子红)练习"跷"功，兼学梆子青衣，开蒙戏是《忠孝牌》，然后学演《三疑记》《女起解》《玉堂春》《探寒窑》。1910 年春节，在北京东四牌楼隆福寺内的景福茶园第一次登台表演。之后在西四牌楼的天河茶园、西安园、人和园，朝阳门外菱角坑的小戏园，永定门外的四合号茶馆，天桥的歌舞台、燕舞台，口袋胡同的咸丰茶园都曾演唱过。两年后，进入华乐、庆乐、三庆园、广德楼、中和等大戏园演唱，艺名芙蓉草。10 岁时北京的观众就把他与名角崔灵芝、丁灵芝、李灵芝、任灵芝和还阳草联系到一起，统称"梆子六草"。

　　1913 年，13 岁的芙蓉草加入三乐社科班(正乐社前身)，由梆子名家冰糖脆、大玻璃翠重新开蒙。那时，三乐社的艺徒是一面学一面演，多在王广福斜街的汾阳会馆里实习。芙蓉草曾经演过《双锁山》《汴梁图》《游湖阴配》《七星庙》等梆子青衣、花衫戏。尤其是他跟跷功特别好的冰糖脆所学《梵王宫》《喜荣归》等卖弄跷功的花旦戏,演出很受观众欢迎。

当时,京津戏台上时兴梆子、京剧合演,俗称"两下锅",芙蓉草在学唱梆子的同时,又跟王桂山、田桂凤学会《战宛城》《胭脂虎》《乌龙院》《浣花溪》等京剧花旦戏。他扮相俊俏,嗓音清亮,特别是他敏而好学、肯于吃苦,未满师即在戏台上唱出了名。他与三乐社里唱二黄的正工青衣尚小云、演玩笑旦的白牡丹(荀慧生的艺名)一起获"正乐三杰"的雅号。享有"通天教主"美誉的王瑶卿,认为芙蓉草是个大有前途的可造之才,主动把自己的《儿女英雄传》《雁门关》《失子惊疯》《棋盘山》《梅玉配》《万里缘》等一些拿手戏传授给他。芙蓉草的艺术功底一天比一天厚实起来。

1914年底,芙蓉草随科班来到河北梆子的发源地保定府,在贡院街会馆演出梆子本戏《万花船》《错中错》《玉虎坠》《忠义侠》,观众预言芙蓉草早晚要超过响九霄(田际云的艺名,当时鼎鼎有名的梆子旦角)。一次,他在台上扮演《玉虎坠》里的冯傅氏,演到继母诬她丈夫杀人,于左右两难的情境下,芙蓉草一声长叹,做了个无可奈何的表情动作,台下观众给他叫了好。他由此开了窍,懂得了演戏演戏,戏是"演"(做)出来的,不能光靠"死唱"。以后再演戏,他刻意追求表情动作的自然和灵巧,一改前辈旦角艺人捂着肚子干唱的传统演法。

15岁后,芙蓉草开始从梆子转向专攻京剧。他在杭州,利用演戏余暇向曹银奎学会《天水关》《文昭关》《琼林宴》《空城计》等京剧老生戏,学会了俞振庭擅演的花脸戏《牧虎关》。在宁波,他与盖叫天同台合演《十三妹》,武功场面尝试使用真刀真枪。芙蓉草在汉口的"爱国花园"挂头牌,贴出的海报上用"多才多艺,生旦净丑,无一不能"等词语作为宣传,连续唱了4个月,上座率始终居高不衰。

芙蓉草16岁进入上海,在新舞台演出连台本戏《女侠红蝴蝶》,扮演主角赵凌茹(红蝴蝶),表演、唱腔、道白等方面完全遵循王瑶卿的戏路,深受当地观众欢迎。于是他放弃梆子,专演王(瑶卿)派京剧。他在《悦来店》《能仁寺》里饰演侠肝义胆的侠女十三妹(何玉凤),颇有前贤王瑶卿的风范。芙蓉草的身段动作干净利落,表情细致传神,特别是爽脆明快的京白,赢得了当地观众的高度赞誉,他被新闻界称为"上海王瑶卿",驰誉申江。

芙蓉草这次南下江、浙、闽、沪演出,经受了舞台实践的检验,不仅在各地剧坛留下绝佳的名声,而且他转益多师,虚心钻研,自觉接受盛行于江南的"海派"戏曲影响,在艺术上开阔了眼界,拓宽了创作道路,认真朝一专(旦行)多能(文武不挡)的方向发展,以适应各地不同阶层、不同行业观众艺术欣赏的需要。芙蓉草博闻强记,不耻下问,因此会戏多、演技精,梆子、京剧的传统戏、古装戏、时装戏、连台本戏,无所不演,生旦净丑诸行当无所不能。他扮演青衣、花旦,嗓音脆亮,道白清晰,四声准确,对剧中人物的心理刻画十分细腻委婉,以情动人;他扮演刀马旦,身段功架遒劲挺秀,柔美之中寓刚强之气。他所饰演的各种身份相殊、性格各异的人物,均能演出独具的特色,与传统的千人一面演法截然有别。他曾得到著名红生王鸿寿亲传,并为其配演《走麦城》中的廖化。还曾经贴演《空城计》(老生诸葛亮)、《牧虎关》(净角高旺)、《断桥》(小生许仙)、《八蜡庙》(武戏,褚彪),甚至丑行(《金山寺》之小和尚、《御碑亭》之报录人等),亦演得格外出色。是为那个年代京剧舞台上文武昆乱不挡的难得人才。上海的戏曲评论家把他这种演法称为"能派"(无所不能),把他封为"能派"代表人物。后来,他经过与南北各派演员长期合作演出,从中吸取了各派各家之长,很快形成了自身独特的演出风格。他对于南北艺术交流起到了融合作用。

芙蓉草18岁那年从南方回到北京,在东安市场内的丹桂茶园演唱,同台有侯喜瑞等名角。他主演的连台本戏《双鸳鸯》《红蝴蝶》特别受欢迎,引得那些旗妆太太们天天蜂拥着去看。1919年,梅兰芳去日本演出,特邀芙蓉草随行助演。12天演期内,他扮演过《金山寺》里说苏白的小和尚;在《游园惊梦》里扮演老旦;在《天女散花》里前饰仙女,后饰罗汉;在

《御碑亭》里，他前饰德禄，中间改俊扮的报录人，戴罗帽、黑三，穿青褶子，念上韵的"数板"；在二本《虹霓关》里扮家将，进城时翻筋斗。他一人扮演多个角色，每个角色都演得特别出彩。载誉归来后在北方剧坛声名鹊起。梅兰芳演《五花洞》，约他配演潘金莲；程砚秋演《梅妃》，约他配演杨玉环；荀慧生演《樊江关》，约他配演樊梨花。芙蓉草虽然扮二路角色助演，但在每一出戏里，都与主角配合得严丝合缝，既不抢戏，也不因扮演配角而掉以轻心。某些不为人所重视的次要角色，经他演来，熠熠生辉，带给观众一种新的意境。

芙蓉草在几十年的舞台生涯中，熔青衣、花旦、刀马旦于一炉，形成了全面多能的京剧艺术家风格。20世纪40年代，芙蓉草在北平和王又宸（谭鑫培之婿）搭班，经常演出《穆柯寨》《穆天王》《悦来店》《能仁寺》《贵妃醉酒》等剧，名噪一时，以纯熟的武功底子和精细的做工，将巾帼英雄穆桂英的勇敢、豪爽、开朗、多情的性格，活生生凸显出来。

芙蓉草一生不计较名分、地位，他演主角文武全能、唱做兼优；陪衬他人扮演二路角色，依然像演主角那样全神贯注，心甘情愿在舞台上做绿叶。赵君玉、李玉茹、童芷苓、黄桂秋、高庆奎、周信芳、马连良、林树森、陈彦衡、侯喜瑞、时慧宝、李永利等名重一时的京剧演员，都曾特邀他同台合作。他对名票也无私提携。当年张伯驹在上海演出跟余叔岩所学《打渔杀家》，特邀芙蓉草饰演桂英。他以演主角的才能，为这出戏锦上添花，增光添色。有人譬喻芙蓉草为"药中甘草"，名角荟萃的戏，有他参加，格外动人耳目，颇有号召力。当年他在荀（慧生）剧团作为荀慧生的得力助演，排演了许多荀派新戏，京剧界把他与金仲仁、张春彦、马富禄并称为荀（慧生）剧团的"四大金刚"。

新中国成立后，芙蓉草先后在华东京剧实验学校、东北戏曲学校、中国戏曲学校专心致力于戏曲教育工作。他向学生传艺，能示范，善启发，教学效果好，成才率高，不但教会学生唱念做打各项表演技能，而且引导学生懂戏明理，学会艺术创造。他在教学时，充分发挥自己兼通各行的优长，为学生教授戏里的每一个角色的唱念做表。经他教授的《临江驿》《儿女英雄传》《万里缘》《贵妃醉酒》《得意缘》《辛安驿》《拾玉镯》《坐楼杀惜》，以及他参加编导的现代剧《刘胡兰》等，均被评为优秀教学剧目。20世纪50年代的京剧舞台和戏曲教学岗位上的佼佼者如刘秀荣、谢锐青、杨秋玲、刘长瑜、李维康、艾美君、王小蓉等，都是得过芙蓉草亲传的学生。

1966年6月6日，芙蓉草因病逝世，终年65岁。

参考文献：

王永运：《由怀念芙蓉草所想到的》，《剧坛》，1982年第4期。

赵桐珊口述，何时希整理：《芙蓉草自传》，北京市戏曲研究所内部印行，1983年。

赵幼兰：《纪念父亲芙蓉草》，载《河北戏曲资料汇编》第5辑，河北省文化厅内部印行，1984年。

（甄光俊）

哈荔田

哈荔田(1912—1989),直隶省保定人,回族。

哈荔田出生于一个中医世家,其祖父、叔祖、父亲皆是知名的中医大夫。哈荔田幼承庭训,对中医耳濡目染有所了解,且产生兴趣。中学时代便自学中医,对中医传统教材《药性赋》《汤头歌》《濒湖脉诀》诸书,倒背如流,铭记于心,为日后学医、从医打下了坚实的基础。

1931年,哈荔田考入北平华北国医学院学习。这所学院由当时京城四大名医之一施今墨创办,课程设置以中医学科为主,兼以西医基础课。哈荔田在学期间,初步领略中西医结合的理念,对日后行医产生了深远的影响。哈荔田家学渊源,带艺求学,且学习刻苦,故学习成绩名列前茅,深得施今墨先生赏识及器重,得到其亲自指教和辅导,故而学业大进。

1935年,哈荔田从北平华北国医学院毕业,取得行医执照,到父亲哈振冈在天津河北区平安街的诊室行医。初时,哈荔田作为助手,做一些誊写医方医案的辅助工作。翌年,哈荔田始得父亲首肯,挂牌行医,主治内科、妇科,坚守中华传统医学望、闻、问、切的四步诊法,同时积极践行中西医相结合。应诊伊始,哈荔田便使用听诊器、血压计和喉头镜等简单器械,对需要进行X光检查者,就介绍病人到专门诊所透视、照相。哈荔田医德高尚,本着治病救人的初心,贫者送诊,赤贫者酌给药资,医患关系十分融洽。哈荔田"为了博采众家之长,他遍访津沽名医,潜心钻研,与同人们研讨医理,交流经验,临床每获卓效,不久便名扬津门,成为天津中医界的佼佼者"①。

新中国成立后,中华传统医学文化得到应有的重视、传承与发展。1954 年,天津市卫生局领导及陆观虎、赵冀凡等名医出面,邀请哈荔田参加组织中医门诊部的工作,不久在河北区小树林组建了中西医联合诊所,哈荔田出任中医妇科主任。哈荔田一边应诊,一边组织同人互相交流、互相学习,互相取长补短。

1955 年,天津市委决定加强各局领导力量,调哈荔田任市卫生局副局长,分管中医药方面的工作。上任伊始,他首先在全市开展了中医普查工作,根据普查情况,提出建议成立中医医院的议案,经市领导批准,天津市中医医院很快成立。哈荔田还提出在各医院设立中医科的议案,都得到了有关领导的采纳并实施。

1957 年,在哈荔田的积极提议下,天津市中医学校(中专)成立。与此同时,根据卫生部的要求,在天津市举办了华北地区西学中训练班,哈荔田任班主任,组织编写教材,亲自安排学习,并检查授课情况。西学中训练班共办了 6 期,培养和锻炼出一大批中西医结合的医务人才。1958 年,天津市中医学校提升为天津市中医学院(大专),哈荔田出任院长。

哈荔田在"文化大革命"中遭受迫害。1969 年,哈荔田被安排在反帝医院(今天津医院)看门诊,后又调至天津市中心妇产科医院。1979 年,哈荔田恢复正常工作,再度出任天津市卫生局副局长、天津中医学院院长职务。

1982 年 7 月,哈荔田作为中华全国中医学会副会长,主持了第一届妇科学术交流会的召开。1984 年 10 月,中华全国中医妇科委员会成立,哈荔田当选主任委员。1986 年 6 月,哈荔田退休。

哈荔田先后担任全国政协委员、天津市政协副主席、中华全国中医学

---

① 哈孝贤:《漫忆先叔哈荔田教授》,载天津市政协文史委编:《天津文史资料选辑》第 62 辑,天津人民出版社,1994 年,第 114 页。

会理事、中华全国中医妇科委员会主任、天津市中医学会会长等职。主要著作有《哈荔田中医妇科医案医话选》《中医妇科验方选》等。

1989年9月,哈荔田逝世,终年77岁。

参考文献:

天津市政协文史委编:《天津文史资料选辑》第62辑、第89辑,天津人民出版社,1994年。

（尹忠田）

何 心 冷

何心冷(1898—1933)，江苏苏州人，生于1898年，幼年父母早故，为家中独子，少年时代以连环画和童话、小说为伴。稍长，何心冷立志求学，从北平民国大学肄业，承继父亲的事业，服务于财政部。

1916年，何心冷到江苏省立第二中学等地表演救国新剧，随后在常州武进县女子师范学校任教。1919年，何心冷赴上海任教。1922年，胡政之在上海创办国闻通讯社，何心冷加入国闻通讯社，从此进入新闻界。当时国闻通讯社声名鹊起，何心冷更是誉满沪江。胡政之曾评价道："他(指何心冷)有清晰的头脑，明敏的手笔，每到上海各界有开会的时候，出去旁听，全凭脑力，回来一挥而就，记载无误。……国闻社能在上海造成坚实的基础，心冷实与有力焉。"[1]1924年，《国闻周报》创刊，何心冷的能力得到充分的发挥。"从封面题字，广告撰文，以至报内的补白，一切打杂零活差不多全是他一人包办。"[2]在《国闻周报》第一、第二卷中差不多每期都有何心冷的文章，"小说、电影评论、时装小志，花样翻新，心思百出"[3]。其间，何心冷鉴于上海情形复杂，旅行及住居上海者每觉隔膜，特编《小上海》游览指南一册，内容包括衣、食、住以及交通、学校、医院、官署、公共机关等，分类罗列加以简洁之说明。

1926年，胡政之、张季鸾、吴鼎昌接手天津《大公报》，何心冷调来天

---

[1][2][3] 胡政之：《十二年的转变》，《大公报》，1933年11月12日。

津,此后两三年身兼两职,兼顾《大公报》和《国闻周报》工作。《大公报》复刊前,编辑部人员在商量报务时,何心冷提出的建议,均被同人采行。何心冷主要负责《艺林》副刊,当时因为外边投稿的人太少了,除小说系特约而外,其他的短篇差不多都是他一个人化名作的。而且何心冷十分重视读者的意见,发刊后一早就跑出去看看买《大公报》的人有多少,并了解读者的口碑和兴趣所在。在大公报社,何心冷"不但管编辑部事,还要管理到发行印刷,他那和蔼的性情,爽直的言语,不但经理编辑两部同人和他要好;即是工场的工友徒弟,也都对他亲爱非常。而且他那一支隽永深刻的妙笔,在天津卫博得若千万读者的同情"①。

何心冷在《大公报》工作期间,主要精力在副刊编辑出版上。初期主要是《艺林》,到了 1927 年,随着何心冷对天津社会的情形渐渐熟悉,便开始着手新的副刊《电影》专刊的创刊。何心冷在上海时就对电影极有研究,他撰写的影评,无不中肯,且持论公正,不稍偏袒,颇为电影界所称道。何心冷来到天津,对天津的电影界也是极为关注。在《艺林》副刊中设立了"影戏世界"栏目,刊登影评文章。1927 年 2 月 15 日,《电影》专刊创刊,为电影观众赏析电影提供了帮助。1927 年 3 月 7 日,《铜锣》副刊创刊。1927年 9 月 1 日,《艺林》改名为《副刊一》,专载小说与诗文;《铜锣》改名为《副刊二》,专载新闻性的稿件。1928 年 1 月 1 日,《副刊一》与《副刊二》合并成《小公园》。《小公园》包含的内容十分丰富,正是"公园虽小,玩艺不少。庄并谐臻,风流僄巧"②。在加强副刊编辑出版的同时,何心冷深感当时中国儿童教育的不足,从 1927 年 11 月 9 日开始,何心冷不定期编辑《儿童特刊》,以求供给儿童些校外读物。"第一目的先引起小孩子看报纸的兴趣,由看报多认得几个字,多增长点知识,以至学好、成人,这便是我们的宗旨。"③在阅读《小公园》来稿的时候,何心冷发现其中有"不少在时代之

---

① 胡政之:《十二年的转变》,《大公报》,1933 年 11 月 12 日。
② 《小公园开市大吉》,《大公报》,1928 年 1 月 1 日。
③ 一个大孩子(何心冷):《起头的几句话》,《大公报》,1927 年 11 月 9 日。

下闹着烦闷苦恼,以及恋爱痛苦的来信,希望解答"[1]。为了在可能的范围内给青年男女贡献一些意见,1930 年 11 月 30 日,何心冷创办了专为青年男女排忧解难的《摩登》专刊,开创了报纸社会情感服务版的先河,取得了良好的社会反响。之后一些报纸纷纷效仿,设立类似的版面。

何心冷因多年忘我的工作,身体健康已经受损,于 1930 年底重返上海,并担任《大公报》的特约通讯员。但是上海的生活并不如意,1931 年何心冷应胡政之、张季鸾的邀请再次来津,他再次忘我地投身于《大公报》。长期积累的病患,使何心冷的健康每况愈下,于 1933 年 10 月 29 日病逝于天津,终年 35 岁。

参考文献:

李秀云:《〈大公报〉专刊研究(1927—1937)》,新华出版社,2007 年。

李秀云、高建光:《何心冷的副刊编辑思想》,《新闻爱好者》,2008 年第 10 期。

李秀云:《何心冷的副刊编辑生涯》,《新闻知识》,2010 年第 1 期。

(王兴昀)

---

① 园丁(何心冷):《摩登》,《大公报》,1930 年 11 月 26 日。

胡燏棻

胡燏棻（1841[①]—1906），原名国栋，字尧臣，号寄虹山人，别号芸楣，安徽泗州人，原籍浙江萧山县。

1864年，胡燏棻由监生中式同治三年甲子科补行戊午科江南乡试举人，报捐郎中，签分刑部奉天清吏司行走。1869年4月学习期满，留刑部奉天清吏司候补。因胡燏棻此前在江北粮台时曾捐献炮艇，获赏戴花翎，任奉天清吏司司正主稿。

1874年，胡燏棻参加甲戌科会试中进士，选为翰林院庶吉士。1876年学满三年散馆后，8月选授广西灵川县知县，未赴任，后纳赀为道员，分发直隶试用，12月到任。李鸿章派其到保定营务处任职。1877年1月，改派胡燏棻至直隶练饷局筹治北洋粮饷。胡燏棻为筹措粮饷颇为用心尽力，深得直隶总督李鸿章赏识，称其"才明识练，处事精详，措置裕如"[②]。

1876年至1879年，华北发生大旱灾，以山西、河南为中心，波及直隶、山东等数省，史称"丁戊奇荒"。1877年4月，胡燏棻被派兼办河南地区筹赈捐输事务。1878年1月试用期满，经李鸿章奏保，以繁缺道员补用，会办晋赈新捐事务。12月，因胡燏棻在候补道任内"经理练饷，总司筹画，督率委员，按时分拨，源源运解，俾士卒借获饱腾，于各路兵机不无裨

---

① 顾廷龙主编的《清代朱卷集成》载，胡燏棻"清道光庚子年十二月十六日生"，即公历1841年1月8日。

② 顾廷龙、戴逸主编：《李鸿章全集》11《奏议十一》，安徽教育出版社，2008年，第441页。

助"①,李鸿章颇为赞赏,奏请赏二品顶戴。还因胡燏棻办理山西地区赈灾有功,奖励随带加三级。1879年11月,胡燏棻短暂署理大顺广道②,1880年5月即交卸。

1884年7月,胡燏棻会办天津海防支应局事务,1885年1月署理天津道③,5月交卸天津道,仍办理天津海防支应局、海防新捐局、天津筹赈局、工程局等处事务。其间,刘铭传因胡燏棻在基隆法军撤退和台北解除戒备中负责运送粮饷、军械颇为用心,故奏保胡燏棻仍以道员归候补班补用。前浙江巡抚刘秉璋也因胡燏棻此前负责浙江分发赈捐有功,奏请奖励加一级记录一次。

1886年7月12日,胡燏棻再度署理天津道。李鸿章鉴于胡燏棻"明达事体,究心吏治,河工、洋务均有历练"④,奏请朝廷委胡燏棻任天津道。7月21日,奉旨授天津道。1889年8月署理长芦盐运使,12月回天津道本任。

1890年,天津遭受水患,灾情极重,天津城居民流离失所,胡燏棻建议李鸿章扩大北仓、西沽粥厂,为百姓安排临时住所,李鸿章从其言,赈济灾民。其间,胡燏棻募集各省赈捐善款百余万两白银,并监督河工整治南北运河,堵塞河道缺口数十处,使田地不再被洪水淹没,百姓方得种植庄稼。李鸿章评价胡燏棻"殚竭心力,劳瘁不辞,舆情爱戴"⑤。

1891年8月30日,清廷授胡燏棻为广西按察使,依例胡燏棻在上任之前先进京谒见光绪帝。9月,李鸿章则上疏光绪帝,奏称其"办理工赈各事,头绪纷繁",又"经手事件甚多,必须逐一清厘",特请旨令胡燏棻暂留天津道,至12月方交卸天津道,进京入觐。足见李鸿章对胡燏棻十分倚重。

---

① 顾廷龙、戴逸主编:《李鸿章全集》8《奏议八》,安徽教育出版社,2008年,第269页。
② 一说为光绪五年十一月署理,即1879年12月。两种说法均见于秦国经主编《清代官员履历档案全编》第5册,华东师范大学出版社,1997年,分别载于第148、第748页。
③ 一则记载光绪八年六月,即1882年7月,会办海防支应局事务。十一月,即1882年12月,署理天津道。两种说法均见于秦国经主编《清代官员履历档案全编》第5册,华东师范大学出版社,1997年,分别载于第148、第748页。
④ 顾廷龙、戴逸主编:《李鸿章全集》11《奏议十一》,安徽教育出版社,2008年,第441页。
⑤ 顾廷龙、戴逸主编:《李鸿章全集》14《奏议十四》,安徽教育出版社,2008年,第164页。

1892 年 1 月，因胡燏棻在督办直隶地区赈灾等事务中有功，赏加头品顶戴。5 月，胡燏棻到广西，先署广西布政使。9 月交卸，接按察使，掌管一省司法与监察事务。胡燏棻在任两年期间，秉公执法，惩奸除恶，广西所辖州县多有巡查，办理多件重要案件，颇得广西百姓敬慕。为使在监囚犯获释后有谋生手段，不再继续作恶、危害社会，他在广西创办了逊业堂，教授囚犯技艺，并敦促各县知县督办囚犯学艺之事。此举是清末狱制改良的重要探索，在司法史上具有重要意义。

中日甲午战争爆发后，清军节节败退，亲身经历黄海海战的德国人汉纳根奉召入京，汉纳根向清政府提出"在陆军方面需加练兵士十万人，按照德国军制进行训练，在海军方面需向智利、德国、英国等国购买快船，并聘募外国将弁水手同船来华"的建议。清廷遂于 11 月 15 日下旨，责成胡燏棻会同汉纳根商定章程，立即施行。在磋商过程中，胡燏棻认为汉纳根提出的建议均属切实可行，但对于练兵募将等方面的问题却意见相左，未能议定。11 月 26 日，胡燏棻向清廷奏报，陈述办理筹购船炮、筹办练兵经过，并缕析清政府财政的承受能力、外洋军火商的供货能力、遴选将弁及对洋员的管理等种种困难等情形，并认为汉纳根此举目的似乎不纯，他指出"汉纳根于大鹿岛之战，虽能出力，此次建言本意，似欲多购船械，为牟利起见。窃恐事权过重，所用洋员过多，积久难以钤束"[1]。胡燏棻在 12 月 3 日致军机处的电文中还称汉纳根在磋商过程中希望自命为军师、总统并设军务府，一切兵权、饷权均由其主政，即做全军主将，仅接受清帝的命令，胡燏棻则要求汉纳根归他节制。[2]最终交涉无果，汉纳根离开北洋舰队，而购船计划也最终落空。尽管汉纳根的计划半途而废，但已施行的部分却并未完全中止。所募洋员，有 10 人留在了榆关炮台，而所

① 《桂臬胡燏棻奏统筹洋员汉纳根呈请召募洋将练兵添船购械各节折》，载（清）王彦威纂辑，王亮编：《清季外交史料》第 5 册，王敬立校，湖南师范大学出版社，2015 年，第 2025 页。
② 参见《德汉纳根军门语录》，载林乐知、蔡尔康等撰，上海广学会译著：《中东战纪本末》卷 7，图书集成局铸版，1896 年 4 月。

招兵勇也没有被遣散。据胡燏棻所奏,他在 11 月 19 日返回天津后便开始派唐仁廉、曹克忠等人在天津招募兵勇,又派人赴山东、河南、口外、朝阳一带招募,至 12 月末,已召集新兵 3 营。胡燏棻对于招募的新兵的家庭背景和身体素质都有着严格的要求,"先由本籍地方官查取住址,亲族年在十六以上二十以下者方许入营当勇,以杜将来逃亡之弊。到营时先验身材,不入格者即剔退"①。胡燏棻率军驻扎马厂,用德式编制组织军队,马、步、工、炮各兵种相辅而行,以西法操练,训练洋操洋枪,定名"定武军",得到清廷"颇见成效"的赞誉。

1895 年 5 月 8 日胡燏棻上奏,言其续募练兵,已成 10 营,创练新军,也已购置一切器具。胡燏棻组织的"定武军"共计 4750 人,其中步兵 3000 人,炮兵 1000 人,骑兵 250 人,工程兵 500 人。10 月中下旬,胡燏棻鉴于马厂仅有 5 营兵房,已不敷用,故移驻距天津 70 里的新农镇(即小站),为所部淮军驻扎、屯田之地。胡燏棻十分看重新式军官的作用,在 10 月 25 日上奏清廷的奏折中称北洋武备学堂学生熟悉西国兵制,训练有方,因此可以让武备学堂的毕业生负责新式军队的日常操练,何宗莲、吴金彪、田中玉等人得以被提拔任用。12 月 6 日,清政府任命胡燏棻督办天津至卢沟桥的铁路。12 月 16 日派袁世凯正式接练新军,②在胡燏棻与袁世凯交接期间,胡燏棻仍大力举荐武备学堂学生鲍贵卿等人。袁世凯接掌定武军后,加以扩充,易名为"新建陆军",开始了闻名于后世的小站练兵。

《马关条约》签订后,胡燏棻认为对待外国的侵略如果只是割地赔款、一味求和,得到的仅是暂时的苟安,并非长久之计。胡燏棻于 1895 年向朝廷上奏《因时变法力图自强条陈善后事宜折》,提出 10 项建议:一是"开铁路以利转输",二是"铸钞币、银币以裕财源",三是"开民厂以造机器",四是"开矿产以资利用",五是"折南漕以节经费",六是"减兵额以归实际",

---
① (清)刘锦藻撰:《清朝续文献通考》第 3 册,商务印书馆,1936 年,第 9508 页。
② 《袁世凯小站练兵所属营务札件》,中国社会科学院历史学部近代史研究所藏。

七是"创邮政以删驿递",八是"创练陆兵以资控驭",九是"重整海军以图恢复",十是"设立学堂以储人才"。①胡燏棻的改革建议是"变法自强"改革方案的典型代表。清政府深以为然,决定次第实行。

在胡燏棻所提出的 10 条变法革新之路中,清政府认为铁路为通商惠工要务,而京师附近地区战略位置重要,因而兴办铁路优先考虑京畿一带。12 月 16 日委派胡燏棻为督办津芦(天津至卢沟桥)铁路大臣。

1897 年津芦铁路建成,清政府于 7 月 31 日任命胡燏棻为津榆铁路督办,继续负责关外铁路的修筑。关外铁路首倡自李鸿章,其目的在于加强东北地区防务以钳制沙俄,至甲午战争前已筑至山海关外 65 千米之中后所(今绥中县城)。甲午战争后,沙俄接造西伯利亚铁路,横穿黑龙江、吉林地区,直达海参崴(今符拉迪沃斯托克),后又修筑了从哈尔滨到旅顺、大连湾的南行支路。胡燏棻认为沙俄已将"奉、吉两省东北之利尽为所占",故奏请在建筑中后所至锦州一段铁路的同时,还应"由大凌河赶造至新民厅铁路,以备联络沈阳之路,并可兼护蒙古、热河矿务;一面由营口至广宁,庶中国海关不至为俄侵占,尚可保全奉省西北之利"。②而涉及筑路资金的问题,胡燏棻再次提出筹借洋款,但这一次他在奏折中明确表示"此路应认为中国永远产业,无论何国不得借端侵占"③,终于得到清政府批准。8 月 6 日胡燏棻兼署都察院左副都御史。

1898 年 2 月 16 日,胡燏棻提出各省应以现有兵饷精练陆军,沿海、沿江地区需抓紧精练陆军,请各省武备学堂毕业生充任教习,参用西法操练士兵,且神机营也需改习洋枪等建议,这类革新建议在戊戌变法期间均得以施行。

---

① 中国史学会主编:《中国近代史资料丛刊·戊戌变法》第 2 册,上海人民出版社,1957 年,第277—290 页。

② 赵尔巽等撰:《清史稿》,吉林人民出版社,1998 年,第 3050 页。

③ 中国人民银行总行参事室编:《中国清代外债史资料 1853—1911》,中国金融出版社,1991年,第 263 页。

1898 年秋，关外铁路修筑工程开工，到 1900 年 1 月，由中后所到锦州连接营口的铁路建成，到新民厅的铁路则由于八国联军侵华战争展缓了几年才告竣工，并与津芦铁路合称为关内外铁路。关外铁路开工之际，胡燏棻又奏请修筑由卢沟桥至门头沟的京西铁路，开采西山一带所产烟煤以备"京城炊爨之用"，清廷旨准，并命其筹款勘办京西运销铁路。11 月 9 日，授胡燏棻总理各国事务衙门行走。12 月 8 日，清政府改派胡燏棻督办天津至镇江铁路，以张翼为帮办。

1898 年 10 月 23 日，驻防南苑的董福祥甘军士兵数人与外国铁路工程师在卢沟桥附近发生冲突，双方均有人受伤。胡燏棻调查清楚后，一方面为外国工程师请医生治疗，一方面对因纪律散漫而滋事的人员予以责罚，清政府对其处理结果亦甚满意。但英国公使却要求清政府将甘军调离京畿，其他各国公使也遥相呼应，予以支持。胡燏棻据理力争，使甘军得以留驻京畿，但却开罪了外国人。清政府随即以胡燏棻"办理铁路事务较紧"为借口，罢去其总理各国事务衙门行走职。1902 年 3 月 26 日，胡燏棻被授予刑部右侍郎。

1905 年 8 月，沈钧筹办女学堂，该学堂是"新政"时期较具代表性的官办女子学堂，课程设置重视修身，涉及音、体、美等多方面教育，并开设家政课，胡燏棻对此十分支持。胡燏棻还与袁世凯筹办铁路学堂，聘英国人葛尔飞为总教习，并订立学堂条规为试办章程。该学堂遂定名为路矿学堂，即唐山铁路学校、上海交通大学的前身。

1906 年 2 月 10 日，胡燏棻调任礼部右侍郎。8 月 22 日，胡燏棻因病请假。11 月 6 日，清政府增设邮传部，胡燏棻为右侍郎。11 月 29 日，胡燏棻病逝，终年 65 岁。

1908 年 1 月 27 日，清廷依直隶总督杨士骧所请，准予附祀李鸿章专祠内。

参考文献:

(清)朱寿朋:《光绪朝东华录》,张静庐点校,中华书局,1958 年。

秦国经主编:《清代官员履历档案全编》第 5 册,华东师范大学出版社,1997 年。

赵尔巽等撰:《清史稿》,吉林人民出版社,1998 年。

顾廷龙、戴逸主编:《李鸿章全集》,安徽教育出版社,2008 年。

(清)王彦威纂辑,王亮编:《清季外交史料》,王敬立校,湖南师范大学出版社,2015 年。

（王　冬）

黄 钰 生

　　黄钰生(1898—1990),字子坚,湖北省沔阳县人。

　　1911 年,黄钰生 13 岁时从家乡来到天津,在舅父卢木斋的家教之下成长。1916 年,黄钰生考入北平清华学校留美预备班,1919 年官费赴美留学,主修教育学,1923 年获得芝加哥大学教育心理学硕士学位。1925 年,在即将进行博士学位答辩时提前回国,担任南开大学哲学教授,两年后担任南开大学大学部主任,后来改称秘书长。

　　黄钰生写于 1930 年的《大学教育和南大的意义》,显示了他高远的抱负。大学是干什么的? 他认为一是"润身",二是"淑世"。鉴于当时的复杂形势,黄钰生清醒地说"南大将淑世放在润身之先"。他说严修、张伯苓办学,就因为屈辱于日、英而"不服这口气",南开的特点就是"不服气精神",就是用 "人格和学问去争气","南大不信中国人根本不行……怕难的不必来,好奉承的不必来,服了这口气的不必来! "[①]

　　南开大学蒸蒸日上之时,1931 年九一八事变爆发,天津形势险恶,日本浪人策划便衣队暴动,枪炮就架设在南开园周边,形势危急,黄钰生安排学生暂避。1937 年 7 月 7 日,全面抗战爆发,日本侵略者对南开恨之入骨。7 月 28 日,日本侵略者侵占天津。29 日,日军疯狂轰炸校舍。黄钰生奋力指挥疏散师生,迅速转移大量实验仪器、图书,一切处置停当后,他

---

①　申洋文主编:《黄钰生同志纪念集》,南开大学出版社,1991 年,第 49—57 页。

才乘小舟告别熊熊火光中的校园。辗转半个月后,他在南京面见张伯苓,交上学校的一大串钥匙,张伯苓感动至极,含泪道谢。

1937 年 11 月,国立北京大学、国立清华大学和私立南开大学组成国立长沙临时大学,1938 年 4 月到达昆明更名为国立西南联合大学。在向昆明转移过程中,300 余名男生组成"旅行团",完成了徒步穿越湘、黔、滇三省到达昆明的壮举。黄钰生任远征团"教师辅导委员会"主席。申泮文院士记述:"旅行团的全部总务事宜,举凡路线选定、前站、宿营、伙食等杂务,都担在黄钰生一人肩上。他把全团旅行经费数万元巨款缠在腰间,自嘲'腰缠万贯'。"[1]黄钰生率团途经 3000 里,跋山涉水 60 多天,安全抵达昆明。

西南联大的领导机构是三校长组成的"常委会"。但抗战期间张伯苓校长常驻重庆,担任国民参政会副议长,在昆明代表南开的实际是黄钰生,他经常与蒋梦麟(胡适时任驻美大使)、梅贻琦两校长平列。联大的校务都由教授组成的各种委员会来董理,黄钰生任委员的就有二三十个,其中半数都由他担任主席或召集人。[2]

1938 年,联大校常委会委托黄钰生以北大的教育学系为基础创办"师范学院",与文、理、法、商四学院并列,黄钰生成为联大五位院长之一。他把这看做实验独特理念的难得机会,自主制定学院方针,把学院办成"校中之校"。师资方面他巧借联大精英,请朱自清等兼任系主任,聘冯友兰、闻一多、陈岱孙等名家为教授,自己讲授"教育哲学"。他要求学生"领导青年为人师表"。他把自己的教育理念施于师院附属中学的实践。南开中学重视体育锻炼、提倡社团活动的传统得以实现。抗战胜利后,联大师范学院及其附校整建制地留在昆明,其后身为昆明师范学院、云南师范大学。

1941 年清华校庆,张伯苓从重庆提示黄钰生说,要突出清华和南开

---

① 申泮文:《南开大学元老黄钰生教授》,《炎黄春秋》,1998 年第 3 期。

② 参见王云:《黄钰生院长在西南联大》,载申泮文主编:《黄钰生同志纪念集》,南开大学出版社,1991 年,第 21—28 页。

的通家之好，兼具两校学历的黄钰生在会上强调清华的梅贻琦是南开的首批高才生；冯友兰登台说北大"胡适院长是清华人，我是清华的院长，出身北大"，顿时会场上气氛热烈，"所有的人都感到联大的团结"。[1]此外，黄钰生在管理工作中留意促进师生的团结，对南开学生避免偏袒。

抗战胜利，北大、清华回北平复校。南开大学不是简单地复校，更重要的是改为国立大学的转制工作。而此时天津市教育局一时无人执掌，张伯苓提议黄钰生权且充任。黄钰生一生专注于教育救国，对蔡元培服膺终生，同时深受美国罗素思想的影响。1946年的学生刊物总结说："黄子坚教授贡献的意见是'钻到书本里去'，多数学生不予采纳。"[2]黄钰生一直不肯参加党派，直到蒋梦麟出面动员才集体加入国民党。黄钰生出任天津市教育局局长4个月后，值"反甄审"请愿发生，立刻辞职，回到南开大学继续担任校秘书长。

1952年，黄钰生调任天津图书馆馆长，埋头于外文科技图书采购，创立"专家阅览室"，积极购置宋版岳珂撰《棠湖诗稿》等珍本图书。他首创的"西文书刊采购经验"等成就，则得到全国业界的推崇。

1977年，黄钰生当选为天津市政协副主席，历任第五、第六届全国政协委员。1979年，中国图书馆学会复建，他被公推为副理事长。1981年率团参加美国图书馆学会第一百次年会。黄钰生动员以西南联大校友为主的"五大学校友会"，创办"天津联合业余大学"。[3]1983年任天津联合业余大学校务委员会主任委员。1985年加入中国共产党。1986年任天津图书馆名誉馆长。

1990年4月11日，黄钰生病逝于天津，终年92岁。

---

① 《梅贻琦、黄子坚、胡适在联大校庆九周年纪念会上的讲话摘要》，载西南联大校友会编：《笳吹弦诵在春城：回忆西南联大》，云南人民出版社，1986年，第511页。
② 代序《我们的道路》，载西南联大《除夕副刊》主编：《我们的道路》，新星出版社，2010年。
③ 《黄老与天津联合业余大学》，载申泮文主编：《黄钰生文集》，百花文艺出版社，2009年，第325页。

参考文献：

高成鸢:《被遗忘的大教育家黄钰生》,《社会科学论坛》,2014年第5期。

（高成鸢）

蒋 廷 黻

　　蒋廷黻(1895—1965),字绥章,笔名清泉,湖南邵阳人,出生于一个务农兼商的家庭。蒋廷黻的父亲做过靖港镇的商会会长,母亲在他 6 岁时去世。蒋廷黻幼读私塾,接受旧式教育,10 岁入长沙明德小学,次年改入美国基督教长老会创办的湘潭益智学堂,开始学习英文。

　　1911 年,蒋廷黻由基督教青年会介绍自费赴美留学,入密苏里州派克学院预科,毕业后转入俄亥俄州奥伯林学院主修历史,获文学学士学位。之后,他曾应基督教青年会征募赴法国为华工服务。1919 年夏,复返美入哥伦比亚大学研究院,先是专攻新闻,继而改学政治,最终转学历史。当时该校历史系人才鼎盛,教授都是一流学者,最露头角的是海斯教授,蒋廷黻跟其学习研究,深受导师海斯教授“新史学”进化史观的影响。1923 年春获哲学博士学位。

　　1923 年,蒋廷黻回国担任南开大学历史系教授,任南开大学第一任历史系主任,与梁启超成为南开大学史学的奠基者,讲授中国外交史和西史大纲、欧洲近代史、法国革命史等课程,并开始从事中国近代史研究。在这一领域的研究中,他引进了新的观念和新的研究方法。蒋廷黻十分重视对原始资料的搜集和研究,倡导口述历史学和社会调查,努力探寻历史直接服务于社会的途径,这在当时大学历史教学中开风气之先。他指出,社会科学与自然科学的研究一样,要以事实为基础,历史研究有其自身的规律,规律之一就是必须从研究原始资料入手。他身体力行,为了掌握李鸿章 1896 年至 1900 年期间从事外交活动的史料，他走访了许多李鸿章的旧部，或助手，或秘书，为搜集和整理中国近代外交原始资料付出了大量的心血。在南开大学，他想方设法地联络各方鉴定家、收藏家，频繁地访亲问友，抓住一切机会开展历史资料搜集工作。经过多年努力，他终于积累了大量中国近代外交史一手资料，率先在南开大学历史系讲授中国近代外交问题，并以西方现代史学体例编纂出我国第一部《近代中国外交史资料辑要》，为日后中国近代外交史的研究铺平了道路。

蒋廷黻在传授现代研究方法的同时，又引进了新的研究观念。他主张研究历史要参考多方意见，本着客观的态度解释史实。1928 年，他在介绍英国历史学家汤因比《中国革新运动与日本、土耳其革命运动的异同》译文的前记中，特别强调要借鉴外国人看中国的见解，多听听旁观者的话。在谈到中国近代外交史的研究时，他也指出："一切外交问题少则牵连两国，多则牵连数十国"，因此"研究外交者必须搜集凡有关系的各方面的材料。根据一国政府的公文来论外交等于专听一面之词来判讼"。① 蒋廷黻对中国传统的考据式治史方法持批评态度，认为中国旧的史学家往往熟读许多史书，或专治一部史书，费了很大的精力，对版本训诂也许有所发现，但对史料本身却没有多少知识，人们只是为研究版本而研究版本，为研究古籍而研究古籍。这是"治史书而不是治历史，这种研究方法已经落伍，不能再继续下去了"。为此，他首倡开创新史学、培养新式历史学家的教学目标，即区别于中国古代史学的考据方法，而采用西方综合的治史方法。为培养和训练这种方法，他要求历史系学生"多习外国语及其他人文学术，如政治、经济、哲学、文学、人类学"，从而"帮助我们了解历史的复杂性，整体性，帮助我们作综合的工夫"。②

担任南开文科主任期间，蒋廷黻反对学生死读书、读死书，主张"使教

① 蒋廷黻：《近代中国外交史资料辑要》，湖南教育出版社，2008 年，第 38 页。
② 陈之迈：《蒋廷黻的志事与平生》，传记文学社，1967 年，第 6 页。

育人生化,与中国生活的实际事实相关联"①。蒋廷黻曾谆谆告诫学生,社会经验是文科学生不可或缺的;读书并不是求学的全部,而只是其中一小部分。他指出,人们经常把语言或文字作为事实,听某人说过什么,某报某书写过什么,就深信不疑,这不是研究问题的科学态度。为丰富学生的社会知识,他亲自带领南开经济史班的学生去调查八里台村的村史和裕元纱厂工人生活史。他向学生传授调查研究的方法,要求他们事先准备好调查问卷,以备填写。要学生深入纱厂,了解工人的生活、家庭、工资、工作时间、所受教育、卫生状况、娱乐活动、年龄状况和死亡率等状况。用科学的方法组织排比,撰写成调查报告登诸报端,以有所贡献于社会。20世纪 20 年代后期,在蒋廷黻等人的倡导和推动下,社会调查成为南开的一项正式教学制度。蒋廷黻还是学生开展第二课堂活动的热心赞助和支持者。他曾带领南开文学社的学生,利用课余时间翻译了他的导师、美国著名历史学家海斯的《国家主义论文集》,他亲自为之作序并推荐到上海教育书店出版。他也是学生编辑出版的《南开大学周刊》的顾问之一。蒋廷黻在南开倡导通才教育。他任文科主任期间,曾列举世界许多著名社会科学家同时精通自然科学的例子,鼓励文科学生略识生物学、物理学、化学、数学等自然科学学科,并稍习试验课程,以培养和训练自己清晰的思维和科学的态度。

1929 年,蒋廷黻接受清华大学校长罗家伦邀请,出任清华大学历史系主任、文学院院长,并在北京大学兼课,主讲中国外交史及法国革命史,并从事中国近代史教学和研究。蒋廷黻曾撰写《中国近代史》《最近三百年东北外患史》等著作,同时他还在《清华学报》《中国社会政治学报》《独立评论》等刊物上发表了数篇学术性文章,著述虽然不多,但对旧中国史学界却产生了相当大的影响。在当时的中国史学界,蒋廷黻有关近代中国史和近代中国对外关系史的著作,几乎成为大学历史系的教本,

---

① 陈之迈:《蒋廷黻的志事与平生》,传记文学社,1967 年,第 96 页。

影响十分广泛。

蒋廷黻对我国当时的大学教育提出了许多中肯的意见。如他对国内大学照抄照搬西方教育模式，社会科学学科西方课程占统治地位的状况很不满意，认为留学归国的博士、教授不能只读洋书、教洋书，还应研究和探索中国的政治、经济、社会和历史，开拓中国社会科学的新园地。他主张"教育以中国的实在需要为基础，不以外国的模型为基础"①。蒋廷黻重视体育，认为中国旧文人，尤其是文人而成为名士者，大都手不能动，足不能行，背不能直，这种体格上的虚弱是我们这个民族最根本的毛病之一。他本人则十分热爱体育活动，常常打网球、高尔夫球、游泳、滑冰、打猎和骑马。

1935 年冬，蒋廷黻出任国民政府行政院政务处处长，走上从政道路。1936—1938 年奉派任驻苏联大使，1944 年出任联合国善后救济总署中国代表及国民政府行政院善后救济总署署长，1947 年任国民政府驻联合国常任代表。蒋廷黻从政后，并没有忘却学术事业，仍乐于探讨学术，手不释卷，一遇好书，便热切地推荐给亲朋好友，常常利用职务之便，对学术事业给予特别的扶植和保护。他对研究历史仍有高度的热忱，常读历史书籍。出任驻外大使时，他对外交档案特别重视，颇有雄心重理旧业。

1965 年，蒋廷黻退休，同年病逝于美国纽约市，终年 70 岁。

参考文献：

陈之迈：《蒋廷黻的志事与平生》，传记文学社，1967 年。

蒋廷黻：《近代中国外交史资料辑要》，湖南教育出版社，2008 年。

郭廷以：《近代中国史纲》，格致出版社、上海人民出版社，2009 年。

（王　进）

---

① 范泓：《蒋廷黻这个人》，《读书时报》，2004 年 7 月 28 日。

靳　以

靳以(1909—1959),原名章方叙,笔名靳以,天津人。

靳以生于天津,在家中排行第二,有一个姐姐、五个弟弟。因其父在东北沈阳经营五金生意,靳以在 3 岁时随父到东北生活。父亲对靳以的教导十分严格,购置了大量的书籍,如《四部丛刊》、"二十四史"等,为其创造良好的读书条件。

12 岁时,靳以回到天津,不久便进入南开中学就读。靳以对南开中学的感情非常深厚,他曾在自传文章《从个人到众人》中提到过"喜爱文学是从中学就开始了的,那是由于我的一位先生的教导,看我有一点写作的能力,也喜欢阅读,于是我就算跨上了文学的道路。不过那时候我只热心阅读新书刊,作文稍稍好一点,在学校的文学团体中打打杂,做一个小刊物的发行而已。我还记得那时我在南开中学,我们的刊物叫做《绿竹》;另外还有一个刊物叫做《玄背》"。

靳以在南开中学毕业后,由于家庭和身体的原因进入复旦大学商学院的国际贸易系,成为一名商科学生。虽然身为商科学生,但靳以心中始终未能放下对文学的热爱,从大学二年级开始便向杂志投稿,在陆续发表短诗的同时,开始转向小说的创作。他的小说处女作《偕奔》(短篇小说)写于 1929 年 10 月,并在《小说月报》上发表,且署名"靳以"。

1932 年,靳以从复旦大学商学院毕业后,直奔哈尔滨,通过与父亲的反复协商,毅然放弃了待遇优厚的银行工作,决心以文为生。

1933 年,靳以只身前往北平,正式开始文学生涯。他租下了三座门大街的一套房屋,那里不仅是他的住所,还是其正在筹办的《文学季刊》的编辑部。当年 10 月,靳以的第一本短篇小说集《圣型》出版。

1934 年初,由靳以和郑振铎担任主编的《文学季刊》在北京问世,靳以承担实际编务和具体工作。《文学季刊》一经出版就获得了巨大反响,很快便成为团结进步作家、培养青年作家的重要阵地,不仅许多知名作家如鲁迅、周作人、老舍、冰心等的作品在这里发表,许多名不见经传的青年作者如何其芳、李广田等的创作也能发表在这里。由于《文学季刊》销路很好,1934 年 10 月《文学季刊》编辑部创刊附属刊物《水星》。

1935 年底,《文学季刊》出版 8 期后宣告停刊,《水星》出版了 9 期。此后靳以前往上海,在上海良友图书印刷公司的支持下,他与好友巴金先后合作主编了《文学月刊》和《文丛》两本大型文学刊物。《文学月刊》虽然只有 7 个月的生命,但它发表了女作家罗淑的处女作《生人妻》,令罗淑一举成名。《文学月刊》还留下了 3 部精彩的作品连载:巴金的《春》,鲁彦的《野火》,曹禺的《日出》。这本刊物还团结了一大批作家,如茅盾、丁玲、欧阳山、萧红、刘白羽、田涛、沈从文、叶圣陶等,留下了许多载入中国现代文学史册的作品。从 1934 年至 1936 年,在担任编辑的同时,靳以笔耕不辍,共出版了 7 本小说集,即《群鸦》《青的花》《虫蚀》《珠落集》《残阳》《秋花》《黄沙》。

1937 年 8 月淞沪抗战爆发后,靳以和巴金被迫离开上海,《文丛》杂志也随着他们辗转到广州、桂林等地出版。1939 年 1 月《文丛》杂志宣告终刊,靳以编辑生涯的第一次高峰至此结束。而后,靳以受邀在重庆复旦大学中文系任教。虽然全面抗战的爆发中断了其文学刊物的事业,但未能扑灭他从事编辑工作的热情。教书原非靳以本意,却对靳以的一生产生了重大的影响。靳以在《从个人到众人》中回忆道:"在我的生命中,这是一个极大的转折点,使我从一个人,投身到众人之中,和众人结成一体了。"靳以一周任课 12 小时,在选课制下,靳以的课总是被学生早早选满。他还被学生聘请为两个进步读书会"抗战文艺习作会""读书会"的指导教授。靳以的许多学生,因他的教导和鼓励走上了文学道路。此时的靳以,一边教书,一边写作,完成了长篇小说《前夕》,散文集《雾及其他》《火花》和短篇小说集《洪流》《遥远的城》,并坚持写作《人世百图》。在教书的同时,靳以受邀为重庆《国民公报》编辑一个文艺副刊《文群》。

1941年皖南事变后,靳以被国民政府教育部以思想不稳的罪名解聘,让其到福建永安附近的福建师范专科学校执教,任文史地科主任。在福建期间,靳以又接手了由黎烈文主办、王西彦主编的《现代文艺》杂志,担任第四至第六卷（1941—1942年）的主编。在好友马宗融的保荐下,1944年靳以回到重庆复旦大学。靳以除了教书,指导学生习作,写文章外,还参加一些进步人士的聚会,如"北碚聚餐会",此为民主人士和大学教授的一个小组织,在聚餐会上,大家时常在漫谈的名义下,对一些事件交换意见,发表看法,以及在一些宣言上签名。

抗战胜利后,靳以随校回沪,任复旦大学国文系主任。他依然热心于文学活动,接手编辑上海的《大公报》副刊《星期文艺》,还与叶圣陶、楼适夷、梅林等人合编文协刊物《中国作家》,并由友人曹未风介绍,到商务印书馆担任特约编辑。这期间,靳以的《人世百图》终于结集出版,他还出版了中篇小说《春草》、短篇小说集《生存》《黑影》,以及散文集《血与火花》《红烛》。此外,靳以受邀担任复旦大学"缪司社"的指导老师,该社是中共地下组织领导的综合性的学生文艺团体,包括音乐、舞蹈、美术、戏剧等。解放前夕,靳以还参加了护校活动,他作为"教授会"的负责人之一,积极开展工作。为此靳以的名字被列进国民党政府的黑名单,致使其在上海解放前夕大约一个月的时间里,只能躲避在大学同学康嗣群的家中。

1949年7月,靳以参加了在北平召开的第一届全国文代会。1950年9月,靳以在北京出席了全国英模代表大会。在继续任教的同时,靳以还受邀为平明出版社主编了一套《新中国文艺丛书》。1951年初,靳以受教育部调遣,到沪江大学担任教务长,进行该校的整顿及并校工作,又于

1952 年秋返回复旦。1953 年,靳以离别了前后任教约 10 年的复旦大学,调入华东文联工作,最初在创作研究部工作,后又兼华东文联代秘书长。年底,华东作家协会成立,靳以担任协会常务副主席,后该协会改为上海分会,靳以仍任常务副主席。

1957 年,靳以接受了中国作家协会的委托,与巴金共同主编了新中国最大的综合性文学刊物《收获》双月刊。该刊在北京印刷发行,编辑部设在上海,由靳以主持。对此刊靳以倾注了大量的心血,直至病逝前他仍在病床上为《收获》阅稿、看样。1959 年 11 月 7 日凌晨,靳以因心脏病复发在上海离世,永远离开了他挚爱一生的文学事业,终年 50 岁。

在 30 年的文学生涯中,靳以曾主编和参与编辑过 10 多种大型文学期刊及文艺副刊,并有 40 多部作品集留存于后世,在中国现代文学史上留下了不可磨灭的印迹。

参考文献:

章洁思:《曲终人未散·靳以》,东方出版中心,2009 年。

王余光、徐雁主编:《中国阅读大辞典》,南京大学出版社,2016 年。

(齐　悦)

梁 寒 冰

梁寒冰(1909—1989),山西定襄人。

梁寒冰早年先后就读于太原国民师范学校、北平师范大学。1931年底至1932年,先后参加北平的学生游行和群众示威游行。1933年加入中国共产党,历任北平临时工作委员会成员、共青团北平市委组织部部长、北平民族自卫会宣传部部长、中共北平市军委书记,参加组织领导了"一二·九"和"一二·一六"爱国学生运动。

抗日战争和解放战争期间,梁寒冰长期从事党的教育、军运、统战和城工工作,曾任教于抗日军政大学、延安马列学院,此后任中央情报部第四室敌伪组副组长、晋绥军区调查局科长、晋绥公安局情报室副主任、雁门区党委国军部副部长、六地委城工部部长、太原工委副书记等职。

新中国成立后,梁寒冰先后任天津市军管会文教处副处长、天津市教育局局长、市委文教部部长、中共河北省委文教部部长、中共中央华北局宣传部副部长、中国社会科学院历史所党组书记、副所长等职。

从1950年起,梁寒冰在天津开始创办职工教育。采取的形式有两种,一种是脱产学习,另一种是业余学习。1952年8月至1963年3月,梁寒冰兼任天津师范学院院长及天津师范大学、河北大学校长。1954年5月成立的中国人民对外文化友好协会天津分会,负责对外文化交流工作,梁寒冰担任会长。

梁寒冰积极推动中国史学会恢复活动,当选为1980年重新建立的中国史学会常务理事兼秘书长。他组织领导《中国历史大辞典》的编纂与出版。1980 年以后,他从事组织领导全国新方志的编纂工作,出版《新编地方志研究》论文集。1981 年当选为中国地方志指导小组副组长、中国地方志协会会长。①

20 世纪 30 年代,梁寒冰就翻译出版过《唯物史观世界史》,撰有《殷周社会史》。新中国成立后,50 年代主持出版《历史教学》杂志,编著《中国现代革命史教学提纲》《唯物论与唯心论》《解放战争大事记》等,发表论文数十篇。他长期坚持学习马克思主义理论,致力于马克思主义史学研究。1973 年开始重新通读马列著作,并从马克思主义经典著作中选录有关历史的论述,分类编成《历史学理论辑要》。他还撰写了《中国社会发展史》《中国现代史大事记》等著作。

梁寒冰于 1989 年去世,终年 80 岁。

参考文献:

吕志毅主编:《河北大学史》,河北大学出版社,2001 年。

邵华:《天津教育名家梁寒冰》,载刘开基主编:《天津河西老学校——〈河西文史资料选辑〉第七辑》,中国文史出版社,2008 年。

(张绍祖)

---

① 吕志毅主编:《河北大学史》,河北大学出版社,2001 年,第 410 页。

刘　秉　彝

刘秉彝(1872—1940)[①],字德恒,回族,天津人,世居津城海河东岸于家柴厂,祖籍河北省沧县西赵河庄。

1872年,刘秉彝出生在一个回族家庭,其父刘元善以贩卖柴草为生,克勤克俭,身体力行。因自己出身贫困,刘元善深知穷苦人家的难处,故稍有积蓄,便乐于扶贫济困。这一点对刘秉彝的影响很大,在其幼小的心灵上打下了深深的烙印。刘秉彝幼读私塾,聪敏好学,蒙读数年,终因生计恋恋不舍地离开学堂。

1886年,刘秉彝年仅14岁就外出谋生,他来到西北角回族聚居区,投亲靠友,寻找工作,先后在回族人经营的致美斋糕点店、长元德蜡烛店、春德油铺等处学徒。刘秉彝十分好学,边学艺边学习文化知识,偶得《雷公药性赋》一书,如获至宝,手不释卷,捧书苦读,遂立志学医、济世活人。于是刘秉彝遍求中医典籍,勤奋攻读,日积月累,颇有心得

1890年,刘秉彝巧遇清廷太医院退职御医马步清大夫,得其赏识收为弟子。刘秉彝走上了专业学医之路,听马大夫讲授医理、传授临床经验,并得到马大夫赠予的《医宗金鉴》《济阴纲目》《叶天士医案》《徐灵胎之十二种》等多种医书,马大夫还授其许多宫廷秘方。刘秉彝医术日精,学

---

① 关于刘秉彝的生年和卒年另有说法:其生年,依据《刘氏族谱》所载,应为1872年;其卒年,依据多数学者的观点,应为1940年。

业大进。

1900年，刘秉彝在马大夫的悉心教授下，颇得真传，历经10年苦读，终于学有所成，取得行医资格，开始挂牌行医。刘秉彝专于中医内科，属清凉派，又擅长西医外科，专治外科疮疽，一身二任，跨界应诊，在当时的医界是不多见的。"刘行医以济世救人为宗旨，对贫苦患者减收或免收诊费，对无力购药者还无偿舍药，被时人誉为'仁义郎中'。"①刘秉彝为一些社会名人、要人治愈了痼疾顽症。他把由富人处收取的医疗费，拿出一部分作为穷苦病人买药费用，自此声名大振。

1902年，刘秉彝了解到有一些患者对汤药的煎制和服用存在畏难心理，因此他针对一年四季、不同时节出现的常见病、多发病，以中草药为原料，考察药材药性，钻研医学医理，研制出多种中成药，便于患者携带和服用。刘秉彝还向有关部门提出销售药品的申请，取得了经营许可证，并在旧奥租界东浮桥大马路开设了中西大药房，先后投放市场的中成药有儿童保健药"保赤一粒金"、皮肤药膏"濯毒洗血净"、妇科药"坤中第一丸"，以及神丹、宁坤丹、小儿金丹、济阴丸、宇宙安息香等。这些中成药服用方便、干净卫生，很受患者欢迎，很快就打开销路，闻名遐迩。

1906年，刘秉彝获悉丁子良创办天津医药研究会的消息后，十分高兴，深表赞同，踊跃参加，是最先报名的13位入会者之一。②刘秉彝还撰写了《医药研究会书后》一文，在《天津商报》上发表，支持医药研究会的工作。刘秉彝对丁子良所言"中西医学、互有短长"，提倡中西医结合的主张深表赞赏。刘也认为"治中医必兼通西医，通西医而广中医，西为中用，中西融通"。中西结合，注重临床，科学行医，是医者仁心的具体表现。

1924年，河东李公楼村村民吴振宗等向天津回教联合会反映，该村没有礼拜寺，而刘秉彝在该村有一块空地，因此特请回教联合会与刘秉

---

① 王者师:《中西制药厂及其创办人综述》，载天津市河北区政协文史委编:《天津河北文史》第5辑，1991年6月内部印行。

② 《天津商报·社会要闻》第256号。

彝接洽，这块空地能否用来建筑礼拜寺。刘秉彝自幼受父亲刘元善乐善好施的言传身教，更何况是建筑伊斯兰教的礼拜寺，故将空地慨然相赠。"回族名中医刘秉彝主动献地，其子《平（评）报》社长刘霁岚出巨资，老骨科医生马桐春等众多乡老拿'乜帖'，约于 1927 年左右建成，占地 551.8 平方米，建筑 387.44 平方米。"①建成后定名为复兴庄清真寺，方便了周边回族群众的宗教活动。

1933 年，刘秉彝开设的中西大药房的经营状况日渐发达，产销两旺，一度曾更名为中西制药公司。原有的前店后厂、家庭作坊式的生产方式，已满足不了市场需求，于是刘秉彝又在旧意租界大马路购地建厂，以扩大生产满足市场所需。

1937 年，中西制药公司正式定名为中西制药厂。所谓中西制药，只是生产中成药，以中草药药材为原料，以中药西制的工艺，生产出西药的样式、形制，即把中药的汤剂，制成丸、散、膏、丹、饮片之类，既清洁卫生，又便于携带和服用，是中西制药厂的主打产品。从药房到药厂的发展历程，刘秉彝倾注了毕生的精力。

1940 年，刘秉彝因病去世，终年 68 岁。

参考文献：

吴丕清、马祥学主编：《河北回族家谱选编》，河北人民出版社，2006 年。

（尹忠田）

---

① 母撒·张毓荣：《复兴庄清真寺的沿革》，载天津市河东区政协文史委编：《天津河东文史资料》第 4 辑，1991 年 7 月内部印行。

刘霁岚

刘霁岚(1895—1977),名云岫,字霁岚,以字行,回族,天津人。1895年5月11日,刘霁岚出生在一个富裕的回族中医家庭,是清末民初著名中医师、天津中西制药厂创始人刘秉彝的独生子。刘霁岚幼年时身体虚弱,其父刘秉彝从中医养生入手,给予必要的调理和保健,使其得以茁壮成长。刘霁岚少承家学,深谙中医药知识,为日后继承父业打下了坚实的基础。

刘霁岚生性顽皮,好动恶静,直至10岁这年,其父才送他到私塾读书。在学堂里仍然是喜玩耍而厌诗书,甚至影响到同窗学友,终因学无长进而退学。其父见刘霁岚不肯读书,于是将其安顿在家庭作坊中学习制药,学一门养家糊口的手艺。刘霁岚对于炮制中草药却十分感兴趣,专心学习制药技术,在父亲的悉心指导下,从中草药药材的选料、投料、炮制成药的各个关键工艺环节,乃至出产成药的全过程,刘霁岚都学习掌握,为日后继承和管理中西制药厂储备了丰富的理论基础和实践经验。随着年龄的增长,刘霁岚性格开朗,人情练达,通事理,善交际,为日后办报纸、开药厂成就一番事业,建立了广泛的人脉关系。

1923年,刘霁岚创办《评报》,社址在南市荣业大街,他自任社长。聘请高辑五编发要闻和本市新闻,徐雅松、李吟梅、辛曲庵为副刊编辑。徐能写杂文和地方风土小品文章,李善于写影评、剧评一类的文章,辛以短篇的政论文字见长。《评报》开办时,正值国内军阀混战,时事新闻是广大读者关心的话题,而《评报》信息来源可靠,消息见报迅捷,评论文章写得坦然率真,以敢说话著称,深得民心,虽然仅属于四开小报,其销售量与日俱增,每天销量达5万份之多。后来刘霁岚又增刊《时报》,也是四开小报,以时事新闻为主要刊载内容。

刘霁岚是中医世家,开设中西大药房和其他几家企业。为提高自家企业的社会知名度,报上每天刊登"保赤一粒金""濯毒洗血净""宁坤丹"等几种成药的大幅广告。由于资金充裕,刘霁岚购置了全套印刷设备,自己印报,在众多的小报中独树一帜。《评报》经营得法,广告发行足能维持开支,刘霁岚也因办报而成为名人。

刘霁岚除了子承父业经营中西制药厂外,还与人合资开办了育仁堂药店、同和福化学染料厂、泰兴银号等,还接办了东天仙戏院和美琪戏院,财富积累更加雄厚。

刘霁岚出身于回族家庭,也是一个虔诚的信徒,一生遵守教规,斋戒礼拜,不吸烟,不饮酒,十分热爱回族传统文化。1927年,复兴庄清真寺建成后,刘霁岚还在清真寺周围建筑廉租平房108间,让那些散居各处以及居无定所的贫困回民来此聚居,在这里形成了一个围寺而居的回族社区。同年,刘霁岚将报社迁址至法租界。

1931年九一八事变后,驻守东北军队执行蒋介石的不抵抗命令,全部撤退到关内。刘霁岚对蒋介石的不抵抗主义十分愤懑,对张学良撤军的苦衷实难理解,于是在《评报》上发表评论文章,抨击国民党当局对外妥协、对内反共的反动政策。翌日,评报报社就遭到国民党军警的抄砸并查封,后经多方奔走,疏通关系,以迁址、改名为条件,报纸才得以复刊。

1932年,刘霁岚将报社迁至意租界大马路。复刊后的《评报》,改"评"字为"平"字,称为《平报》。刘霁岚最初取"评"字,是公平评论的意思,改为"平"字,则意谓失去了言论的公平和自由。刘霁岚自办报纸,与《民兴报》的刘孟扬、《新天津报》的刘髯公齐名,被称为天津新闻界"三刘"。1937年7月7日,卢沟桥事件爆发。7月30日,天津沦陷。刘霁岚不甘做亡国奴,愤怒地将平报报社关闭,回到中西制药厂协助其父工作。

1939 年,天津地区发生特大水灾,周边农村成千上万的灾民涌入天津,天津市区大部分房屋被洪水浸淹。无数灾民无处栖身、生活无着,而日伪当局视而不见。刘霁岚义不容辞,发起救灾活动,组织赈灾委员会,自任会长,带头捐输。他为了救济无家可归的灾民,把自己居住的房屋腾出来,供灾民安身;他还拿出大量的金钱和物资,在意租界大马路的边道上搭盖起席棚,施舍馒头和粥饭,救人无数,直至一个半月后洪水退去,救灾工作圆满告一段落。

1940 年,刘秉彝因病去世。刘霁岚继承父业,全面接管中西制药厂。刘霁岚亲临生产第一线,亲自参与产、供、销的全过程,制定一系列管理企业的规章制度,严把质量关。刘霁岚在长期的经营实践中,为中西制药厂制定了四句话的治厂宗旨:信义为立业之本,博爱为处世之本,启智为发达之本,求新为发展之本。概括为"信义、博爱、启智、求新"的"中西精神"。刘霁岚在经营管理上主要突出了"重信"和"求新"两个方面:"重信",即注重信誉;"求新",即追求创新。科学的管理,规范的生产,使中西制药厂保持有鲜活的生命力及顽强的竞争力,彰显了刘霁岚的企业管理才能,刘霁岚完成了从报人到企业家的转变。

1948 年,天津解放前夕,刘霁岚不避风险,接待和掩护中共石家庄地委派来的地下工作者邸玉卿来天津开展工作。不论是在生活上,还是在工作上,刘霁岚都积极地给予关照和协助,并代为采购一些药品等物资,为迎接天津的解放做了力所能及的工作。1949 年 1 月 15 日,天津解放,刘霁岚沐浴在新中国的和煦春光里,中西制药厂也迎来了全面发展的新时代。

1950 年初,刘霁岚为了提高回族群众文化水平,解决贫困家庭的儿童失学辍学问题,出资筹办了两所小学校,一在陈家沟子,校名伊斯兰小学;一在于厂下坡,校名葆初小学。两校回汉族儿童兼收,一律免收学杂费,教职员工的工资及其他开支,皆由刘霁岚承担。这两所小学校后由河北区文教科接管,改名为回民小学。

1956 年,天津市工商业实行全行业公私合营。刘霁岚认识到只有社会主义道路,才是发展经济、提高生产的康庄大道,他主动将中西制药厂的资产登记造册,积极申请公私合营,他与友人合资经营的其他企业,也都走上了公私合营之路。

1958 年,刘霁岚从工作岗位上退休。他先后参加了河北省政协、天津市政协文史资料征集工作,撰写回忆文章。

"文化大革命"期间,刘霁岚受到迫害。1977 年 4 月 2 日,刘霁岚因病去世,终年 82 岁。

参考文献:

天津市政协文史委编:《天津文史资料选辑》第 94 辑,天津人民出版社,2002 年。

(尹忠田)

刘迺仁

刘迺仁（1903—1975），河北深县人。1921 年进入河北省献县天主教大修院攻读哲学。1930 年入上海神学院攻读神学，获哲学博士。1933 年晋升为神父。1934 年来天津工商学院任副教务长、斋务主任、舍监、神学教授等职。

1937 年七七事变后，刘迺仁出任天津工商学院训导长。沦陷期间，天津大部分高等学校南迁，天津工商学院成为华北地区有较大影响的学校之一。1939 年第二次世界大战全面爆发，罗马教廷断绝了对该院的经济支持，日本侵略者又多方干扰，学校面临重重困难。是年底，由重庆国民政府教育部战区教育委员会组织领导的天津教育促进会成立，刘迺仁秘密参加了这个抗日团体。他不顾安危，掩护抗日地下工作人员在津执行任务，使天津各界与重庆政府的联系不致中断。1943 年 4 月 1 日，"耶稣会"会长尚建勋任命刘迺仁为天津工商学院院务长。他为该校建校以来首任中国籍院务长。刘迺仁在全校庆祝他荣任院务长的大会上发表的训词颇能代表他的治校思想：其一，使工商学院逐渐步入中国化，在中国教育史上留下一个不朽的盛名，因为是由国人自理自治，更要勤勉奋进，使世界各角落都播扬"工商"的名字；其二，秉承校训"实事求是"，各尽职责，力践名实，在学校中是好学生，在社会上是好国民，担当起建设事业；其三，加强教育工作力度，以谋成立完全大学，造福有志向学的男女中学毕业生，为全民尽服务的义务。

刘迺仁才识宏通,热心教育,各项工作颇多建树。他待人和蔼,办事认真,深受全校师生尊敬。日伪时期,该院是华北沦陷区仅有的实行重庆政府教育部教育制度的大学之一（另两座是北平的辅仁大学和中国大学）。1943 年 9 月,天津工商学院增设女子文学系。为了筹集学院经费,刘迺仁多方联系地方士绅慷慨解囊捐输,使该院得以维持不辍。他引导该院毕业生到大后方为抗战出力;无法到后方的学生,亦鼓励到一般工商机构服务,免为敌伪所用。1944 年初,天津教育促进会被日本特务侦破。2 月 19 日,该会副理事长王润秋教授在劝业场门前被捕。4 月,刘迺仁被捕。日本宪兵队严刑审问,但因未拿到确实的抗日证据,不久刘迺仁等被释放。

1945 年 8 月抗战胜利,刘迺仁于 9 月将女子文学系扩大为文学院,分文学、史地、家政三系。文学系又分国文、西语二组。此次扩大,实为改建大学之准备。是年 11 月,国民政府电召刘迺仁赴重庆,对其在抗战期间在天津从事的抗日爱国活动予以嘉勉,并允许该院改制为大学。1946 年,工商学院已发展为 3 院 10 系规模。1948 年秋,教育部令工商学院改为津沽大学,刘迺仁为校长。

1949 年 1 月,刘迺仁离开津沽大学赴香港、法国,又去东帝汶。1975 年,刘迺仁在台北逝世,终年 72 岁。

参考文献:

吕志毅主编:《河北大学史》,河北大学出版社,2001 年。

邵华:《天津近代教育家刘迺仁》, 载刘开基主编:《天津河西老学校——〈河西文史资料选辑〉第七辑》,中国文史出版社,2008 年。

张建虹:《天津近代教育家刘迺仁》, 载中共天津市河西区委宣传部、天津市河西区档案馆编:《天津河西历史文化名人传略》,线装书局,2013 年。

（张绍祖）

刘 瑞 恒

刘瑞恒（1890—1961），字月如，天津人。1890 年 7 月 23 日生于天津，其父刘桐轩在教堂工作，曾居住在天津日租界天安里。

1902—1903 年，刘瑞恒在天津新学书院读书，1904—1906 年在北洋大学预科学习。1906 年，由北洋大学官费派送留学美国，入哈佛大学学习化学。1909 年，获理学学士学位，后专攻医学，1915 年获哈佛大学医学博士学位。

1915 年，刘瑞恒任上海哈佛医专外科教员。1916 年，任上海红十字会总医院外科医生。1918 年，任北京协和医学院外科教授兼副院长。1920—1921 年赴美进修，专攻癌症外科，回国后成为协和医学院首任华人院长，后任协和医学院附属医院医监（担任教授）、中华医学会会长。1923 年，带领协和医院与京师警察厅合作，成立卫生事务所，致力于改善北京公共卫生。1924 年，参与诊断梁启超肾病，并主刀为其切除病肾。1925 年 1 月，孙中山入住协和医院后，确诊肝部恶性肿瘤，刘瑞恒为手术助理医生，对病人进行了镭锭治疗，并致书孔祥熙及孙中山家属通报病情。孙中山逝世后，刘瑞恒实施防腐手术，并起草报告书。1928—1929 年，参与对谭延闿病患的治疗工作。

1928 年 11 月，刘瑞恒任国民政府卫生部常务次长。1929 年 11 月，任代理卫生部总长，1930 年兼任国联卫生组织顾问委员会委员、内务部卫生署署长，后任中央医院院长、委员长行营军医处处长、中英庚款董事会董事等职。刘瑞恒任卫生部总长后，提出了卫生部三年工作计划，包括建立中央军医站、全国检疫所,在南京、广州设立妇产医院。出版全国卫生条例、西医从业人员登记名册、全国性药典。建议各校学生、机关公务人员行体格检查,提倡乡村卫生,指定地点为卫生试办区域,制定地方卫生行政执行条例。与孔祥熙、孙科等发起创办上海中山医院,任筹备处副主任及筹备征捐队副总队长。

在刘瑞恒主持下,我国传染类疾病防治取得了显著进展。1929 年,他多次组织卫生专家研究鼠疫防治办法,设立中央鼠疫局,委托伍连德任局长,一年后,中国实现了鼠疫试验性免疫注射。1931 年,武汉发生 80 年未遇之水灾,他立刻率队前往,提出赈灾与防疫并行的救灾方案,制定详细的防疫计划,尤其注重环境卫生和饮用水安全。1932 年,芜湖发生鼠疫,呈蔓延态势,刘瑞恒派遣多名医生前往防疫,并设立特别施医处注射防疫血清。1934 年 10 月,远东热带病医学会第九届大会在南京召开,刘瑞恒任会长。这是该会自 1908 年创办以来,首次在华举办会议。

1930 年 12 月 5 日,刘瑞恒任禁烟委员会委员长,在内忧外患的形势下,虽遭禁烟不力的弹劾,但他坚决抵制烟土收归国家出售的论调,采取积极的禁烟措施,于 1932 年提出断禁、渐禁两种方式,根本目的是禁绝毒品。他还推广马文昭医生发明的黄豆蛋黄素戒烟新法,得到社会各界的积极响应。他以林则徐为榜样推行的禁烟工作,于 1934 年底得到了日内瓦国联鸦片顾问委员会的关注,向全世界彰显了中国禁毒的信心和决心。

1931 年 5 月,天津南开中学 10 余名学生发烧,疑似猩红热,《大公报》报道了该校停课的消息。刘瑞恒立即从南京致信《大公报》,指出停课后学生返乡将造成疫病迅速传播,并提出正确的防疫办法。南开中学梅宝昌在该报发文回应称,停课为事实,但学生为在校隔离或就近在家隔离,并未造成疫情传播。在医院确定病种非猩红热后,《大公报》再发两篇文章强调南开中学处理此次疫情方法的正确性。[①]刘瑞恒与南开的报端

---

① 《大公报》,1931 年 6 月 9、13、15、17 日。

论战,堪称近代传染病防疫的一段科普佳话。1931年,坐落于天津法租界的海军医学校因校址被出售而无法办学,校友会向刘瑞恒求助。1933年,国民政府派刘瑞恒与法方交涉,确定了重新划地建设医校的方案。当年,北洋大学同学会总会成立,刘瑞恒被推举为执行委员之一。

刘瑞恒在致力于发展公共卫生事业的同时,还受命参与军队的战时救治和康复。1931年2月,他任残废士兵新村筹备委员会总干事。1932年"一·二八"事变后,刘瑞恒率卫生署职员及中央医院、北平市卫生局选派之专门医师30余人,携带大批外科器械和药品,赴上海救治伤病员,并在上海组建重伤医院,电召北平协和医院救护队南下参加战地救护工作。1933年3月,为救治热河抗战受伤官兵,刘瑞恒到北平组织中华红十字会华北救护委员会,自任主任委员,成立12个医疗组,积极救治战场的伤兵。

1935年,刘瑞恒任国民政府军事委员会军医署署长。11月1日,汪精卫遇刺,刘瑞恒于当日下午为其手术,取出左臂、左颊中的两颗子弹。1937年抗日战争全面爆发,刘瑞恒主持抗战卫生勤务工作,后于1938年去香港,1942年赴美,1944年任国防资源委员会卫生署主任,负责争取和分配医疗物资,积极促进与美国医疗援华局的合作。1945年抗战胜利后,他任联合国善后救济总署卫生委员会主任,回国督促检查联合国援华医疗物资计划的执行情况。1946年,他在上海就任美国医疗援华局主任医师,着手将战后的救济工作逐步转为和平时期医疗机构的设立和医学教育的开展。

1947年1月,天津公立结核病防治院董事会成立,刘瑞恒任名誉董事。随后他多次来津与卫生局、工务局交流,参观了市立第一医院、第三医院、传染病院、卫生试验所、产科医院、牙科医院、第一卫生所、马大夫医院、中央医院、南开大学等处,指出天津医疗卫生各方面合作之密切可居全国之冠,并希望组织一委员会互相联络砥砺,协助政府推进卫生工作。

1949年,刘瑞恒赴台,继续致力于发展医学教育。1959年,因病赴美就医,1961 年病逝于纽约圣路加医院,终年 71 岁。

参考文献:

北京清华学校编:《游美同学录》,1917 年。

私立北平协和医学院编:《私立北平协和医学院简章》,1930 年。

《大公报》1933 年 3 月 12 日第 4 版《刘瑞恒到平》,3 月 19 日第 3 版《华北救护委员刘瑞恒招待记者,谓伤兵总数约七八千》。

《中华医学杂志》第 19 卷《刘瑞恒报告医疗组救护工作》,中华医学会发行,1933 年。

(李琦琳)

孟 恩 远

　　孟恩远(1856—1933),字曙村(又作树椿、树村),天津西泥沽村人,早年生活艰苦,后投淮军,在正定练军叶志超麾下当兵。1888年升任先锋队左营哨长,1891年升任哨官。1894年春,随叶志超部入朝鲜,镇压东学党起义。

　　1894年,孟恩远入胡燏棻定武军任亲军马队哨官。1895年12月,袁世凯奉命到天津小站操练新军,孟恩远任新建陆军右翼骑兵营队官,不久随袁世凯赴山东镇压义和团起义。1902年任武卫右军保阳马队正中副营统领。1904年任北洋常备军第二镇骑兵第二标标统。1905年任马队第一协协统。后出任直隶巡防营统领、河南省南阳镇总兵。1907年,孟恩远随徐世昌赴东北,任吉林巡防营翼长、记名提督,并任吉林督办剿防事宜。1910年,任陆军第23镇统制。

　　1911年10月10日,辛亥革命爆发,孟恩远任吉林保安会副会长。1912年中华民国建立后,军制改镇协为师旅,第23镇改为第23师,孟恩远仍任师长。同年8月,内蒙古扎萨克图旗郡王乌泰举兵叛乱,23师参与平叛,9月授陆军中将衔。11月,孟恩远被任命为吉林护军使。1913年9月,湖北省革命党人季雨霖在长春组织救国社,被捕后,孟恩远奉袁世凯密令将其杀害,不久孟加陆军上将衔。孟恩远自任吉林护军使后,积极整顿军队,颁布"服从、礼节、军纪、风纪、称呼、卫生"等6项条令。

　　1914年6月,北京政府裁撤各省都督,于北京建将军府,派将军分驻各省督理军务,孟恩远任镇安右将军,督理吉林军务。孟针对吉林匪患猖獗、地方不靖的现状,特颁令8条:门禁、停补兵丁、严查客店、取缔娼窑、棱巡街市、免除请假、加紧操练、奖赏有功,严格约束军队。

袁世凯并不以当上大总统为满足,除指示党羽亲信联名发起成立"筹安会"为其推动帝制外,又假借民意上书改变国体,使其称帝合法化。孟恩远心领神会,于1915年9月致电参政院,要求改变国体,攻击民主共和"不适国情人人皆知",而帝制君宪"尤为人人公认,情至理归"。随后与段芝贵、朱庆澜等联合11位将军,劝袁世凯"速正大位",拥护帝制。此后袁世凯称帝时,孟被封为一等伯。

1916年6月,袁世凯病死,黎元洪继任大总统,同年7月,各省将军改成督军,孟为吉林督军。1917年7月,张勋复辟,孟被封为吉林巡抚。段祺瑞马厂誓师后,"讨逆军"逼近京师,正在北京的孟恩远仓皇出逃。因参与张勋复辟,孟威信一落千丈,遭受弹劾,不得已提出辞呈。同年10月18日,段祺瑞经过权衡后正式向孟发表革职令,同时特任孟恩远为诚威将军来京候用。而孟派系之党羽并不应允,22日,吉林宣布"独立"脱离中央。经过协商,北京政府准允孟恩远延长督军两个月,吉林也因此取消"独立"。11月,俄国爆发十月革命,波及在哈尔滨和中东铁路的俄国工人和士兵,孟恩远率兵前往镇压有功,得以继续留任督军。

1918年9月,北京政府任命张作霖为东三省巡阅使。孟恩远表示反对。1919年7月,北京政府明令调孟恩远为惠威将军来京候职,孟恩远拒不赴任。张作霖伙同日本驻吉林部队制造宽城子事件,向北京政府示威,并派吴俊升、孙烈臣率军夹击吉林。孟恩远被迫退让,卸任离职,后举家寓居天津,仍意图重新夺取权力。1922年第一次直奉战争奉军败北,吴佩孚和孟恩远曾指使高士傧在后方绥芬河策动旧部进攻哈尔滨,后失败。孟恩远在天津曾购买大量土地,投资经营房地产、面粉厂、棉纱厂等。

1933年,孟恩远病逝于天津,终年77岁。

参考文献：

《孟恩远》,载沈阳市政协文史委编:《沈阳文史资料》第 21 辑,1994 年内部印刷。

《孟恩远》,载吉林市地方志编纂委员会编著:《吉林市志·军事志》,吉林文史出版社,2001 年。

《孟恩远旧居》,载金彭育、金朝:《五大道》,天津人民出版社,2015年。

《孟恩远》,载王雄康:《历史的碎片——小站大人物》,团结出版社,2015年。

（欧阳康）

牟 廷 芳

牟廷芳(1902—1955),贵州郎岱(今贵州省六盘水市六枝特区)人。年少时离家至昆明恒兴益商号当学徒,由于吃苦耐劳,精明能干,深受老板赏识,1921年,转到上海总店做工。1924年,牟廷芳在上海结识了郎岱同乡、辛亥革命元老、时任孙中山大元帅府咨议的安健,被推荐至黄埔军校学习,编入第一期。

牟廷芳在军校学习期间,勤学苦练,成绩优异,成为军校的优等生。毕业后分到国民革命军教导第1团任少尉排长。1924年冬,参与平定商团叛乱。1925年,牟廷芳参加国民革命军东征,在克复惠州战斗中立功,受到蒋介石、何应钦的表扬。1926年北伐时,编入国民革命军第14师,先后担任少校营长、上校团长,屡立战功。1928年,蒋介石从日本归来重新上台后,认为牟廷芳等贵州籍军官是何应钦派人物,一律罢免兵权,牟廷芳因此被调任第14师政治部主任。随后牟廷芳赴日本步兵专门学校学习。1930年毕业回国,被分配至14师独立旅任上校团长。时值国民党在江西对红军发动"围剿",牟廷芳在修水战斗中,弹片嵌入瞳仁,遂盲一眼。

此后不久,蒋介石借口培养地方军事人才,实为改造地方部队,将牟廷芳调到云南,参与筹办中央军校昆明分校。当时的云南是龙云的势力范围,中央军校昆明分校由龙云兼任主任,牟廷芳任副主任。训练完两期学生后,牟廷芳认为自己处在蒋介石、龙云明争暗斗的漩涡中,不是长久之计,便借送母亲回籍为由请假,途中牟母病故,故报请回籍丁忧。假满后,被调任贵州省保安处副处长。

1935年夏,牟廷芳被任命为陆军121师副师长。121师先后调驻湖南、江西、湖北、安徽、河南等地。1937年,"八·一三"淞沪抗战爆发,牟廷芳带领121师,奉命赴上海参战,与103师共同防守江阴要塞。牟廷芳率部重创日军。但在敌人海陆空联合攻击之下,121师也损失惨重,后奉命撤离战场,退往南京、芜湖等地,后又撤至湖南芷江一带。此期间,牟廷芳升任121师师长。后该师被编入第6战区防军94军,成为江防主力。牟廷芳因作战英勇,痛击日本侵略者,而多次受嘉奖。1938年7月,为防日军进攻宜昌,121师奉命守襄河一线。牟廷芳与大洪山区的新四军取得联系,相互配合,在田店战役中联合作战,击败日军。胜利后,牟廷芳亲自到新四军防线,慰问受伤将士,并向其致意。1939年,牟廷芳升任94军副军长兼121师师长,1940年,升任94军军长。在其率领下,94军奋勇参加抗战,转战鄂、湘、桂,屡建战功。1945年7月27日,牟廷芳率94军攻克桂林。

抗日战争胜利后,94军成为首批接收部队。1946年6月,牟廷芳担任冀东"绥靖区"司令官。牟廷芳部参加接收上海,不久后又派往接收天津,牟廷芳兼任天津警备司令,并当选"制宪国民大会"代表。1947年,牟廷芳因在接收上海、天津期间的贪腐行为被撤职。后闲居上海,1949年移居香港。

1955年3月31日,牟廷芳病逝,终年53岁。

参考文献:

张法孙:《牟廷芳事略漫记》,载贵州省六盘水市政协编:《六盘水文史资料》第3辑,1988年内部印刷。

程昭星:《牟廷芳》,载贵州省六盘水市政协编:《六盘水文史资料》第4辑,1991年内部印刷。

《牟廷芳》，载刘国铭主编：《中国国民党百年人物全书》（上），团结出版社，2005年。

高守亚：《铁血将军牟廷芳》，《黔中早报》，2016年9月12日。

（欧阳康）

穆 倩

穆倩(1855—1927),谱名云湘,字楚帆,号芝沅,回族,天津人,祖籍浙江钱塘县,出身于"天津八大家"之一的正兴德穆家。

穆家世代经商,但是十分重视文化教育,秉承着"诗书传家、礼义继世"的传统理念。穆倩幼年入私塾读书,学习中华传统文化。稍长进清真寺念经,学习民族文化。穆倩学有所长,尤其擅长书画,钟爱丹青,在艺术道路上的探索用力最勤。

1884年(光绪十年)刊行的《津门杂记》一书说:"穆楚帆倩画花卉兼翎毛草虫,师追正叔①,别具风神。"穆倩是恽寿平的私淑弟子,仰慕其画风,临摹其画作。虽师古,但不泥古。在继承的基础上并有所发扬,达到"咫幅千里,烟云万态"的意境。穆倩画花卉完全采用了恽氏在花卉写生方面创造出的"纯没骨"画法,从根本上变革了传统的先勾线、后填色的"勾勒法",不仅花、叶纯用彩色描画,石头也渗以花青、淡赭。在用笔上亦极精工细致,区别于信笔挥洒的写意。在用墨上亦继承了恽氏"淡雅清静"的主张。穆倩所画翎毛草虫,也受恽寿平的影响,以恽氏为代表的常州画派的花鸟画技法的影响贯穿了有清一代。穆倩"先生不恒作画,每作

---

① 即清初名画家恽寿平(1633—1690),江苏武进人(今常州),原名格,字寿平,以字行,后改字正叔,号南田。

必精妙超逸,颇有南田竞趣,设色亦淡雅可喜"①。正因为穆倩不经常作画,所以其传世的墨宝十分罕见。

穆倩富于收藏,不惜重金收藏历代名家书画。天津穆家共分四门,其中第三门素有"大楼穆"之称,穆倩就是"大楼穆"的第四代,他用楼房 5 间尽储名画,从来不轻易示人。清初山水画家"四王"(王时敏、王鉴、王翚、王原祁四人的合称)的墨迹,尽为所藏,十分珍贵。其中,王翚、黄鼎的长卷,皆为不可多得的神品。穆倩收藏这些名家的传世之作,欣赏观览之余便心慕手追,达到心娴手敏的程度,不难看出穆倩在书画创作上的艺术走向及文化追求。

穆倩为人和蔼可亲,平易近人,还善于发现绘画人才及艺术新秀,不少人得到其奖掖和提携,后学皆趋之。知名书画家刘芷清先生回忆说:"余得见四王墨迹,皆由先生处,又许人临摹,获益殊多。"穆倩年高德劭,品端学粹,得到时人的爱戴。清末民初以来,津门画界将穆倩、梅振瀛、尹澄甫、刘小亭并称为"津门四皓"②,足可见穆倩在天津画坛的名望和地位。

1857 年,天津穆家将正兴德茶叶店分给第三门经营。确切地讲,正兴德茶叶店的经营管理权,是由第三门按长子长孙的嫡系后裔掌理,而第三门的旁系后裔只是分得了正兴德茶叶店的一部分股份,坐享分红而已。穆倩与其他三门旁系的堂兄从弟一样,过着衣食不愁、养尊处优的生活。然而穆倩不甘寂寞,一心想着如何广开财路、扩大生产、创业增收。

穆倩除了继承祖业外,还在沧县购买一处 100 多顷的田庄,又在大伙巷先春园大街开设裕兴当一处。1894 年,又与河南人谭再田、北京人杜衡斋合伙接办了直隶正定、灵寿两县引地,在天津设有永德茂盐商津店。1904 年,穆倩还开设德瑞钱铺等。虽然购买了田庄,开设了字号,但穆倩家里无一人参加管理,所有的经营都是依靠经理人负责,不多年买卖都

① 刘芷清:《津沽画家传略》,载天津市政协文史委编:《天津文史资料选辑》第 49 辑,天津人民出版社,1990 年。
② 张今声:《津门回族画界二刘》,《新天津》总第 6 期,2014 年。

先后倒闭,分到的正兴德茶叶店的股份,也作价转让给本门五代穆逢熙管业。穆逢熙是天津穆家第三门正枝正叶的嫡裔,是正兴德茶叶店的最后一位资方代表,掌握着经营管理之权。1954 年,国家试行企业公私合营,穆逢熙主动向政府要求公私合营。1956 年资本主义工商业完成社会主义改造,正兴德茶叶店转变为社会主义企业。

穆倩热爱回族文化教育事业。1909 年,他看到清真寺周围回族聚居地方穷苦家庭的孩子无力上学,专为贫困回民儿童创办了天津私立清真寺小学,自任校董,这是天津最早的回民小学。①校舍就在清真大寺的南跨院,为初级小学,学制四年,课程安排有国学、算学、阿拉伯文基础。1948 年,为纪念穆倩创办该小学,校名曾改为私立云湘小学。新中国成立后,隶属于二道街回民小学一分校,改为完全小学,学制六年。1959 年,二道街回民小学与坐落在文昌宫内的八区第二十三小学合并,改称为天津市红桥区西北角回民小学,校舍就在昔日文昌宫辅仁书院旧址,后改名文昌宫民族小学。穆倩在天津回教联合会工作期间,先后担任天津回教联合会主办的木工学校校董、清真寺国民学校校董、成人补习夜校校长等职。在他的影响下,天津穆家多人成为教师走上讲台,从事社会教育工作。

穆倩是一位爱国爱教的开明乡绅。1919 年五四爱国运动在北京爆发,天津学生联合会、女界爱国同志会等组织先后成立。5 月底 6 月初,天津回教联合会成立,积极加入天津各界联合会,投身“外争国权、内惩国贼”的爱国行动中。穆倩被推举为第一届会长。穆倩是一位虔诚的穆斯林,他十分热爱伊斯兰文化。他精通阿拉伯文和波斯文,精心钻研伊斯兰教典籍,与堂兄弟穆子清合作,从波斯文本编译了中国伊斯兰教教律学名著《汉译伊雷沙德》,②由北平清真书报社出版。这是一部内容比较完整的伊斯兰教教律著作,流传至今,弥足珍贵。

---

① 参见张绍祖:《天津最早的回民小学》,《今晚报》,1988 年 6 月 24 日。

② 参见余振贵、杨怀中:《中国伊斯兰文献著译提要》,宁夏人民出版社,1993 年,第 162 页。

穆倩于 1927 年去世,终年 72 岁。

参考文献:

天津市政协文史委编:《天津文史资料选辑》第 20 辑,天津人民出版社,1982 年。

杨金鼎主编:《中国文化史词典》,浙江古籍出版社,1987 年。

宁夏社会科学院主编:《回族研究》,1992 年第 4 期。

(尹忠田)

潘 承 孝

潘承孝(1897—2003)，字永言，江苏吴县人。1897 年 3 月 7 日，潘承孝出生于江苏省苏州一个书香门第的大户家庭，幼年时过继给伯父，四五岁时开始在潘氏家族所办义庄的松麟小学堂读书，[①]小学和初中都是在苏州度过的。

1912 年潘承孝转到北京汇文中学学习，1915 年考入唐山工业专门学校。1921 年以机械系第一名的优秀成绩毕业，被交通部保送官费留学美国。当时的唐山工业专门学校是国内外知名的学府。到康奈尔大学后，他不是径直进入研究生院学习，而是主动要求到机械系四年级，选修内燃机、汽车等几门国内尚未开设的专业课程。1923 年毕业后，他到阿列斯-查尔麦这所著名的工厂做工，学习工厂的实际知识。1924 年夏转入威斯康星大学研究生院，以蒸汽动力厂为主题，金相热处理为副题，攻读硕士学位。1925 年夏获得硕士学位。官费留学三年期满后，他又延长一年到赫波汽车厂做工。回国前，他到美国各地的工厂参观，以广见识。

1927 年 2 月，潘承孝学成回国。在等待分配期间，直隶公立工业专门学校邀请他"帮帮忙，担任几节课"。潘承孝从此走上讲坛，进入教育界。

潘承孝在直隶公立工业专门学校教课仅 3 个月，奉系军阀即占领天津，将校舍强占为兵营，校方不得不宣布停课。1927 年 8 月，潘承孝经朋

---

① 天津市政协文史委编：《近代天津十二大自然科学家》，天津人民出版社，2011 年，第 177 页。

友介绍赴奉天,受聘于私立冯庸大学,担任机械系教授。由于冯庸同其父冯麟阁受日本帝国主义唆使,出兵与苏联军队作战,引起国人的不满,潘承孝因此谢绝了冯庸大学的续聘。1929年暑假后,受聘于张学良任校长的东北大学工学院,任机械工程系教授。1931年九一八事变后,潘承孝随同东北大学流亡北平。1932年暑假后到北平大学工学院任教授兼机械系主任,主讲内燃机学、汽车学、汽轮机学等课程,是我国最早讲授这些课程的教授之一。

1937年七七事变后,北平大学、北平师范大学和北洋工学院奉教育部令迁往西安,成立西北临时大学,不久南迁陕西城固。1938年,西北临时大学解散,北平大学工学院、北洋工学院和迁往抗日后方的焦作工学院、东北大学工学院合并,在城固成立国立西北工学院。从1938年西北工学院成立起,潘承孝先后担任机械系主任、教务主任,1944年1月任院长。1945年抗日战争胜利后,潘承孝为迁校、建设新学校奔走于西安、南京之间,最后决定在咸阳建设新学校。在西北的10年中,潘承孝工作繁重,心力交瘁,贫血严重,1948年秋,他不得不辞去院长职务,回天津居家养病。在天津养病期间,就近接受北洋大学之聘,担任工学院机械工程教授。

1949年1月,天津解放,潘承孝担任北洋大学校务委员兼机械系主任。潘承孝主张理工结合,强调基础理论的教育和实践能力的培养,走教学、科研、生产三结合的道路,培养出一批国内外知名的内燃机专家、学者、中国科学院院士、中国工程院院士。1950年,在重工业部领导下成立"汽车工业筹备组",初期只有十余人,其中就有4人是潘承孝的学生。

1951年,全国院系调整,北洋大学与河北工学院合并成立天津大学,潘承孝担任教务长,创办了天津大学的内燃机专业和实验室,并积极向天津市建议与天津大学合办天津内燃机研究所,开展内燃机的科研工作。

1958年春,河北省决定在天津恢复河北工学院,任命潘承孝为院长。当时潘承孝已年过花甲,为筹建这所新学校,潘承孝从专业设置、校园规划,到办学规模和建筑布局等方面精心规划,倾其一生办学的经验,指导和亲自布置建校工作,在全面分析国内外科技发展形势的基础上,确立河北工学院重点发展机械系、化工系、电力系等。潘承孝结合师资和学校的实际情况,确定船舶制造、机械工艺、化学生产设备机器、机床制造、合成橡胶、石油炼制、化学肥料和电机电器制造等 8 个专业。他为新的工学院制定了切合河北省需要的系和专业的发展规划。

1963 年,潘承孝接受第一机械工业部下达的劣质燃料的应用课题,他从研究分层燃烧原理入手,设计烧球式燃烧室,并试制出一台 5 马力的低速样机,在一机部召开的会议上得到肯定。“文化大革命”中潘承孝受到冲击,教学与研究工作被迫中断。“文化大革命”结束后,潘承孝恢复了河北工学院的领导职务,年已八旬的潘承孝兢兢业业,一心扑在工作上。1979 年 12 月,潘承孝 82 岁高龄时加入中国共产党,实现了他多年的夙愿。

1983 年 11 月,潘承孝 87 岁,担任河北工学院名誉院长。

潘承孝不仅是一位专家学者,也是汽车、内燃机学科的开拓者之一。他曾经担任天津市人民代表大会第一届代表,河北省人民代表大会第二届至第七届代表和第五届、第六届常委、常委会副主任,全国人民代表大会第二届至第六届代表,天津市和河北省政协第二届和第三届委员,全国政协第二届委员。1952 年加入中国民主促进会后,历任民进天津市委第一届和第二届副主委、第三届主委,民进河北省委主委、顾问、名誉主委,民进中央委员、常委和参议委员会副主任。他还是中国机械工程学会常务理事、中国内燃机学会顾问、中国汽车学会名誉理事长、河北省和天津市机械工程学会名誉理事长。

2003 年 12 月 22 日,潘承孝在天津逝世,终年 106 岁。

参考文献：

《科学家传记大辞典》编辑组编:《中国现代科学家传记》第 5 集,科学出版社,1994 年。

佘之祥主编:《江苏历代名人录·科技卷》,江苏人民出版社,2011 年。

孔德洋、何瑛编著:《汽车风云人物》,同济大学出版社,2012 年。

谈丽华、印德彬主编:《汽车文化》,东南大学出版社,2014 年。

（郭嘉宁）

裴 百 纳

裴百纳(1889—1962),字有容,外文名 A.Bernard,出生于法国里尔。1906 年为耶稣会士、天主教神父。法国里尔大学文学士、哲学博士。1921 年 11 月 24 日进入中国。1923 年到天津工商大学任教,历任方言、哲学、数学教授。

1925 年 7 月 3 日,裴百纳任耶稣会天津会院院长、工商大学第二任校长。是年,工商大学开始招收本科生,设工、商两科。在他任职期间,1926 年教学主楼竣工,图书馆、藏书室落成,购置中外图书 1 万余册,订购大量国内外著名学术刊物、报纸。1928 年,裴百纳委任学监,努力置办体育设施,组织各项学生运动队,该校体育运动得到突飞猛进的发展。1928 年,该校首届本科 11 名学生毕业(工科 7 名,商科 4 名),其中 3 名获学士文凭。此时工商大学已初具规模,成为华北最为著名的工商专门大学。

裴百纳谙熟英语,博通数理,对待学生态度和蔼,颇受钦仰。他重视培养学生的自立精神和任事能力,注重联系实际启发学生学习的热情与主动性,并极其重视实践和动手能力的培养,积极组织工厂参观、假期实习、统计图表、打字练习等课外教学活动。

为谋求工商大学的发展,裴百纳于 1929 年 6 月 25 日至 12 月 31 日赴欧美进行了长达半年的考察,以资借鉴。考察期间,他大半时间在法国认真搜集教育、经济及社会诸问题的有关材料。在巴黎采购物理、化学试验室仪器设备,聘定欧美名人里尔(Lille)大学校长杜布瓦教授(P.Dubois)

主持工商大学教务。在罗马,拜见耶稣会最高机关,呈报工商大学工作成绩及未来发展计划,觐见教皇并座谈,参观当地最闻名的格来高利大学(The Pontifical Gregorian University),与该校各教授晤谈甚洽,备受欢迎。在日内瓦,与当地国际盟会、万国工业会、教育影片会及众多私人团体联络,广泛建立书籍等学术资源交流关系。在美国纽约、华盛顿、芝加哥、旧金山等地皆参观耶稣会创办的著名高等学府,参观了科学馆、图书馆,观摩了各种体育比赛,接受各地著名杂志编辑、报纸主笔多次采访。在日本参观耶稣会在东京设立的上智大学(Sophia University),并了解日本的教育制度。裴百纳的出访活动,扩大了工商大学在欧美的影响,他此行为学校购置的大型地震仪,这在当时全国大专院校中绝无仅有。回校后采用当时最先进的高校管理办法改革学校管理。

1931年5月,裴百纳校长因病辞去校长职务归国,这一年在校生人数达到600余人。1946—1948年他一度回校任教,1948—1950年在北京从事歌剧创作,1950年返回法国。此后在法国兰斯(Reims)、里尔(Lille)等地工作。1962年在法国布伦(Boulogne)会院任院长。

1962年,裴百纳逝世,葬于布伦,终年73岁。

参考文献:

吕志毅主编:《河北大学史》,河北大学出版社,2001年。

秦颖:《天津近代教育家裴百纳》,载刘开基主编:《天津河西老学校——〈河西文史资料选辑〉第七辑》,中国文史出版社,2008年。

张建虹:《天津近代教育家裴百纳》,载张绍祖、张建虹编撰:《天津河西历史文化名人传略》,线装书局,2013年。

(张绍祖)

邱 宗 岳

邱宗岳(1890—1975),学名崇彦,字宗岳,1890年4月18日出生于浙江诸暨县宜东乡邱村,兄弟五人,姊妹三人,邱宗岳居长。

1896年,邱宗岳在本村家塾学习,1905年考中秀才,居全县榜首,1906年就读于杭州府学堂,1910年考取留美预备班,1911年7月赴美留学,成为清末最早的理工科留学生之一。1911—1920年,先后在美国加利福尼亚大学、芝加哥大学、麻省理工学院、哥伦比亚大学、克拉克大学学习,在克拉克大学学习时,从事过热力学与相律学研究,深受当时理论化学权威、美国著名化学家路易斯(G.N.Lewis)器重,最终获化学科学硕士和哲学博士学位。

1920年回国后,先在开封留学欧美预备学校任教授,后应南开大学校长张伯苓之邀,赴南开大学任教,开始投身于南开大学化学系的建设。1922年发起创建南开大学理学院,任南开大学教授兼化学系主任、理学院院长和大学部主任。邱宗岳长期从事理论化学、热力学、相律学教学和研究,在南开大学执教40年之久,培养出大批化学研究人才。

南开大学化学系初创时期面临非常大的困难。经费主要靠募捐,十分紧张,连最简单的玻璃器皿都很难购置,邱宗岳总是把一个钱当作两个钱来用,购买软木塞都亲自去逐个地挑选。实验室则需借用南开中学的实验室。创系之初,邱宗岳和杨石先决定化学系的发展方向是先以有机化学为重点,然后逐渐全面发展。杨石先到美国去访问,为南开化学系邀请了物理有机化学家高振衡、金属有机化学家王积涛、有机化学家陈天池、高分子化学家何炳林和农药化学家陈茹玉等教授前来执教。最初只开设有定性分析、高等无机化学及实验课,后又相继开设热力学、定量分析、相论、理论化学、普通化学等课程。到抗日战争全面爆发前夕,南开大学化学系已初具规模,先后又聘请了 10 多位教师,开设各类专业课程15 门,每门课程都配有实验室。建立了无机化学及定性分析实验室、有机化学实验室、定量分析、理论化学实验室以及工业化学实验室等。配备有各种仪器约 400 种,试剂 700 种,图书 700 余册和期刊数十种。南开化学系有机化学的师资力量雄厚,并且以注重学生的基础理论教育和实验训练而闻名全国,成为当时我国主要的化学教育基地之一,为国家培养出一大批化学专门人才。

1922 年底,美国洛克菲勒基金会拟捐助南开大学理科教学,提出要亲自听中国教师讲课。邱宗岳为驻华代表讲了定性分析课,得到美国代表的高度评价,后罗氏基金团决定为南开大学建筑科学馆提供费用,并捐助科学馆仪器设备。邱宗岳亲手设计和督建了这一建筑,1923 年 10月,科学馆竣工,命名为"思源堂"。后人赞:邱先生一堂课给南开赢来了一座楼。①至今思源堂是南开园里仅存的张伯苓时代的建筑。

邱宗岳除负责行政管理外,还亲自给学生授课。他讲课以严著称。对于已讲授几十年的课程,他每次讲时都像对待一门新开课程那样认真准备,学生的习题和小考试卷助教改过之后,他要亲自再看一遍,大考试卷总是自己亲自批改。他经常告诫青年教师:"要想检查自己的教学效果,除了看自己已经讲了多少,讲清楚了多少以外,更主要的是要看同学们吸收掌握了多少。"他曾说过:"我即使培养不出高水平的研究生,也要培养出更多的合格的本科生。"

---

① 中国教育报刊社组编,南开大学撰稿:《漫游中国大学——南开大学》,重庆大学出版社,2007 年,第 59 页。

1937年抗战全面爆发后,南开大学、北京大学、清华大学迁往云南昆明,合并组成西南联合大学,邱宗岳随校前往继续任教。

邱宗岳在南开大学执教40多年,桃李满园。到20世纪60年代,南开化学系中已有七八代教师大都是邱宗岳的学生,从系副主任、教研组主任、著名的教授直至刚毕业的青年教师,90%以上都师从于他。可以说,南开大学物理化学教研室的教师基本都是他培育出来的。

1952年,邱宗岳加入民主促进会,担任民主促进会天津市委员会的委员,他还是天津市政治协商会议第一、第二、第三届委员会委员,第三届全国人民代表大会代表。

邱宗岳作风朴实,平易近人,毕生致力于教育事业。在生活上更是严格要求自己,衣食住行都很节俭,平日里总穿夫人所做的长袍,打了无数补丁,几乎从不购置新衣。1964年,邱宗岳当选为河北省代表出席全国第三届人民代表大会时,才破例做了一身衣服。邱宗岳自己节俭,但为支援农业生产,他曾将1万多元的存款捐献给他的家乡。①

1961年,在邱宗岳执教南开40周年之际,南开大学为他做寿开纪念会,《人民日报》及天津的报纸都撰文给予他高度评价。

1975年7月8日,邱宗岳病逝于上海,终年85岁。

参考文献:

浙江省诸暨市政协文史工作委员会编:《诸暨文史资料》第3辑,1988年。

汪明义编著:《大学理念与实践——民办高校视角》,高等教育出版社,2008年。

宋立志编著:《名校精英 武汉大学 南开大学》,京华出版社,2010年。

---

① 参见宋立志编著:《名校精英 武汉大学 南开大学》,京华出版社,2010年,第199页。

尉志武、李兆陇主编:《清华化学历史人物》，清华大学出版社，
2011 年。

（张雅男）

尚 和 玉

　　尚和玉（1873—1959），名尚壁，字和玉，以字行。天津宝坻人，1873年
农历正月二十七日出生于宝坻县大套村的一户贫困农家。7岁时，入玉田
县石门镇王九成主办的"九和春"科班学戏。因其生性好动，自幼就喜欢
舞枪弄棒，到戏班后他开始学习武生。他练功刻苦，很快学会了《花蝴蝶》
《四杰村》《蜈蚣岭》等短打戏。10岁登台时便得到了观众的喜爱。15岁科
满，但因岁数尚小，又继续在科班3年。10年的科班学习为他打下了坚实
的武功基础，到了20岁左右就在所演之地有了"活赵云"的称号。

　　随着舞台实践的增多，尚和玉的视野逐渐开阔，于是他毅然决然地来
到京城，进入了田际云的"玉成班"充当班底。但在京城的艺术之路并没
有像他想象的那样一帆风顺，于是他辞去班社离开北京，一边到农村搭
野台子"跑帘外"，一边刻苦练功：三伏天，"铠甲""胖袄"不离身，一身的汗
水流不尽，浑身长满了痱子，但每天要练习的"翻跟头""铁门坎"等基本
功是风雨无阻；三九天，他在冻成镜面一样的冰上走圆场、练云手，滑倒
摔跟头等情况使其身上青一块紫一块，但最终使他拥有了在光滑的冰上
一举一动稳如泰山的超级功夫。当他二进"玉成班"时，身扎大靠，脚穿厚
底靴，从三张桌子上一个"云里翻"稳稳落地，让观众大饱眼福，他的演出
大获成功。

　　尚和玉在博览群戏之时，对武生三大派之一的"俞派"创始人俞菊笙
的表演艺术情有独钟，于是他就开始大量地观看俞菊笙的演出，回去后

自己认真体会,仔细琢磨,努力学习,并在舞台上演出了这些剧目。但因其没有正式拜师,一些观众还没看他的演出,就对他进行讥讽,对他的演出表示出极大的不屑。

在那时的戏曲界,拜师需要托人找关系,而且还要有一笔不菲的拜师费用,这对于家中祖祖辈辈务农的尚和玉来说是件非常不容易的事情。为此,他整天心事重重,闷闷不乐。然而老天总是眷顾有心人的,一次偶然的机会,他终于拜在了俞菊笙的内弟张玉贵的门下。这个张玉贵是"春台班"管事的,也是以武功稳准、扎实见长,对俞菊笙的武艺也是非常的喜爱,因此凡是俞菊笙的戏,他基本上都很熟悉。终于在张玉贵的介绍下,尚和玉如愿以偿地得到了俞菊笙的指点。

尚和玉学戏善于思考,能从师父的教导中举一反三,并能引申到自己的艺术创造之中。这一点得到了俞菊笙的认可,成为尚和玉在艺术上更加积极求进的动力。

1900 年,八国联军入侵北京,戏园演出萧条,尚和玉无奈再次离京去往山东烟台等地演出,在那里结识了李吉瑞、薛凤池等著名武生演员,后与他们一起回天津演出,遂寓居天津。有时也到北京、上海等地演出,曾与周信芳同台演出,获得观众的青睐。

民国初年,尚和玉在天津收下了第一个"手把徒弟"韩长宝,不仅教了他很多剧目,而且还将自己的经验、秘诀毫不保留地传给徒弟。1920 年,尚和玉受邀到张勋在天津英租界的私家寓所办的堂会演出,一同受邀的演员还有余叔岩、杨小楼、梅兰芳、陈德霖、龚云甫、侯喜瑞、王凤卿等。1923 年,程砚秋来到天津,邀请尚和玉一同演出,之后受程砚秋的邀请加入"秋声社",从此举家迁往北京,又长期驰骋于京城舞台。1926 年,尚和玉应梅兰芳之约加入"承华社"。在梅兰芳与杨小楼分裂后,他便代替了杨的位置,先后与梅兰芳合作演出了《长坂坡》《金山寺》《凤还巢》《太真外传》等剧目。这一时期的尚和玉已然突显了其为人憨厚,武功瓷实,艺术淳朴的特色。比如要"大刀花",难度很大,一般武生演员只演半个"大刀花"，还总出现碰靠旗、绕飘带等失误，而尚和玉由"回花""上花""轧花"等招数组成，刀头与刀尾在身体的右侧各运行360°的整个大刀花，其难度更大，武生演员中很少有能做到的。

尚和玉在演出传统剧目时，往往能举一反三，根据剧情在表演上有所创造。比如他在演出《铁笼山》时，剧中主人公姜维兵败吐血。别人演基本上都是低头"唔、唔、唔"地往外吐。尚和玉则通过自己的感受，将这个情节改为：正说着话，一阵难受涌来，他很自然地右手捂胸，头向上仰，"噗"的一声"喷出"一口鲜血。既表现失败后，主人公又气又急，心火上攻，又不失主人公的大将风度。由于他准确地演绎了主人公的心理状况，因此他的改动，让看惯了传统演法的观众也无不兴奋地为其喝彩。

别看尚和玉是个粗犷的武生，他对艺术的观察是非常细腻的，如金兀术对岳飞说："依孤相劝，不若归顺孤家。"这句台词不是尚和玉的，但他注意到，金兀术上台时就表明是奉了老王之命，统领人马，夺取宋室天下。也就是说，此时老王还在，金兀术仅是大金邦四太子，此时他就用"孤"来称自己是不合适的，于是就将其改为"不若归顺金邦"。仅仅是两个字，使人物身份与语言达到了统一。这种细腻的观察，在《艳阳楼》中也有多处体现：主人公高登是当时势力显赫的太尉高俅之义子，虽然没有什么真本事，却趾高气扬、耀武扬威。为了突出这个特点，尚和玉按传统的方法，身着箭衣，然后又在外面增加一件开氅，使其透露出一种"气派"。花逢春、呼延豹、秦仁到高府去救许佩珠时，有一段开打。一般演法都是高登穿戴"套子""小袖"应战，但尚和玉却将这些一律免去。他的理由是高登喝醉了酒，并从梦中惊醒而仓促应战，是没有充裕的时间，也没有足够的精力去穿戴整齐的。

尚和玉的代表剧目有《四平山》《挑滑车》《战滁州》《金钱豹》《艳阳楼》《铁笼山》《收关胜》《金沙滩》《窃符救赵》等。他在塑造人物外部形象时，善于从人物内在心理入手。四本《李元霸》是尚和玉的拿手好戏之一，主人公李元霸是李渊的儿子，由于这个特殊的身份，使他犹如初生的牛犊天不怕地不怕,但又的确是一条好汉。尚和玉把他看做一只猛虎,于是便根据老虎的脖子梗直、强劲的特点,设计李元霸回头看人时,也是头与整个身子一起转动,舞动双锤时总是扫着眉毛尖,以显示他敢于冒险、勇于厮杀的性格。但尚和玉却极其反对一些演员让李元霸把双锤玩得上下翻飞滴溜儿转的演法。他认为,这样只能适得其反,让观众感到锤的分量很轻。而他的演出效果则恰到好处地反映出此锤太重,不易随意乱动,但李元霸年富力强,活泼好动,不能玩也要玩玩。看过小说《隋唐演义》的观众非常佩服地说:尚和玉的舞台形象与小说中描写的李元霸形象一模一样。就连杨小楼看过尚和玉的演出之后也说:"和玉哥的元霸实在是比我强。"的确,在当时的评论界也有这样的言论:在《晋阳宫》中,尚和玉的形象、功力比杨小楼更胜一筹。同时他在脸谱方面、"武戏文唱"方面也都有自己独到的见解,并都付诸实践。尚和玉虽然文化水平很低,却能开动脑筋,把一些繁难动作与艺术技巧,加以总结提炼成语句通顺、形象好记的口诀,因此使其不仅能很好很快掌握,而且有的高难度动作还成为他的绝活。这一切使他最终成为具有独特艺术风格的流派创始人。

新中国成立后,尚和玉应聘到中国戏曲学校任教。周恩来总理曾对他说:"你年纪这么大了,还在为培养下一代做贡献,真感谢你呀!"[1]在全国戏曲界发起的捐献飞机,为抗美援朝做贡献的活动中,年近八旬的尚和玉演出了他40年来没演出过的《晋阳宫》,舞台风范不减当年,一系列高难度动作令人折服。其弟子众多,有韩长宝、杨瑞亭、张德发、朱小义、傅德威、侯永奎、娄廷玉、蔡宝华等。

1959年,尚和玉逝于北京,终年86岁。

---

① 天津市政协文史委编:《京剧艺术在天津》,天津人民出版社,1995年,第74页。

参考文献:

民国时期《立言画刊》。

王庾生讲述,吴同宾、李祖心整理:《京剧生行艺术家浅论》,中国戏剧出版社,1981 年。

《中国戏曲志》编辑委员会编:《中国戏曲志·天津卷》,文化艺术出版社,1990 年。

学苑出版社编:《民国京昆史料丛书》第 2 辑《歌舞春秋》,学苑出版社,2008 年。

学苑出版社编:《民国京昆史料丛书》第 3 辑《京剧二百年之历史》,学苑出版社,2008 年。

（齐会英）

沈 浮

沈浮(1905—1986),原名沈恩吉,天津人。1905 年 3 月 23 日,沈浮出生在天津南门东一个穷苦的码头工人家庭。

沈浮到了上学年龄,父母想方设法筹措学费送他入河北一所小学读书。沈浮学习非常刻苦,深受老师喜爱。小学毕业后,因家境艰难,他面临失学的困境。后靠着乡亲的帮助和自己打工筹集学费,才勉强进入河北觉民中学读书。该学校以黄花岗起义烈士林觉民的名字命名,校风淳朴,对沈浮一生的事业产生良好的影响。不久,父亲因病失业,沈浮辍学到一家照相馆当学徒。由于他对摄影着迷,经常违背老板的规定而偷偷学艺,没过多久就被辞退了。此后他当过兵,吹过号,最终还是对影像艺术情有独钟,走上了一条从影之路。

1924 年,天津创办了北方影片公司,并招考电影演员。沈浮从小就对影像感兴趣,自然不会放过这次机会。他用笔名沈哀鹃报名,面试时一举通过,成为临时演员。北方影片公司只拍了《血手印》《永不归》两部片子就解散了。1925 年,沈浮联合黄山客等人又创办了天津渤海影片公司。在该公司,沈浮自编、自导、自演了滑稽讽刺短片《沈少爷》,首映是在光明社。这是沈浮的电影处女作。渤海影片公司在拍摄完《沈少爷》后,因经济拮据而倒闭,沈浮只好另谋出路。为生存沈浮曾靠抄写度日,还创办了《小钟报》,并担任天津《国强报》副刊《鲜货店》的主编,经常刊载影剧评论,深受读者欢迎。他曾以沈哀鹃的笔名,创作了小说《烽燹鸳鸯血》,连载于《国强报》，后来该小说单独出版发行，改名《火线外》。著名喜剧导演谢添曾是《鲜货店》忠实的撰稿人，每次去报社领取稿费，他都能见到沈浮，两人总有说不完的话。

1930年8月，著名电影事业家罗明佑以设在天津的华北电影有限公司为基础，在上海创建了联华影业公司。沈浮因喜欢联华的《故都春梦》《野草闲花》等影片，开始撰写影评文章寄给罗明佑。1933年，罗明佑读了沈浮的小说《火线外》，联想到他对"联华"影片提出不少中肯意见，便函聘他到上海联华影业公司工作。开始，他担任《联华画报》编辑。此时他更加如饥似渴地学习电影业务，并学以致用，先后导演了《出路》《三人行》《狼山喋血记》等影片。这期间，他当导演则正式启用沈浮这个名字，编写剧本仍沿用笔名沈哀鹃，演戏则用艺名沈白宁。做了导演以后，他念念不忘家乡故友，先后把谢添、魏鹤龄、殷秀岑邀到上海。

沈浮的电影生涯可分为三个阶段：

1937年抗日战争全面爆发之前是第一个阶段。这一时期，中国共产党的地下组织在上海建立了电影小组，确立了党对电影运动的领导。沈浮、蔡楚生、孙瑜等人参加了联华二厂的电影创作工作，接受了以夏衍为首的党的电影小组的影响和领导，使联华二厂呈现出崭新的气象。这期间，沈浮创作了《出路》《天作之合》《自由天地》《狼山喋血记》《无愁君子》等近10部影片。其中尤以《出路》《狼山喋血记》《天作之合》为代表，这几部影片反映了沈浮的创作思想。其作品大多数基于他自身的坎坷经历和周围环境的影响，作品对黑暗腐败的社会现实进行抨击和讽刺，创作上带有朴素的现实主义色彩。以《出路》为例，这是沈浮根据自己的切身体会，在加入联华影业公司之后创作的第一部作品。影片由郑云波导演，描写了一个小资产阶级知识分子，失业后被汽车轧伤，妻子又因劳累过度病死，最后他不得不把儿子送给别人，自己去做车夫，后因一起盗窃案受牵连被关进了监狱。虽然影片表现的是一个小人物的悲剧，但在一定程度上触及了当时社会的现实生活和黑暗势力。这一时期，沈浮的喜剧才华也得以展现。他亲自编导的《天作之合》《自由天地》均为喜剧片,或多或少地吸取了卓别林喜剧电影中的一些长处,既夸张适度、节奏明快,又不失讽刺、滑稽效果,有效地将喜剧形式的运用与对穷苦人民的关怀和对旧社会黑暗的抨击结合了起来。

从1937年至1949年新中国成立是沈浮电影创作的第二个阶段。他积极靠近进步力量,接受党的领导,使他的现实主义创作手法日趋成熟。这一时期,他同陈白尘、白杨等进步电影工作者组织了"上海影人剧团",开展抗日演剧宣传工作,并于1938年前后辗转到达重庆、成都,加入西北影业公司。他与瞿白音、贺孟斧任编导,吴雪、谢添、欧阳红缨、金淑芝等人担任演员,亲自编导拍摄了故事片《老百姓万岁》。这是抗战时期唯一一部正面描写根据地人民坚强不屈抗击敌寇的故事片。遗憾的是,影片只完成了80%,西北影业公司就被阎锡山下令停办了。

西北影业公司停办后,沈浮和绝大多数电影工作者一样转移到戏剧战线上来,开展抗战戏剧运动。他利用"上海业余剧人剧团"这块阵地,在阳翰笙的支持和指导下,编导创作了《重庆二十四小时》《金玉满堂》《小人物狂想曲》《雾重庆》等话剧。导演了阳翰笙创作的话剧《草莽英雄》《两面人》,曹禺创作的话剧《日出》《雷雨》《原野》等。尤其在排练陈白尘编剧的《群魔乱舞》时,显露出他非凡的导演艺术才华,因为剧本尚未杀青,导演构思蓝图已经先行于舞台之上,演员提前就知晓自己将要在剧中扮演什么角色,并早早做好准备。

抗战胜利后,沈浮来到北平中央电影公司三厂任副厂长、导演和编导委员等职。1946年11月,他拍摄了故事片《圣城记》,受到了评论界的批评,为此沈浮很是不解和苦恼。他跟叶剑英谈了自己的想法,叶剑英帮他做了分析,让他正确地领会报纸上的批评,使他领悟到创作光有生活还不行,必须有正确思想做指导。1947年,沈浮创作了反映知识分子抗日斗争的电影剧本《希望在人间》,编导了故事片《追》。在《追》这部影片中,他起用了天津老乡谢添、魏鹤龄、黄宗英担任主演,给观众留下深刻印象。

当时电影评论界一致认为,《追》真实地反映了战后官僚买办资产阶级压迫民族工业致其破产的社会现实,有一定的进步意义,并肯定了沈浮从《圣城记》到《追》的进步。1947年7月29日上海出版的《大公报》载文:"《追》是一部好影片,看故事或看剧中深藏的含义,都能使人感动或奋发。"

拍完《追》后,沈浮加入党的地下组织领导的上海昆仑影业公司,从此开始进步电影的创作。昆仑影业公司继承和发扬了左翼时期和抗战时期党领导电影的成功经验,成立了以沈浮、阳翰笙、蔡楚生、史东山、陈白尘、郑君里等担任编导的委员会组织。在昆仑影业公司,沈浮的创作无论在思想上还是艺术上都发生了显著变化,这段时期成为新中国成立之前他整个创作的高峰期。1948年,他和阳翰笙首次合作创作了电影剧本《新合家欢》,后改为《万家灯火》,由沈浮导演,朱今明摄影,蓝马、上官云珠、吴茵等主演。这是一部思想内涵深刻,具有独特艺术表现力的现实主义佳作,获得当时进步电影舆论很高的赞誉。紧接着他又编导了《希望在人间》,该片成功地反映了革命知识分子与日本侵略者及汉奸特务进行斗争的不屈性格和爱国情操。同年,沈浮与陈白尘、郑君里集体创作了《乌鸦与麻雀》,由郑君里导演,于新中国成立初期摄制完成上映。这是一部十分优秀的影片,创作者以饱满的革命热情,敏锐的社会观察力,娴熟的艺术技巧和辛辣的政治讽刺,真实生动地再现了新中国成立前夕国民党统治区的混乱黑暗,以及光明即将来临的社会面貌。

1949年新中国成立后是沈浮电影创作较为活跃和旺盛的第三个阶段。这一阶段,他的创作题材广泛,样式多样,成就显著。1949年7月25日,中华全国电影艺术工作者协会在北平成立,沈浮当选为全国委员会委员。1959年,他加入中国共产党,并担任上海海燕电影制片厂厂长,主要从事导演工作。这一时期,他陆续拍摄了《李时珍》《老兵新传》《万紫千红总是春》《北国江南》《曙光》等10多部影片。其中影片《老兵新传》于1959年获第一届莫斯科国际电影节技术成就银奖。"文化大革命"时期,沈浮遭到"四人帮"的残酷迫害,再回影坛,已是古稀之年。1979年,他不顾年迈体弱,担任了彩色故事片《曙光》的总导演,这是沈浮电影生涯中的最后一部影片。该片获文化部1979年优秀影片奖。

沈浮是一个非常重感情的人,对家乡、亲人、友人总是怀着一颗真诚、炽热的心。他的思乡之情常溢于言表,他说他投身艺术事业是从天津开始的,和天津有着深厚的渊源,见到天津的亲人和朋友,总有说不完的话。有一次,他去北京参加政协会后,顺道回天津看望亲人,时隔多年,他仍然记起南开一纬路的老宅住处,童年大街上的叫卖声记忆犹新,失业后帮妈妈喂养小毛驴和在墙子河畔放牲口的情景历历在目。他喜欢天津曲艺,特意让侄子陪同去人民剧场观看曲艺表演。他对待需要帮助的朋友、职工则关怀备至。著名导演鲁韧先生,一度生活窘迫,沈浮得知后便多加留意,不久便邀请他参加自己导演的《万家灯火》《希望在人间》的拍摄工作。一次鲁韧充满感情地向人介绍说:"沈浮看不得一个人饿饭,如果他得知有人饿饭,自己首先心慌了。他有着菩萨心肠,是名副其实值得信赖的沈大哥。"

1986年沈浮逝世,终年81岁。

1994年,沈浮荣获第一届中国电影导演协会年会终身成就奖。

参考文献:

天津市政协文史资料委员会编:《近代天津十大影剧家》,天津人民出版社,2000年。

天津市地方志编修委员会办公室、天津市广播电视电影局、天津广播电视电影集团编著:《天津通志·广播电视电影志(1924—2003)》,天津社会科学院出版社,2004年。

任大星主编:《中国天津电影史话》,中国文史出版社,2005年。

(杨秀玲)

孙 凤 藻

孙凤藻(1884—1932),字子文,天津人,祖籍浙江。孙凤藻先后毕业于天津育才馆及北洋大学,后任直隶工艺局参议兼直隶高等工业学堂庶务长。

1909年11月,直隶劝业道孙多森禀准直隶总督兼北洋大臣陈夔龙,委派孙凤藻赴日本调查水产讲习所、试验场及制造厂诸事宜。翌年1月,农工商部奏准于沿江沿海各省筹建渔业公司及水产学校。2月,孙凤藻赴日调查水产教育事告竣回国,采集搜罗的水产教育资料颇为宏富。6月,孙多森又禀准陈夔龙,派孙凤藻假天津河北公园旧译学馆为事务所,并由劝业公所拨筹备经费银280余两,筹办水产讲习所。9月就绪,招生录取学生96名,借黄纬路天津长芦中学堂[①]之一角为校舍,直隶水产讲习所随即开学。

此时又派孙凤藻重赴东瀛考察,并聘毕业于东京水产讲习所的王文泰充任教员。开学后由孙多森报请陈夔龙,于1911年3月20日(农历二月二十日)改为直隶水产学堂,孙凤藻为首任监督(校长),设渔捞、制造2科,学制4年。1912年,经陈夔龙批准,由河北种植园[②]内划出50余亩,建筑校舍。3月,直隶水产学校(民国后"学堂"改为"学校")迁入新校。[③]

---

① 天津长芦中学堂,1905年由长芦盐运使陆嘉谷创立,1911年合并于南开中学堂。
② 河北种植园系袁世凯委托周学熙选址办成,1907年开湖建园,名曰"鉴水轩"。
③ 直隶水产学校曾坐落于河北区北站东水产前街41号,1952年停办。据老校友王玉琪先生实地考察,今水产前街珍园里是其旧址。

1913年5月,该校后院工厂落成,开始制造实习。

孙凤藻任职期间,该校生产的9种食品罐头及渔具模型,在1915年美国旧金山巴拿马太平洋万国博览会上获银牌奖。1916年,他积极参加天津人民反抗法国侵占老西开斗争,当选为维护国权国土会副会长,组织召开公民大会并进京请愿。1917年5月,水产学校选派渔捞、制造两科毕业生10人,由孙凤藻率领东渡日本留学,并调查日本及菲律宾的水产教育。留学生中有后来成为天津"水产三杰"的张元第、郑恩绶、刘纶,有新中罐头食品有限公司创办人、经理杨扶青①,副经理兼技师张国经等。

1921年5月,孙凤藻升任直隶省教育厅厅长,水产学校校长继任人选未定,仍由其暂兼,6月第五班渔捞科6人考试毕业。1922年4月间,新购日本渔轮到津,5月水产学校学生第一次乘渔轮出发渤海实习,6月第六班渔捞、制造两科学生24人考试毕业,8月留日学生张元第毕业回国,聘为渔捞制造教员,10月奉教育厅令,委张仲元为水产学校校长。

1923年,孙凤藻出任津浦铁路管理局局长兼津浦铁路督办。是年5月6日凌晨2点,土匪武装"山东建国自治军"的首领孙美瑶制造了临城劫车案。接连几天,孙凤藻与上下级联系不断,指派津浦铁路局车务处、警务处、机务处的几位处长与总工程师先到临城,令津浦铁路局随后运去粮食、衣物、药品,并协调由多名医生组建临时医院,治疗被释放的人质。并主导了与土匪首领的多轮谈判,6月12日,官方代表和土匪代表在总统府顾问安迪生及地方绅士的见证下,签订协议。该劫案除一名英国人在逃跑时丧命外,其他外国人质全部脱险。

1924年冬,孙凤藻以政局变化辞职休养,投资天津的仁立毛呢厂、东亚毛织厂和唐山的启新水泥厂、秦皇岛的耀华玻璃厂等,并积极参与社会慈善事业,如1926年京津保教育经费无着,孙凤藻曾提议以纸烟吸户捐每月提出10万元移作教育基金。1928年秋,因水产学校发生问题,奉令

---

① 1960年,周恩来总理任命杨扶青为水产部副部长。

停办,幸经孙凤藻"以水产事业,不可中断,建议教育当局,继续办理,经省府会议议决,重新改组,升格专门,遂得中兴,厥功甚伟"①。至1930年冬,开滦矿务局迭起风潮,孙凤藻经该矿总理那森氏力邀出山维持,任该矿局协理,"终日案牍劳形,公私鞅掌,所有纠纷,完全解决,矿工欢庆,局务亦得顺利进行。公曾得脑充血症,以调治得法,遂复原状"②。

1931年8月5日,河北省立水产专科学校创办了我国最早的水产学术刊物《水产学报》。此时孙凤藻"虽离校多载,而未尝一日去诸怀"。为创刊号写序言道:"水产学报,乃研究渔业学术之先导,可以交换世界上之新学问,灌输渔民之新智识。"③

1932年8月9日,孙凤藻因公赴北平,旧病复发,逝世于协和医院,终年48岁。

参考文献:

张绍祖:《孙凤藻创建直隶水产讲习所》,《今晚报》副刊,2010年8月22日。

孙凤藻外孙戴继东先生2010年5月向笔者提供的有关孙凤藻及其子女孙家玉等人的书面资料。

苏莉鹏:《常德道6号孙凤藻旧居》,《城市快报·小楼春秋》,2010年9月9日。

(张绍祖)

---

①② 河北省立水产专科学校出版委员会编辑:《水产学报》第2期,1932年7月,河北省立水产专科学校出版。

③ 孙子文:《〈水产学报〉第一期〈序〉》,载河北省立水产专科学校出版委员会编辑:《水产学报》第1期,1931年7月,河北省立水产专科学校出版。

孙 家 玉

孙家玉(1905—1991),女,字琢才,天津人,民国时期直隶省教育厅厅长孙凤藻长女。孙家玉信奉天主教,南开大学毕业后赴美国哥伦比亚大学家政学系留学,获家政学硕士学位。

1929年秋,河北省立女子师范学院家政学系创办,应该院齐璧亭院长聘请,1930年孙家玉来院主持家政学系,担任系主任。她贯彻齐璧亭院长的家政教育思想,将家政学系教育宗旨定为:以造就女子师范及中学校家政教师,并以改善我国家庭生活。培养目标为:指导学生认识家庭为社会发展之基础;授以家政学识技能,俾能充任家庭指导师之职任,并采择中外新旧家庭之优点,诱导社会,改良家庭生活;养成师范及中学校家政学科之教师。

家政学系聘请在美国哥伦比亚大学获家政学或教育学硕士学位的程之淑、王非曼,以及有教学经验的人才任教。建系初期在校生29人。孙家玉参照国外标准,结合国内教学实践经验制定教学规划,安排课程,凡有助于家政方面研究的课程无所不备。孙家玉除了理论外,还注重实际操作,进行各种实习,学院在科学馆内建起了化学、食物学、生物学、营养学、霉菌学、染织等6个实验室,还专门辟有为烹调用的中、西餐大厨房,以及家庭管理实习用的模范家庭实习院,即"家宅"。在孙家玉的主持下,开设的主要专业课程有家政学概要、高等化学、社会学及社会问题、生物学、生理学、经济学、簿记学、营养学、家庭卫生及看护、家庭布置及管理、食物选择及调制、食物霉菌学、织品与衣服、衣服洗染及调色、实用服饰设计、儿童保育、园艺、家政学等。同时开设公共必修课和副系必修课（音乐、美术）及专业选修课。

为了避免所学理论脱离实际生活，教师除上课讲授外，还指导学生做各种必要的参观、实验和实习，以增长经验。学生毕业前必须撰写论文，完成家事实习和教育实习等。孙家玉任职期间，在齐璧亭院长的倡导下。在市区设立妇女民众学校，对市区妇女进行家事教育。同时该院家政学系在天津杨村下朱庄与河北省省立实验乡村民众教育馆合作设立家事教育试验区，聘各专家担任委员，组织委员会，对妇女进行义务家事教育指导。该系作为我国最早建立的家政系之一，还与各省市中等女子学校交流，介绍家事教育师资和教材。该系成为国内培养家政师资的重要基地，毕业生服务各地。

1930 年河北省立第一女子师范学校并入学院，1937 年七七事变后，天津沦陷，该院被炸，学院部迁移后方。孙家玉留津转入天津私立工商学院工作，任该院妇女部训导主任。1943 年 9 月，天津工商学院创建女院——女子文学系，招收新生 90 名，初设今睦南道 20 号，孙家玉任女院主任，后迁回天津工商学院。1945 年 4 月，孙家玉组建女子文学院，主任由天津工商学院院长刘迺仁兼任。1945 年秋又添设家政系及史地系。家政系由孙家玉创办，任系主任，兼有机化学、营养学教授。1946 年 8 月，女子文学院改为文学院，男女兼收，聘请李奎耀、侯仁之等一批教授学者执教。另增设西语系，原女子文学系改为中国文学系。

抗战胜利后，孙家玉参加天津妇女会、新生活运动促进会的活动，任冬令救济委员会委员。1947 年，参与筹建中华妇女文化教育协进会天津分会。1948 年当选"国大代表"。

新中国成立后，孙家玉曾在天津津沽大学工作。

1991 年孙家玉病逝，终年 86 岁。

参考文献：

邱士刚：《家政学系——河北女师学院的一颗教育明珠》，《河北师范大学校报电子版》第 229 期，2008 年 12 月 30 日。

孙凤藻外孙戴继东先生 2010 年 5 月向笔者提供的有关孙凤藻及其子女孙家玉等人的书面资料。

邱士刚：《河北省立女子师范学院建院初期（1929—1931）基本状况》，《河北师范大学校报电子版》第 380 期，2014 年 12 月 20 日。

（张绍祖）

唐 宝 锷

唐宝锷（1878—1953），族名宗鎏，字秀峰，又作秀丰，祖籍广东省香山县唐家村（今珠海市唐家湾镇），1878 年出生于上海，是近代名人唐绍仪的族侄。唐宝锷的父亲名唐昭航，字芝耘，早年迫于生计外出到洋行打工，不久成为买办，长期在上海经营茶叶和地产生意。

唐宝锷幼时在沪延师就读。1896 年初，唐宝锷返乡考中秀才。时值中日甲午之役，清廷惨败，朝野有识之士痛感必须学习日本明治维新，图强求存，遂有向日本派遣留学生之议。清总理衙门于 1896 年，选派留日学生，唐宝锷回乡考中秀才后，即匆匆返沪，应试入选。同年 4 月，被派往日本，同行者共 13 人，为中国近代官费赴日的第一批留学生。

当时的驻日公使裕庚把这批留学生的教育事务委托给日本内阁的外务大臣兼文部大臣西园寺公望，西园寺又委托给东京高等师范学校的校长嘉纳治五郎，嘉纳为这些学生办了一个特别班，取名"亦乐书院"，以教授日语为主，兼学数理化。

1899 年，21 岁的唐宝锷从亦乐书院毕业，被清廷任命为驻日本长崎领事馆代理副领事。1901 年，唐宝锷调清廷驻日公使馆任职。因其日语极好，故每逢清廷官员访日，均由他出任翻译。

唐宝锷在驻日公使馆任职期间，还因曾与戢翼翚合著专门供中国人学习日语使用的《东语正规》一书，被嘉纳延聘兼任弘文学院（原亦乐书院）讲师。除此之外，唐宝锷还在东京早稻田专门学校学习国际法。1903

年毕业后,又升入由专门学校升格而成立的早稻田大学,在政治经济部学习法律,1905年取得学士学位。这是中国最早在日本取得学士学位的留学生。

唐宝锷从日本早稻田大学毕业后,返回祖国。1905年6月,参加清廷对留学生的第一次殿试考核,唐宝锷等8人以优异成绩获一等进士,赏翰林院检讨衔。同年,清廷为实行"预备立宪",派五大臣出洋考察政治。唐宝锷以参赞衔随镇国公载泽赴日考察。此后,唐宝锷历任北洋司法官养成学校监督(校长),洋务局会办,民政部、法律馆和川粤汉铁路督办咨议官,陆军部首席参事官等职。

1911年辛亥革命时,唐宝锷参加南北议和,任北方总代表唐绍仪的参赞(机要秘书)。在辛亥革命后的北洋政府里,唐宝锷在仕途上并无进展,多任一些虚职,如国会众议院议员、大总统顾问、直隶都督府顾问、绥远将军署高等顾问、荣旗垦务督办署秘书长、归绥警务处处长等职。1925年国会解散后,唐宝锷退出政界。

唐宝锷退出政界后,在天津购置房产定居于此,并在天津、北京两地开办法律事务所,开始了他长达20余年的职业律师生涯。其间,唐宝锷作为京津律师代表,多次出席全国律师协会代表大会,并被大会选为执行委员、会长,在法律界享有较高声望,并被北京铁路局聘为法律顾问。

因唐宝锷曾留学日本并多次赴日考察,精通日语,被认为是中日之间的法律问题专家。唐宝锷曾与日本法学士大木干一律师合办中日法律联合事务所,解决了中日之间的一些法律事件。1937年抗日战争全面爆发,大木干一返回日本,联合事务所停办。1948年,唐宝锷由于年事已高、体力不济,也停止了律师业务。

唐宝锷一生著述颇丰,大多是介绍日本法律的著作,主要包括《东语正规》《日本明治维新概要》《日本警察法令提要》《日本鈜律》《日本刑法注释》《宪法访问录》《汉译铁道制度汇编》《日、英、美、德、法、比六国司法制度》《中华民国党派沿革考》等20余种,为民国初期的法制建设做出了重要贡献。

1953年,唐宝锷病逝于天津,终年75岁。

参考文献:

珠海市地方志办公室编:《珠海市人物志》,广东人民出版社,1993年。

中山市人民政府地方志办公室编:《中山市人物志》,广东人民出版社,2012年。

(郭以正)

田 文 烈

田文烈(1858—1924),字焕庭,一字姚堂,湖北汉阳人。其父田维翰,游幕于湖北,治盐政。

田文烈幼濡庭训,且聪慧好学,年未及冠,考取县学,为廪生。复肄业江汉、经心两书院。工辞章,兼治朴学,每试辄冠。后屡试乡试不第,乃弃文从戎。1885年北上,以第一名考入天津北洋武备学堂,毕业后归籍。1889年选授广济县训导,后因母去世,丁忧去官。

1882年,田文烈与袁世凯随淮军吴长庆赴朝鲜平定内乱,时吴长庆部军纪败坏,田文烈建议严加整顿。吴长庆任命袁世凯为营务处总办,田文烈为书记,组织执法稽查队,凡滋事扰民者,就地正法,枭首示众,各营纪律始严。后袁世凯为"驻扎朝鲜总理交涉通商事宜"的全权代表,田文烈以书记职充当翻译官。从此袁、田二人相交甚深,并成为袁的心腹。1894年,袁世凯向朝廷上"团结朝鲜,抗御日本"条陈,受到李鸿章的重视。此条陈出自田文烈的策划,且出自其手笔。甲午战争爆发前,田文烈随袁世凯归国,被聘为北洋水师学堂教习。

1895年12月,袁世凯受命在小站编练新建陆军,田文烈职司督练处总文牍,出力居多。当时天津小站云集了徐世昌、王士珍、段祺瑞、冯国璋等众多北洋宿将,田文烈与他们一一纳交,以谋议相往复,以气谊相孚合,而段祺瑞、王士珍、冯国璋更成为其"三益之友"。

当时武卫右军统制姜桂题尝向袁世凯请求,谋一幕僚辅佐。袁世凯忍痛割爱,将田文烈推荐给姜桂题。姜桂题非常重视田文烈,依仗其为左膀右臂,军政事务经常向其咨询。1904年田文烈总理北洋常备军左翼营务,1905年调充北洋督练公所正参议,兼兵备处总办,积劳累荐至道员,署通永镇总兵。此前,防营截旷,官者多中饱私囊,田文烈不隐不欺,一一归公。由于田文烈尤勤于捕盗,使民安居,旋署天津巡警道。

1909年,袁世凯被迫回彰德"养病"。田文烈作为袁的心腹,为袁联络北洋暗通消息。1911年,陆军大臣荫昌向摄政王载沣保荐田文烈出任陆军副大臣。武昌起义爆发后,清廷急派荫昌南下镇压,田文烈推荐其同乡——陆军部司长易迺谦为参谋长,并面授其机宜,嘱其相机应付。同时,在袁世凯授意下,田文烈以陆军部代理大臣身份与冯国璋、段祺瑞等紧密配合,迫使清廷起用袁世凯为内阁总理大臣。随后田文烈参与袁世凯策划挟制清廷退位和南北议和的活动。

1912年3月,袁世凯继任中华民国临时大总统后,田文烈任总统府高等顾问。1913年8月,田文烈任山东省民政长兼会办山东军务。其到任后与都督靳云鹏划清权责界限,军民分治。山东所辖曹、单两县,匪患猖獗,老百姓畏匪不敢不提供食宿,仇家就以此为借口告其窝藏匪徒,涉案案牍累累。田文烈了解情况后,分别良莠,凡被诬告牵连的撤销案件,并严查告密之人。山东有两座工厂耗费公款未有成就,田文烈毅然关停,所有生徒、机器归入省垣模范工厂用于教授练习。田文烈还将劝业道息借商民款项百余万两饬令偿还,并请部借外债时改名省欠为部欠,以苏民困。于是山东吏治为之一振。1919年12月24日,田文烈奉令实任山东民政长,并获二等文虎勋章。

袁世凯鉴于田文烈的政绩,于1914年2月11日任命其为河南民政长。当时正值白朗起义军讨袁势盛之时,田文烈秉承袁氏旨意,镇压河南境内白朗军。4月3日,段祺瑞卸任河南都督回京供职,田文烈兼护河南都督,随后袁世凯任命田文烈兼署河南都督,并加陆军上将衔。

1915年,田文烈在河南全省视察,在得知贾鲁河河决横流,良田被淹,航运不通,昔日繁荣不现,流离失所者 20 多年不能归家时,专门成立全省水利委员会,以修复贾鲁河为当务之急。自 1915 年始至 1916 年 8 月,河道修复如初,商舶往来,田亩丰茂。所属各县闻风,修河一事大兴,新开河道,新修堤坝,申报竣工的有 50 多个县。河南全省年谷滋丰,课赋增加。田文烈尤重视实业,乃出私资辅助各县工厂;设森林局,购百余亩植树造林;教民植桑养蚕。田文烈认为小学为培育人才的基础,于是大力扩充小学建设,于荥阳、滑县、安阳、遂平、临漳、武安、巩汲诸县,设高、初等小学校及女学、农校百数十处,对已设立小学之地,再各增设 10 余校,使河南文风大盛。

1915 年 1 月 2 日,袁世凯授田文烈为中卿,为加快称帝步伐,指使心腹爪牙制造民意改变国体。9 月 5 日,田文烈与河南省督军周偶致电袁世凯,表示反对共和,支持君主立宪,还在 9 月 21 日各省巡按使寄京兆尹的联名致袁电文中署名,以表竭诚拥护之意。袁世凯称帝后,田文烈被封为一等伯。同年 12 月 25 日,蔡锷等首先在云南举起讨袁护国大旗,各省纷起响应。其后,冯国璋、段祺瑞等亦敦请袁世凯取消帝制。袁世凯慑于国人压力于 1916 年 3 月 22 日宣布取消帝制,4 月 17 日田文烈在冯国璋领衔的电报中,委婉劝袁表明态度,是进是退不能含糊其辞。袁世凯死后,田文烈感于袁世凯昔日的知遇之恩,为袁世凯营葬彰德,颇费周章。

黎元洪继任大总统后,田文烈由于与黎元洪同为湖北同乡,中间又有时任黎元洪秘书侍从的汉阳同乡殷学璜从中活动,田文烈仍留任河南,并受到黎元洪的器重。1916 年 7 月 6 日,黎元洪申令改巡按使为省长,田文烈任河南省省长。

1917 年 5 月,府院矛盾加剧,黎元洪下令免去段祺瑞国务总理职务,田文烈、周偶宣布河南独立与中央脱离关系,以此支持段祺瑞。7 月 1 日,张勋复辟,田文烈虽未参与此事,但仍被加封为陆军部左侍郎。同年 11 月 26 日,代大总统冯国璋传见田文烈,磋商改组内阁事宜,田文烈力推王士珍任国务总理,以期南北战事早日息止,冯国璋对田的主张极为赞许。

1917年11月30日，王士珍以参谋总长兼国务总理，田文烈出任农商总长，后虽然内阁变化不断，但田文烈仍为农商总长。此时正值第一次世界大战告终，各国皆全力于经济上的竞争。田文烈在部内设经济调查会，下发部令，对国内经济状况必须做切实全面调查，务将调查结果详编造册，迅速报部以凭核办。第一次世界大战给中国民众带来深重灾难，经济损失严重。田文烈主持部务，会同参事、会计、工商司长等编制欧战损失表，确定损失确切数额为2370余万元。田文烈在任期间，曾协同财政总长等与日商签订了吉黑两省金矿及森林资源借款3000万日元合同，设立中华贸易股份有限公司，与日本安川制铁公司交涉300万日元借款等事，并且组织专家修订矿业条例、华商注册公司审批办法等。

1919年，五四爱国运动爆发，钱能训内阁倒台，总理人选尚未确定，田文烈是徐世昌提出三人选之一，但田文烈因不愿受制于安福派，坚拒避谢。1920年直皖战争前夕，靳云鹏内阁出现危机，阁员提出辞呈，遂北京政府改组，特任田文烈兼署交通总长，不久田文烈力辞本兼两职，得总统徐世昌令准，仅任经济调查局总裁、政府高等政治顾问等虚职。以后，在多次举荐中仍力辞未就。

田文烈1923年离职后，闲居京津。目击时局，痛心疾首，整日杜门扫迹，时与二三遗老饮酒赋诗，达官要人皆谢绝不见。田曾言道：处今之世，行古之道，不循俗，不变节，守分安命，以终天年，如斯而已。著有《拙安堂诗集》传于世，并曾审定《夏口县志》。

1924年12月11日，田文烈在北京病逝，终年66岁。

参考文献：

贾逸君：《中华民国名人传》，北平文化学社，1932年。

郑继成：《袁世凯的亲信田文烈》，载武汉市政协文史资料编委会编：《武汉文史资料：晴川近代名人小传》第34辑，武汉市政协文史资料编委会出版，1988年。

武汉地方志编纂委员会主编:《武汉市志·人物志》,武汉大学出版社,1999年。

罗幼娟、邵桂花:《田文烈》,载李新等主编:《中华民国史·人物传》第6卷,中华书局,2011年。

《勋三位内务总长田公墓志铭》,国家图书馆藏墓志4278。

(郭　辉)

汪 笑 侬

汪笑侬(1858—1918)，原名德克金，字润田，号仰天；又名僼，字舜人，号孝农，别号竹天农人，艺名笑侬，满族，北京人。

1858年5月15日，汪笑侬出生于一个官宦家庭。1874年入八旗官学，1879年中举人。本人无意追求功名，但父亲却希望他走仕途之路，翌年给他捐河南太康知县。但他唱戏的瘾比做官的瘾大，白天升堂理事，晚上就召集一些戏迷，聚到后衙，连拉带唱。知府知道后，想勒索敲诈汪笑侬，被汪拒绝。知府敲诈落空，恼羞成怒，参汪不思政务，1881年汪笑侬被罢职知县。罢职反促成他决心以伶为业，"下海"演戏。他经常参加北京著名票房"翠峰庵"的演出，喜好老生行当。

"下海"后的汪笑侬，师承多门，不宗一脉，程长庚、汪桂芬、孙菊仙、王九龄都是他学习的对象。他尤其对京剧老生汪桂芬的唱腔情有独钟，汪桂芬苍凉劲健的金石之音深深吸引着汪笑侬。他"下海"后，第一个拜访的就是当时最负盛名的老生三杰之一的汪桂芬，向他请教。汪桂芬性情有些古怪，看他是满族的官家子弟，觉得玩玩票还可以，正式"下海"唱戏，恐怕受不了那种辛苦和屈辱，就笑着淡淡道出一句"唱戏谈何容易！"给他泼了一盆冷水。面对心中偶像的嘲讽和不理解，汪笑侬内心受到伤害，回到家，提笔在纸上写下三个大字"汪笑侬"。"侬"在上海方言中是"你"的意思，并以汪笑侬作为自己的艺名，发誓这辈子一定要唱戏，不仅要学汪桂芬，而且要超过汪桂芬。

汪笑侬主要在上海演出。最初他献演于丹桂茶园，后又入春仙茶园。1908 年 10 月 26 日，上海新舞台在上海南市开幕，它是中国第一座参照西式表演舞台所建造的新型剧场。新舞台开业后，潘月樵、汪笑侬、夏月珊等人积极编演改良新戏，以此为戏曲改良的实验场所。

20 世纪初叶，梁启超、陈独秀、柳亚子、陈去病等社会政治活动家，看到了戏曲对民众的影响力，而又不满于旧戏的陈腐和绮靡，呼吁梨园优伶编演具有革命思想的新剧，受其影响，汪笑侬等人排演了一批新戏。汪笑侬是最早编演新剧的人，他本着警世醒时的宗旨，创作改编、整理了许多揭露清政府腐败、屈辱媚外，有益于教育作用的剧目。他排演的新戏有《新茶花》《宦海潮》《黑籍冤魂》《波兰亡国惨》《潘烈子投海》《瓜种兰田》《哭祖庙》《长乐老》《煤山恨》等，这些作品或是抒发内心对祖国山河破碎的沉重痛楚，号召民众自救自强；或是酣畅淋漓地赞扬英雄，抨击卖国贼，催人奋进；或是将视野瞄准平凡俗世的叛逆者、反击者，展现他们郁闷、愤怒与自尊之情。1900 年八国联军入侵北京，清廷被迫签订《辛丑条约》，更使汪笑侬悲痛欲绝。他创作演出了六场京剧《哭祖庙》，该戏以三国时期刘禅投降后，其子刘谌杀妻斩子又殉国家的故事，抨击当权者的卖国行径。剧中的一句台词"国破家亡，死了干净"，一时竟成了观众们议论时局的口头禅。辛亥革命后袁世凯窃位复辟，他又由昆曲原作改编演出了京剧《博浪锥》，借剧中人张良之口唱出："我想把专制君一脚踢倒，我想把秦嬴政万剐千刀，我想把好乾坤重新构造，我想把秦苛政一律勾销。本是我祖国仇理当应报，恨不能学专诸刺杀王僚！"这些新戏，不仅具有一定的进步思想，还具有相当的文学价值。这一时期，汪笑侬在上海演出颇受欢迎，以至于他后来长期驻足上海舞台。

虽然当年汪桂芬小瞧于他，不肯收他为徒，但他对汪桂芬的唱腔热爱有加，并在其唱腔基础上另创新调，风格更加独特，世称"小汪派"。汪笑侬的演唱风格高亢激昂、苍老遒劲。他喜欢演悲愤慷慨的角色，喜欢唱悲郁而能爆发的唱段，所以他的唱"西皮多于二黄，二六多于原板、摇板"。

唱"西皮"时慷慨悲壮、高亢雄浑，唱"二六"时淋漓痛快，如长江之水，一泻千里。当时观众把汪笑侬的演唱结尾称为"炸弹"，实是因他的演唱有一种强大的爆发力，撼人心魄。

汪笑侬不仅是一位表演艺术家，他还是一位剧作家。汪笑侬思想开化，擅长创作新戏，唱做尤佳。他一生究竟创作了多少新剧目，没人能够统计清楚。一方面当时编演新戏常追求时效性，很多新戏并没有完整的剧本，而是在演出中修改完成的；另一方面京剧传统不注重剧本流传与传播，有些演出虽轰动一时，剧本却没有及时保留下来。1901 年，他编演的《党人碑》一剧，源自《六如亭说部》中的东坡逸事。该剧诙谐有趣，针砭时弊。如"题诗"一段，他高声唱道："连天烽火太仓皇，几个男儿死战场。北望故乡看不见，低声私唱小秦王。长安归去已无家，瑟瑟西风吹黯沙。竖子安知亡国痛，喃喃犹唱后庭花。"腔调抑扬顿挫，尤其是"花"字，由低而高，延长至二十余音，婉转自如。该戏为他在京剧界赢得崇高声誉，在当时社会背景下，汪笑侬能排演革命戏值得钦佩。汪笑侬所演的京剧，大多为自己创编，即使演传统戏，其中的串场唱白，也与一般京剧演员不同。比如他演《斩马谡》一剧，诸葛亮城楼一段"正板""西皮""二六"，一字一句，都独出心裁，且不违背《出师表》之宗旨。后来听说马谡失守街亭，他的念白如下："当年先帝在白帝城托孤之时，曾对山人言讲，马谡为人言过其实，不可重用。山人以平南之役，马谡有攻心为上之论，颇晓兵机，故每畀以重任，不想今日失了街亭。如此看来，知人之明，不如先帝多矣。"此念白，不是一般伶人所能企及的。

汪笑侬还是一位推动旧戏改良的社会活动家。他积极倡导京剧应该成为有益民众、引领先进思想的社会利器，宣扬京剧应该成为有利于国家、民族健康发展的崇高艺术。同时他和旧戏改良主义者一起号召改变社会对戏曲演艺的偏见，尊重京剧演员，并推广教育，希望能从内到外，实现京剧文化生态的一次质变。1904 年 10 月，汪笑侬与陈去病、熊文通等人在上海创办了《二十世纪大舞台》杂志，是近代中国最早以戏剧为主的文艺期刊。撰稿人有柳亚子、欧阳巨无等。它以"改革恶俗，开通民智，提倡民族主义，唤起国家思想为唯一目的"。其刊载的主要文章、剧本《论戏剧之有益》《告女优》《南唐伶工杨花飞别传》《安乐窝》《金谷香》等均带有反清革命色彩，为清朝统治者所不容。1905年初，正当汪笑侬、陈去病等积极筹备出版第3期的时候遭到当局的封禁。

汪笑侬还是一位诗词家，他的许多诗词体现了他的戏剧创作思想，更体现了他忧国忧民的爱国情怀。在他的《又论中国之现象并以诗答之》中曾写道"暮气已深日将没，前途危险尚迟迟。分瓜谁肯留贝种，煮豆可怜燃豆萁。四百兆心容易死，五千余岁体难支"。面对国破家亡，他以畸人之态，表达着胸中的痛苦与忧患。他写的剧本台词通俗流畅，明白如话，韵律严整，节奏铿锵。周信芳先生在《敬爱的汪笑侬先生》纪念文章中说："他愤世嫉俗，满腹牢骚……平日在生活上落拓不羁，不拘形迹，用钱如粪土。耽溺诗酒，每饮必醉，醉必破口大骂，尽情一吐胸中之积郁。"汪笑侬的"大骂"不光是在饮酒时，还体现在他的作品中，他编演的历史剧，大都以"哭"和"骂"为主要内容，甚至作为剧名，比如以"骂"字为主要内容的戏有《骂阎罗》《骂杨广》《骂王朗》《骂安禄山》《骂毛延寿》等等。可见，汪笑侬不是一个看重自身功名利禄的庸凡之辈，他对国家的未来充满忧患意识，在自身无力改变现实的困窘中，以佯狂、酒醉、唱戏来表达内心的痛苦与不安。

汪笑侬与天津颇具渊源，他常常往返于上海、北京、天津、济南等地，曾与欧阳予倩合演《桃花扇》《柳如是》。1912年，提学司蔡志庚在津积极倡导成立了新戏改良社。他认为改良戏曲为社会教育一大补助，若不极力提倡，无以维风化而正人心。为此他特意请来热心戏改运动的京剧名家汪笑侬来津主持这个社团的日常工作。在津期间，汪笑侬汇集了一些有识之士对旧剧进行鉴别与改良，他提出了"移风易俗，改良戏曲"的口号，并自编自导了反映社会现实的时装戏《代善侠》（即《闭血针》），把电影技术引进到戏中，用以介绍剧情的转换。新戏改良社在汪笑侬的领导下，成为当时天津戏剧改良运动的中心。此外为了培养符合新编剧目演出要求的新型演员，该社还专门成立了改良戏剧练习所，汪笑侬任所长，于1913年3月27日举行了开学典礼。他提出了戏曲教育必须和普通教育相结合，戏曲教育必须与社会同步的主张。他还主张招收童年、成年学员各一班，聘请刘喜奎、叶德风、崇高年等著名戏曲演员为兼职教师。这是北方各地最早以戏曲改良为办学宗旨的教育实体，所设课程较为全面，有喉音练习、词令、戏曲讲义、演说学、技术、状态、拍歌、说白、剧文、体操等科目，开拓了戏曲教育的新模式。汪笑侬还亲自执笔编写教材，亲自授课，这些讲义以《戏剧教科书》之名连载了不少天津艺人修改的剧本，其中有他与李琴湘合作重新编写的《三娘教子》。

1914年3月，新戏改良社停办，汪笑侬被天津戏曲艺人推举为天津正乐育化会副会长，他依然致力于戏曲的改良出新工作，经常在创作演出的余暇，从事公益事业。凭仗自己的社会影响，带头组织"窝头会"义演，帮助生活困难的戏曲界同行渡难关，由此赢得社会各界的敬重。

1918年，汪笑侬在上海逝世，终年60岁。

参考文献：

《大公报》，1912年10月22日。

北京市艺术研究所、上海艺术研究所组织编著：《中国京剧史》上卷，中国戏剧出版社，1990年。

颜全毅：《清代京剧文学史》，北京出版社，2005年。

吴同宾：《京剧怪杰汪笑侬》，《天津政协》，2012年第5期。

（杨秀玲）

王迺斌

王迺斌(1870—1943),字恩溥,号颐园老人,辽宁新民人,清贡生。幼时家贫无法上学,但坚持自学,写得一手好字。

光绪末年,王迺斌任东三省总督衙门秘书,鸦片税收专卖局委员、局长,关税监督等职务。后因报效军营、剿匪出力,被授予五品顶戴,接着报捐双月府。1903年,王迺斌在征收奉天税厘时出力,被保奏等候补缺。王迺斌先以知县补用,接着报捐同知。1905年,王迺斌被分到直隶试用。但他捐免了赴直隶的任命,又报捐花翎,且又有征剿通海匪徒的功劳,遂直接留任原地优先候补知府。1906年,王迺斌被委任管理朝阳府等处税务。

1907年,王迺斌出任朝阳府知府。他有时还微服私访了解民情。是时,朝阳区地贫民穷,苛捐杂税很重,商户停业,百姓足不出户以抗捐。县员诬百姓为匪,向热河都统请兵"围剿"。王迺斌向热河都统力陈百姓状况,认为应该先行查访。王迺斌到当地查明状况,命县官戴罪立功,并晓谕肇事带头人安心回家生产,较为妥善地平息了这次抗捐风潮,避免了流血事件的发生。

在任4年,王迺斌治理有方且推行新政得力,受到百姓拥戴和上司举荐。王迺斌任朝阳知府时,王凤仪一家人在锦县、朝阳交界的高桥、根德营子等地办女义学。这几所学校开风气之先,既受到广泛好评,又饱受非议。王迺斌向王凤仪询问了女学的状况,并进行了视察,认为女学名副其实。女学在受到王迺斌肯定后得到发展。1909年,在国内掀起变法浪潮时，王迺斌召集全县士绅民众讲解新章，王迺斌专门把王凤仪请上台去，对他兴办女义学表示赞赏，并鼓励士绅向王凤仪学习。

1910年，王迺斌被热河都统诚勋举荐调补承德府知府。1911年末，出任热河道尹。1912年，辛亥革命后，王迺斌辞官，举家搬到天津。

1916年，奉天的辽西、辽南、铁法一带有匪患，张作霖成立清乡总局，请王迺斌为清乡总局督办。1917—1919年间，王迺斌领兵四处转战，剿灭土匪700余人。其间，他又被张作霖聘为奉天省署高等顾问。1918年，王迺斌被聘为大总统徐世昌的顾问。

1920年，奉直两系联合组阁，王迺斌被调往北京，并被聘为国务院经济调查局副总裁。同年8月，出任靳云鹏内阁署理农商总长。上任之初，就开设劝业场、成立农商部债券局，以发展工商业、繁荣市场。1921年5月，正式出任农商总长。1921年9月，地质调查所图书馆落成，王迺斌为此专门撰写了《地质调查所图书馆记》的碑文。同年，奉系在与直系的斗争中失败，王迺斌告退。

1922年，王迺斌出任中东铁路督办。1924年，王迺斌出任黄郛摄政内阁的农商总长，但未就职。翌年，内阁倒台，王迺斌辞职隐居天津。

九一八事变后，东北沦陷，很多军政要人避居津门。日本帝国主义想利用这些宿老稳定局势、粉饰太平，遂强迫他们为日本人效力，王迺斌以年老多病，拒不接受。

王迺斌的儿子王家瑞，曾任沈阳县县长、大帅府帮办，并曾随国民政府外交总长施肇基出席美国华盛顿太平洋九国首脑会议。日本人曾逮捕王家瑞，以向王迺斌施压。经过各方人士一个多月的营救，王家瑞才被放归。王家瑞被日本人拉去当挂名的伪新民会会长。王迺斌开始并不知道，得知后痛骂其子没有骨气，抓起墨盒欲打，而被挡住。

1943年，王迺斌病故，终年73岁。

参考文献：

《锡良遗稿·奏稿》,中华书局,1959年。

沈阳市政协文史资料研究委员会编:《沈阳文史资料》第13辑,1987年内部印刷。

王碧蓉:《百年袁家:袁世凯及杨氏夫人后裔百年家族史》,广西师范大学出版社,2013年。

（魏淑赟）

王守恂

王守恂（1864—1936），原名守恬，后改名守恂，字仁安，又字纫庵，别号阮南。天津人，祖籍山西。

王守恂4岁丧父，由其母抚养成人。他自幼聪颖过人，成才后博学多才，不仅擅长诗赋，其笔记、文稿也独步当时。曾与严范孙同时受教于天津辅仁学院。1887年，王守恂跟随天津著名诗人梅小树学习诗词歌赋。南通名士范肯堂十分欣赏其真诚典雅的写作风格，收王守恂为门生。

1898年，王守恂考中进士，开始了长达20年的从政生涯，任刑部山西司主事，巡警部警政司员外郎、郎中等职，辛亥革命后任钱塘道道尹。1918年，王守恂返津，应徐世昌和严范孙的邀请，与高凌雯共同主持天津修志局《天津县新志》的编写工作，二人经常对所收集的内容进行辩论考证，其内容较天津老县志增加了一倍以上。由于王守恂和高凌雯在编修体例上产生分歧，最后分别用两个名称刊印出版，王守恂编写的卷一至卷十六名为《天津政俗沿革记》，于1936年发行面世。《天津政俗沿革记》分舆地、水利、邮递、户籍、田赋、货殖、盐业、工艺、文化、礼俗、善举、讼谳、防御、兵事、外事等，共16卷，以反映近代天津发展变化为特色。

1921年，王守恂参加了严范孙组织的城南诗社，"神交无故新"，以诗会友。1927年，王守恂和天津绅士、文坛名流发起创立了研讲国学的"崇化学会"，并与其他15人被推举为常务董事。另外王守恂还参加了

"国学观摩社"。

王守恂一生结交甚广,青年时期与严范孙来往密切,积极参加严范孙组织的宣扬儒学的社会团体,二人志趣相投,时常一起吟诗作赋,结下终生的友谊。1888 年,王守恂与赵幼梅相识,二人谈诗交往一生,多次为赵诗题跋作序。王守恂还是当时了解李叔同出家动向的少数知情人之一,李叔同十六七岁时就开始与他交往,谊在师友之间。王守恂在《仁安笔记》中记录了与李叔同会面的感受:"晤天津李叔同,清癯绝俗,饱尝世味,已在剥肤存液之时,自愧不如。吾乡静士刘竺生之外,又得叔同,喜慰万状。"

王守恂一生门生众多,喜欢与有学识的年轻人交往,尤其器重他的弟子、中国现代金石学家、甲骨学家王襄。王襄是最早收集和研究甲骨的学者之一。他师从王守恂学习多年,受益良多。常常拜访老师,在研究甲骨金石遇到困难时,寻求老师帮助。

王守恂博学多才,年方弱冠,即喜作诗,迄老成为著名诗人,对于各种文体的运用,都有自己独特的见解。他认为写诗,"诗妙在真",这也是他作诗的宗旨;他认为作文须有真理,诗和文是以载道传情的;他对史书和地方志的撰写及其体例也提出自己的见解。晚年,王守恂致力于中国传统文化的传播。他一生著述颇多,著有《王仁安诗集》,《王仁安集》、续集、三集、四集,《王仁安文稿》《天津政俗沿革记》《天津崇祀乡贤祠诸先生事略》等。

王守恂有一子二女,其子年幼夭折,二女也在年轻时相继故去。他在晚年曾经作诗一首:"儿女成行哭有声,一心如火两关情。谁能似我无牵挂,含笑长眠了此生。"此诗虽然表达了其对人生的豁达洒脱之情,但是儿女的去世却给王守恂造成了无法愈合的心灵创伤。其妻于1930 年故去,只剩下王守恂孑然一身。王守恂病危时,弟子王襄衣不解带,侍奉于病榻左右。

1936 年,王守恂去世,终年 72 岁。

参考文献:

邵红:《天津近代文化名人王守恂事略》,《团结与民主》,2002 年第 8 期。

王勇则:《王守恂生平职官考异》,《天津文史》,2008 年第 39 期。

章用秀:《赵元礼与王守恂》,《天津日报》,2014 年 3 月 10 日。

(郝秀聪)

王 树 常

王树常（1885—1960），字霆午，辽宁辽中人。

王树常父亲锡珠思想开明，送其入村塾童馆启蒙。后王树常考入奉天大学堂。在校期间，王树常得到了时任盛京将军徐世昌的赏识，1908 年春获官费赴日本留学资格，先入日本陆军振武学校完成预备学业，继入日本陆军联队步兵大队实习。1908 年 6 月，王树常考入日本陆军士官学校第八期学习。王与当时在日本留学的蒋介石、张群等均有交往。

1911 年，王树常毕业回国。时值武昌首义告捷，遂先赴上海参加革命，未几，去南京参谋本部第二局充任一等科员。1913 年 5 月，被授予陆军步兵中校军衔。1917 年，北洋政府陆军部再次选派王树常赴日本陆军大学深造，于 1919 年毕业回国，任北洋政府参谋本部第四局第四科上校科长。后调任张作霖第 27 师参谋长，奉天"镇威军"司令部参谋处长，参加第一次直奉战争。该战结束后，赴黑龙江省任督军公署少将参谋长，兼任步兵第 22 旅旅长。

1924 年 9 月，第二次直奉战争爆发，奉军大败直系曹锟、吴佩孚军，实力猛增，占有 8 省地盘，此时王树常调任奉天上将军公署总参议。但张作霖的胜利并不稳固。不久，吴佩孚、冯玉祥、孙传芳联合讨伐张作霖，原奉军的郭松龄也发动兵变，率军一直打到新民附近，直逼奉天，王树常始终与张作霖共患难，深得张作霖赏识。兵变平息后，王树常任东三省保安司令参议。

1926年6月28日,王树常被调到吴俊升部任参谋长,兼任16军军长,随吴进兵热河,攻打国民军宋哲元部。同年12月1日,张作霖在天津就任安国军总司令,王树常出任顾维钧内阁陆军部中将次长。翌年2月,改任第10军军长。参加了对抗北伐军的战事。在河南战役中,他因率部重创阎锡山部,受到了张学良的亲笔传谕嘉奖。9月,获二等宝光嘉禾章;10月,获一等大绶嘉禾章,授勋五位。1928年6月皇姑屯事件后,张学良主政东北,王树常任东北临时保安委员会委员,协助张学良处理复杂公务。东北易帜后,任东北边防司令长官公署军令厅厅长。1929年,王树常任第1军军长。

1930年9月,张学良率东北军入关,对中原大战进行武装调停,王树常为第2军军长。9月27日,国民政府任命王树常为河北省政府主席,10月3日,王树常在天津就任河北省政府主席职。1931年11月,日本特务机关收买汉奸、地痞,在天津策动"便衣队"暴乱事件。王树常对此坚决地予以镇压。王也因此得罪日本人和妥协的国民党政府。1932年,王树常改任平津卫戍司令。其间,他赞同中国共产党关于停止内战、一致抗日的主张,同情学生的抗日救亡运动,曾释放过一些被捕的爱国学生和中共地下党员。1933年,热河失守,张学良被迫"下野"。1935年7月6日,"何梅协定"签订后,王树常被解除平津卫戍司令一职,调任南京国民政府军事参议院副院长。"西安事变"发生后,南京政府曾请王树常去西安接替张学良职务,被王拒绝。东北军整编后,王被任命为豫皖绥靖副主任和豫皖苏军事整理委员会委员。抗战全面爆发后,调任其为甘肃绥靖主任,仍未就。1937年11月,沪、宁相继沦陷,王树常随军避往华南,后辞去军事参议院副院长职,赋闲。不久举家迁往香港。香港沦陷后,王又举家迁往北平隐居,始终不为日伪汉奸的高官厚禄所诱。

北平和平解放前夕,王树常拒绝随国民党南逃而留居北平。后来还为北平和平解放积极奔走斡旋,做了许多有益的工作。北平和平解放后,作为国民党起义人员,得到人民政府妥善安排。新中国成立后,曾任政务院水电部参事室参事,第二、第三届全国政协委员,民革中央团结委员会第三届委员。

1960年4月8日,王树常病逝于北京,终年75岁。

参考文献:

雅心:《王树常的一生》,载辽中县政协文史委编:《辽中文史资料》第6辑,1987年内部印刷。

直心:《王树常传略》,载保定市政协文史委编:《保定文史资料选辑》第6辑,1989年内部印刷。

陈志新:《王树常的一生》,载天津市政协文史委编:《天津文史资料选辑》第52辑,天津人民出版社,1990年。

罗承光:《奉军将领王树常事略》,载全国政协文史委编:《文史资料存稿选编》第19辑《军政人物》(上),中国文史出版社,2002年。

(欧阳康)

王 廷 桢

　　王廷桢(1876—1940)，字子铭、子明，天津人，生于一个木工家庭。早年入北洋水师学堂学习测量，1898年转入北洋武备学堂幼年班，同年被选派赴日留学，成为日本陆军士官学校第一期中国毕业生。毕业后，王廷桢先后进入成城学校、日本陆军士官学校中华队第一期骑兵科，任日本近卫骑兵联队见习士官。1902年3月，王廷桢毕业回国，同年任直隶军政司教练处练官营马队队官；1903年任北洋常备军左镇马队1标帮统；1905年任陆军第5镇马队第5标统带官、都司衔直隶补用守备，同年参加新军会操，为评判处总办之一。1906年，王廷桢任陆军第1镇正参谋官，旋以都司升用。1909年，王廷桢组建禁卫军，暂充步队第1标统带官兼马1营管带官，旋任马队第1标统带官，曾去法国考察军事。1910年12月30日，王廷桢升任禁卫军第2协统领官，并赏给陆军协都统衔；1911年调任第1协统领官；1912年9月7日任禁卫军统制官，并加陆军中将衔，成为北洋政府首批授衔将领。

　　1913年7月17日，王廷桢任天津镇守使；1914年1月调任江宁镇守使、长江沿岸要塞司令官；1915年特授勋五位。袁世凯称帝时，册封王廷桢为一等男爵。1916年10月9日，王廷桢特授勋四位；1917年9月，王廷桢任禁卫军改编的陆军第16师师长，兼任长江巡阅副使。1918年10月16日，王廷桢特任将军府镇威将军，翌年加陆军上将衔，兼任察哈尔都统。

1920 年,随着直皖矛盾的不断恶化,军阀战争不可避免。对于即将来临的内战,王廷桢虽属于直系,但不打算参加。王廷桢认为,战争对民众的伤害是最大的,尤其是内战,大都是军阀们为了争权夺利而打,民众除了受难,得不到任何好处,军阀当政没有本质的区别。王廷桢对参战的消极态度令曹锟和吴佩孚大为着急。在开战前夕,曹锟急派其七弟曹锳到察哈尔,哀求王廷桢出兵参战。王廷桢从国家利益出发,认为外蒙古形势紧迫,察哈尔 16 师不宜入关参战,为此与曹锟发生了激烈矛盾,使曹记恨在心,为日后曹锟和吴佩孚利用奉系排挤王廷桢埋下了伏笔。直到直皖战争后期,皖系徐树铮不顾国家根本利益,调中国驻外蒙西北边防军回国参加作战。王廷桢在劝说徐树铮无效的情况下,不得已领兵在居庸关击败了徐树铮主力段芝贵的部队。

1921 年直皖战争结束后,奉系张作霖急于扩大势力范围,利用曹锟与王廷桢的矛盾,欲武力霸占察哈尔。同时曹锟又给徐世昌施压,调王廷桢北京述职,实际就是将察哈尔送给张作霖,以换取奉系支持曹锟当上大总统。当时很多人包括不同地方的同僚将军及部下都在怂恿王廷桢像其他军阀那样宣布独立自治,包括与察哈尔相邻的绥远都统蔡成勋也表示大力支持。幕僚和部下也为王廷桢出谋划策。王廷桢认为,外蒙正在分裂,在这种特殊的敏感时期若察哈尔再独立,势必会造成内蒙古局势随之动荡。王廷桢最终决定放弃个人权力,解甲归田,使张家口人民免除了一场战火灾难,同时避免了内蒙古局势的动荡。不久奉系将领张景惠来到察哈尔接任陆军第 16 师师长和察哈尔都统之职,王廷桢只身一人回到了故乡天津。

1931 年九一八事变后,日本华北驻屯军司令官香月清司(王廷桢留日时同学)三次往访,想请王廷桢出面掌管伪华北政权,均被严词拒绝。1937 年天津沦陷后,日人远山猛雄(溥仪的老师,与王廷桢交情甚深)曾劝王为日本人效力。裕仁天皇的叔叔访华期间,也曾专门约见王廷桢。同时旧部多人,也多次游说。为了躲避这些纠缠,王廷桢以治疗皮肤病为由,住进了天津法租界马大夫医院,不久全家又躲到了英租界蔡成勋家。日本人恼羞成怒,强行查封和霸占了王廷桢在日租界的寓所及其他房产,使其财产损失惨重。即使这样,王廷桢依然不为所动,表现出了国难当头中国军人的民族气节。

1940年春,王廷桢赴宴时遭日特下毒暗害,回家途中即感不适,遂住院医治无效,于1940年3月6日与世长辞,终年64岁。

参考文献:

陈长河:《从档案看1920年直皖战争》,《军事历史研究》,2000年第2期。

刘敬忠:《苏联占领外蒙古及对华外交活动》,《史学月刊》,2004年第2期。

赵富民、韩小泉:《民初镇守使研究》,《沧桑》,2011年第6期。

袁灿兴:《枪口下的北洋》,人民日报出版社,2013年。

来新夏:《北洋军阀史》(上下),东方出版中心,2016年。

(王 进)

王 益 友

王益友(1880—1945),原名杰,字子英。河北玉田人。

王益友幼入玉田县益合科班学艺。出科后边搭班演出边授徒。清宣统初,清廷宗室肃亲王善耆召集王益友、徐廷璧等组建安庆社昆弋班。未几民国建立,安庆社解散。王益友先后加入"荣庆社"等北方昆曲班社,与韩世昌、郝振基、陶显庭等人在北京演出,颇受观众欢迎。王益友嗓音带有沙音,即所谓云遮月嗓子。他武功卓绝,功架稳准。披靠戏如《倒铜旗》之秦琼,载歌载舞,为其绝作。而短打戏如《夜奔》《夜巡》《探庄》《打虎》《雅观楼》诸折,尤为擅长。

王益友在表演上,注重把握人物性格及身份,张弛得宜,以平淡取胜。以《夜奔》一剧为例。王益友曾说:"《夜奔》是身份戏,不能只卖弄腰腿功夫,要把身段摆顺当了,叫观众看得舒服。"他在这出戏中,通场只在〔折桂令〕曲牌中走"射雁""飞脚",在〔得胜令〕中走一个"劈叉",此外无其他技巧性的表演,但演来却显得稳重大方,优美和谐。王益友文戏上也有独到之处,如《完璧归赵》之蔺相如,说白身段皆合身份。

1918 年和 1920 年,王益友来天津演出。这两次演出提高了王益友在天津昆曲爱好者中的知名度。1928 年,王益友来到天津,主要从事昆曲教学,对天津业余昆曲的发展起了积极的推动作用。王益友先是担任汇文中学"彩云社"的昆曲导师。经王益友的指导,该社成员技艺大为长进,多次在校内及文化馆演出,剧目有《闹学》《游园》《思凡》《扫松》《春睡》《佳期》《拷红》等。继汇文中学"彩云社"之后，河北女子师范学院师生组织曲会，也请王益友授课。

王益友在教课之外，也时常参与昆曲演出。从1929年开始，天津昆曲的演出逐渐增多。韩世昌、白云生、庞世奇等北方昆曲名伶多次组班来津演出。他们每次来津，多邀请王益友参与演出。1929年9月，庆生社来津演出，王益友受邀参演。

1936年秋，在天津的河北省立法商学院，发起组织曲社，取用《牡丹亭·闹学》的第一支曲子〔一江风〕为社名，曰"一江风曲社"。推王贻祜为社长，聘请王益友为导师。每周两集。课后黄昏，室中笛歌清越，与窗下砌虫相酬答，饶有古趣。1937年七七事变爆发后，曲社活动一度停止。

1938年，一江风曲社恢复活动，社址设于南开天海路小学。1940年，工商学院及附中的昆曲社设立，名为工商曲社，延聘王益友来校为同学说戏。该社每周活动两次，事先安排好说戏的剧目次序，依次排练。王益友精心设置教学剧目，为工商昆曲社的学生们开蒙。老生戏为《弹词》，生旦戏为《游园惊梦》，武生戏是《夜奔》，净戏是《醉打山门》。继而排练《单刀会》《酒楼》《春香闹学》《奇双会》《小宴惊变》《闻铃》等20余出。每到校庆和年终游艺会，欢送毕业同学和欢迎新同学游艺会时，工商曲社与工商京剧社便联合演出于三楼大礼堂。

1941年，一江风曲社联合工商昆曲社，在东马路青年会礼堂合演两场，王益友除全面指导外，还兼任司鼓，并约请了马祥麟助演。演出受到了观众的欢迎。此外王益友还在泰康商场的渔阳国剧社教授昆曲。

王益友在昆曲教学中极为讲究方法。教授《夜奔》时，他在台毯上画方格，严格要求学员走步尺寸准确。王益友在教授身段时，特别讲清"手、眼、身、法、步"之间的程式规律，及其相互间的关系。他常说，手指到哪儿，眼神必须跟到哪儿，不这样就不能把观众的眼神抓过来。这是把角色和观众的精神统一到动作上来，借以沟通演员与观众的思想感情。他还指出：由于行当不同，身段各异，因而行动坐卧就有大小之别，但无论动作多大多小,都离不开"圆弧"和"对称"。这个总的原则乃是戏剧传统的程式规律,这样才能给人以美的享受。

王益友教戏不仅注重教唱、念、做,更重视讲解角色的性格、处境和思想感情。他在教授《长生殿》时,对于《小宴惊变》一折,一再强调前逸后紧的不同要求;在《闻铃》一折中,特别强调悲伤凄凉的情绪。教授《牡丹亭·惊梦》时,要求学生掌握柳梦梅"温文雅俏"的气质特征。对于《奇双会·写状》,王益友指出在表演夫妻间戏谑之言时,要重"雅"避"躁",否则即有失主人公县令的身份。王益友能戏极多,生、旦、净、末、丑俱全。难得的是不管哪出戏,全部角色他都能一一向学生传授。

1942 年,王益友受聘于北京大学文艺研究会昆曲组。

1945 年 5 月 11 日,王益友在北京病逝,终年 65 岁。

参考文献:

《大公报》(天津版),人民出版社,1983 年影印版。

《吴小如戏曲随笔续集》,天津古籍出版社,2005 年。

(王兴昀)

魏 寿 昆

魏寿昆(1907—2014),字镇雄,1907年9月出生于天津商人家庭。他因家境败落,便发奋读书,1914年入私塾,1917年考入育德庵小学,后入天津铃铛阁官立中学读书。

1923年,魏寿昆毕业于河北省立第一中学,后以优异成绩考入北洋大学,因成绩优秀而受校方免交学费和住宿费奖励。1929年毕业,获矿冶工程系工学学士学位。毕业后,在辽宁海城大岭滑石矿任助理工程师,半年后回母校北洋大学担任矿冶系助教。1930年秋考取了天津市公费留德生,次年就学于德国柏林工科大学材料工艺科学系化学专业;1932年转学德累斯顿工科大学化学系,先后完成了特许工程师论文与工学博士论文,1935年夏获工学博士学位。为了实现科学强国的理想,1935年他自费进入德国亚琛工科大学冶金系进修,主修冶金专业,学习期间他搜集大量冶金文献资料,积极参加冶金专业实习及专题科研。1936年,他放弃了德国丰厚薪资的工作机会,回到满目疮痍的祖国,在天津北洋工学院矿冶系任教授。

1937年七七事变后,他随北洋工学院迁至陕西省西安市,后又迁到城固县。9月,北洋工学院、北平大学、北平师范大学3所国立大学和北平研究院在西安组成西安临时大学。当时他任北洋工学院矿冶系主任。由于师资奇缺,当时矿冶系4个年级仅有3位教师和2名助教,他承担了各年级多门课程的讲授任务。太原失陷以后,西安临时大学迁往陕南,遂改名为国立西北联合大学。1938年7月，教育部指令国立西北联大改组为国立西北大学、国立西北工学院、国立西北师范学院、国立西北农学院和国立西北医学院5所独立的国立大学。从1938年到1946年，他先后在西北工学院、西康技艺专科学校、贵州农工学院、重庆大学等校担任教授。在抗日后方的艰苦条件下，魏寿昆一直坚持教育和科研工作。在重庆大学任教期间，他兼任重庆矿冶研究所矿冶室和兵工署材料试验处冶金组主任，他结合四川、贵州、江西等省的资源特点，进行了多项当时急需的生产性科研课题的研究，在冶金领域取得了多项研究成果，在国内较早地引用化学热力学原理作为研究与控制冶金反应的理论基础，成为冶金学科、冶金物理化学学科的带头人。

1945年抗战胜利后，他回到天津，在北洋大学冶金系任教。1948年末，天津战役前夕，南京国民政府命令北洋大学南迁，魏寿昆在计划南迁名单之中，而魏寿昆十分厌恶国民党腐败政治，按照中共天津地下组织的安排，决定全家留在天津，拒绝南迁。

1949年至1952年，他先后担任北洋大学工学院院长、天津大学副教务长等职。1952年，高等院校进行院系调整，天津大学（原北洋大学）、唐山交通大学、华北大学工学院、西北工学院和山西大学等校的矿冶系合并，组建了北京钢铁学院，魏寿昆被任命为第一任教务长。

20世纪50年代，魏寿昆系统地开展热力学中有关活度理论的研究，运用热力学原理及活度理论解决了冶金生产工艺中出现的一系列问题。他的研究紧贴生产需要，直接为钢铁工业服务。20世纪70年代与80年代间，他运用选择性氧化理论进行了多种工业实践，指导上钢三厂、上钢一厂、攀枝花钢铁公司和包头钢铁公司解决了工艺难题。他对有色金属冶炼工艺也提出了重要的指导性意见与建议，如为了金川有色金属公司的火法提镍，魏寿昆从理论上计算了镍锍中元素氧化的顺序，为卡尔多转炉保镍脱硫提出了理论依据，并成功地确定了合理的吹炼工艺，使镍的总回收率超过95%。70年代，魏寿昆在国内率先开拓固体电解质电池直接快速定氧技术的研究，该技术曾被誉为当时国际钢铁冶金三大发明之一。关于红土矿综合利用工艺流程的科研课题，魏寿昆提供了摇包脱铬的理论依据。该课题曾获冶金工业部 1979 年科技进步一等奖。其后，他的科研成果多次获得国家教委科技进步奖。

魏寿昆作为冶金学和冶金物理化学家、冶金教育家，中国冶金物理化学学科创始人之一，在冶金热力学理论及其应用中获得多项重大成果，从教数载，培养了大批冶金与冶金物理化学专业人才。1980 年当选为中国科学院院士。

魏寿昆是国内外知名学者，同时也是社会活动家。他先后担任北京市政协第一至第四届委员，第五至第七届常务委员会委员，九三学社第六、第七届中央常务委员，国家科委冶金学科组常务副组长。曾任中国自然科学名词审定委员会冶金学名词审定委员会主任，中国金属学会第一至第四届常务理事，中国金属学会冶金物理化学学会第一、第二届理事长，中国有色金属学会第一届常务理事。

魏寿昆于 2014 年 6 月 30 日在北京去世，终年 107 岁。

参考文献：

北洋大学—天津大学校史编辑室:《北洋大学—天津大学校史》第 1 卷,天津大学出版社,1990 年。

李义丹、王杰主编:《文化记忆》,天津大学出版社,2011 年。

李义丹、王杰主编:《实事求是　日新又新——天津大学文化研究》,高等教育出版社,2013 年。

（王　杰）

魏 天 成

　　魏天成(1919—1998),河南滑县人。魏天成 13 岁时曾在老家河南开封市三井街中原旅社的餐厅学做过河南菜。1934 年河南大旱,15 岁的魏天成逃难到天津,进入南市有名的川菜馆"蜀通饭庄",在当时津门著名厨师华士元手下学徒。

　　华士元绰号"华老四",人称"川菜大王",他的川菜绝活不仅享誉天津,而且驰名京冀沪。少年魏天成为人忠厚,待师真诚,从早到晚伺候师父饮食起居,跟随华士元到饭庄盯厨。他当学徒有一股韧劲,深知川菜关键要点在于"味","味"这种东西看不见摸不着,却隐藏于厨师技法之中。识味、懂味、洞悉味之缘由,便可掌握川菜的真谛。因此,魏天成每天抢下涮锅的差使,偷用舌尖尝锅底,涮得多了,尝得多了,品出了师父做菜的诀窍。华士元也有意传授,魏天成的厨艺日臻成熟。

　　日本侵略者侵占天津后不久,华士元不幸失踪。魏天成悲伤过后,正式担纲顶替华师傅上灶。他年仅 20 岁就被称为津门新的"川菜大王"。在日本侵略者的铁蹄下,民不聊生,百业凋敝,已成名厨的魏天成为了养家糊口,不得不四处奔波,辗转于各地大小饭馆餐厅掌勺炒菜。当年,魏天成被北京前门外的"政鸿餐馆"慕名聘去,专为梨园名人做佳肴,座上常客有谭富英、言慧珠、叶盛章、叶盛兰等京剧界名伶,无不赞美新"川菜大王"的高超厨艺。

　　抗日战争胜利后,毛泽东飞抵重庆参加国共谈判。国共两党及民主人士相互往来交流,很多宴请中都有魏天成做的菜。美国副总统华莱士、总统特使威尔逊就在国民党政要的欢迎宴上尝过魏天成的手艺。正是在这些宴会上,魏天成给共产党的领导人也留下了深刻的印象。毛泽东一直念念不忘,新中国成立后曾向周恩来询问此人的下落。天津光复后,各行各业开始复苏。魏天成也有了施展自己高超厨艺的机会。1947年,他被聘为川苏天合居南菜馆的厨师。

新中国成立后,魏天成作为一代名厨有幸多次赴京参与国宴的配膳任务。印度总理尼赫鲁访华期间,周恩来在北京饭店设宴招待,由魏天成主厨。尼赫鲁对国宴上的菜品赞不绝口。魏天成还先后在1954年缅甸总理吴努访华、1956年印尼总统苏加诺访华、1963年周恩来在钓鱼台宴请西哈努克亲王等国宴担当主厨服务。由于成绩突出,魏天成自1956年开始连续三年被评为天津市劳动模范和先进工作者,1959年至1962年每年被评为天津市特等劳模,多次到北京参加全国群英会,受到国家领导人的接见。1958年,他光荣地加入中国共产党。

魏天成工作积极热情,兢兢业业,将平生所学所能毫无保留地奉献给社会,不论在天津玉华台饭庄主厨,还是后来相继在天合居饭店和聚华楼饭庄任经理,他都全身心地投入为人民服务之中。在长期的烹饪实践中,他刻苦钻研,在继承中创新。他广采其他名厨的长处为己所用,精益求精,推陈出新,从而形成了自己独特的风格,以讲究配色、注重形态、操作细腻、干净利落著称。他所烹制的四川名菜,如小煎仔鸡、香糟鸡丝、宫保鸡丁、脆皮鱼、麻婆豆腐、干炒牛肉丝、鸡蓉蛋花汤等,不仅具有麻、辣、清、淡、细的特点,而且口味香醇,有独到之处。魏天成除了浸淫于南菜技巧外,津菜技巧也达到了炉火纯青的地步。

尽管如此,魏天成并没有故步自封,依然虚心好学,博采众长。天津烹饪界至今流传着一段他拜周家食堂安筱岩为师的佳话。安筱岩祖上曾在宫内御膳房供职。他擅烹江苏风味菜,是三江(闽江、浙江、江苏)菜高级名厨,当时为周家食堂的主厨。鼎鼎大名的魏师傅要拜安筱岩为师(魏天成是特一级厨师,安筱岩当时还不是特一级),惊动了天津烹饪界。安师傅思考再三,提出派自己的弟子同时向魏师傅拜师。拜师典礼十分隆重。魏天成恭恭敬敬向安筱岩行拜师礼,同时安筱岩的3位徒弟向魏天成鞠躬拜师学艺,举行的是双重拜师礼。

魏天成不仅为中国烹饪名厨大师,还是一位烹饪教育家,在20世纪60年代曾任和平区烹饪技术学校校长。80年代为天津市烹饪技术专科学校副校长,烹饪专业副教授。魏天成亲自撰写和编辑烹饪理论教材,指导学生实际操作,培养了一大批专业技术人才,可谓桃李满天下。魏天成培养高徒众多,驰名于国内外饮食界诸多领域。他教授的徒弟中,有的是国际烹饪大师、天津烹饪大师,有的是世界餐饮联合会国际专家评委。魏天成继承和弘扬了中国餐饮文化,厨德、厨艺双馨,并在业内享有较高的声誉;他具有创新意识,对我国的南北大菜有着深入的研究和精湛的技能,擅长菜品开发;在培养创新人才方面成绩卓著,培养了一批优秀的厨师人才。他从事餐饮数十载,对中国烹饪技艺造诣高深,对华夏食文化的发展做出了突出贡献。

1991年,魏天成在天津市烹饪技术专科学校副校长任上退休。1998年因病去世,终年79岁。

参考文献:

知识出版社编:《名馆名厨》,知识出版社,1992年。

林则普主编:《中国名厨大典》,青岛出版社,1997年。

(吕书怀)

魏 元 光

魏元光(1894—1958),字明初,河南南乐人。1894年12月11日出生在一个没落的官僚家庭,幼年在家乡读私塾,1911年6月考入设在天津的直隶高等工业学堂附设之中学实科就读。1914年7月,该中学实科并入天津南开中学,魏元光随班并入继续学习。

1915年7月,魏元光毕业后考入直隶公立工业专门学校应用化学正科学习,1918年6月以第一名成绩毕业,遂在直隶工业试验所化学工业课任技士,研究制革工艺。1920年,魏元光在直隶实业厅厅长严智怡资助下赴美留学,同时还在纽约州迦太基造纸公司纸浆与造纸研究实验室工作。1922年,获美国赛罗科斯大学理科硕士学位后,又在纽约州波茨坦姆城拉奎蒂河造纸公司纸浆与造纸研究实验室和纽约市舍瑞恩皮革公司研究工作2年。

1924年5月,魏元光回国受聘于母校——直隶公立工业专门学校任化学教员,同时兼任天津一大皮革公司总工程师。他认为中国非振兴工业不能复兴;欲振工业,非先训练人才不可,于是决心从事工业教育。1926年9月,该校校长杨育平调任察哈尔省教育厅厅长,举荐魏元光接任校长。是年他参加了黄炎培主办的"中华职业教育社",并成为该社的主要成员之一。

1926—1928年,该校校舍多次被军阀部队改作军营占用,或作为后方医院,住满了伤兵。魏元光几经交涉,始退还部分校舍,勉强复课。在此期间,河北省政府借行政改制之机,拟将该校撤销。魏元光与同人、校友奔走呼号,据理力争,保留了建制。但是此前的 10 年军阀混战,省府陆续拖欠办学常年经费,累计已达 22 个月之多,学校难以维持长久。为此,魏元光联合河北女师校长齐璧亭共同奔走,终于获准由河北省卷烟税中每月支付 30 万元,作为省属学校的教育基金,并成立了以魏元光、齐璧亭为主的教育基金会,负责此项基金的使用,使得省属学校得以全部生存下来。

1929 年 5 月,经河北省政府批准,河北省立工业专门学校升改为河北省立工业学院,魏元光受聘为首任院长。该校分学院部与高级职业部,学院部设机电工程学系、应用化学工程学系及市政水利工程学系等 3 个系,高级职业部设制革科、机工科及染织科等 3 个科。魏元光把发展新工业、改良旧工业,作为工业教育的总目标。建院之初,便克服经费上的困难,以每月 240 元的高薪,诚聘王镜铭讲师开设"工业经济学"课程;同时还组织工业经济学会,由王镜铭任会长,利用假期,组织会员到工厂实地调查。魏元光努力探求独具特色的工业教育道路。魏元光任职期间,实行开放式办学,注重学校与社会结合,并主张手脑并用,造成实用技术人才。经院务会议认真研究,决定从 1932 年暑假后,开始将理论教学时数减少 50 学分的课时,用以加强实践教学,培养学生动手能力。1934 年 12 月,南京教育部在南京举办"全国职业学校劳作成绩展览会",参观者达 10 余万人,该院代表河北省参展,河北省参展物品居全国第三位。

1935 年,冀察政务委员会委员长宋哲元邀魏元光出任教育厅厅长或建设厅厅长,还令即将卸任的河北省教育厅厅长何鸿基动员魏元光接任,而魏元光矢志从教不从政,婉言谢绝。宋哲元为表彰他举办工业教育的成绩,奖励其 3 个月的薪金 1260 元。这笔奖金魏元光分文未取,全部献给学院作为奖学金基金,用于奖励学院部学生英文、高职部学生国文成绩与操行优秀者。

魏元光在多年从事工业教育的实践过程中,总结出"勤、慎、公、忠"校训,即"勤以治学,慎以立身,公以对人,忠以处事"。后又进一步解释为:"勤者,辛勤劳动,刻苦钻研;慎者,精心作业,精心操作;公者,大公无私,廉洁奉公;忠者,热爱祖国,敬业尽职。"这一校训成为该校育才的典式,校风之结晶。

魏元光治校,对学生要求很严,不准吸烟,不准酗酒,更不准嫖赌,甚至规劝学生不穿华贵衣服。他自己以身作则,穿国产衣料中山装,不吸烟喝酒,很少驻足娱乐场所。客人来访,自掏腰包招待吃饭;凡需公款招待的,均由秘书(实际是院长助理)代为陪客。每月两次周末,邀请几位专家教授进行茶话会式的座谈,商讨治校方略,一切茶点费用,概由其薪资开支,各种费用耗其月薪420大洋之大半。1932年,工业学院在分院建起一栋附设客厅、浴室、餐室的教职员宿舍楼,共50余间(当时有教职员62人),全部分配给教师和一般职员。他自己在校外租住3间平房,家里只有自备的几件木制家具。该院唯一的一名女学生于滋潭,1934年毕业后赴美留学,魏元光资助路费200元。有的贫困学生借伙食费,他也慷慨解囊,而对学生学业则严格要求,不留情面。因魏元光主持河北省立工业学院成绩卓著,南京政府教育部于1936年在南京筹建国立中央工业职业学校(简称中央工校)时,聘他兼任筹备主任,常驻南京。

1937年卢沟桥事变爆发,魏元光未及返津安置家属,就全力组织刚刚组建起来的中央工校西迁。1937年11月,他率领中央工校师生百余人,西迁湖北宜昌,略作安顿,便借用当地一所师范学校的部分校舍组织上课。未及半年,因武汉失守,宜昌危急,魏元光又率领中央工校师生西迁四川万县,租借一所私立中学的校舍继续上课。1938年秋末,魏元光各方奔走,终于在重庆沙坪坝嘉陵江畔的石门坎购得土地200亩,作为中央工校的校址(即今重庆建筑大学)。在沙坪坝建校时,规划设计、经费、材料、聘请教师、购置教学设备,以及组织开学上课和安顿师生生活等等,魏元光皆精心操劳,累得脸颊消瘦,眼窝深陷,须长发乱。1943年,魏夫人谷照卿携幼子从天津辗转数千里到了重庆,见面时几乎都认不出他来了。魏元光将妻儿安置在嘉陵江畔石崖上的两间抹着黄泥的竹笆库房，执意不肯搬入学校安排的楼房，在此度过三年寒暑。

1945年后，魏元光任重庆市政府教育规划委员会委员、中国职业教育学会会员、中国科学学会会员、中国工程学会会员等职。1948年，魏元光先生传略刊载于美国世界名人传略研究会《世界名人传略选》，他的业绩还载入英国剑桥国际传略中心编辑的《国际名人录》（1948年版）。1949年冬，重庆解放前夕，国民政府以开会为名，诱骗魏元光到广州，企图胁迫他去台湾。魏元光设法避开特务的监视，潜回重庆，保护学校，迎接解放。

重庆解放后，组织推荐魏元光到教育部工作。魏元光于1950年春由渝进京，路经平原省新乡，遇到幼年同学平原省政府主席晁哲甫，极力挽留其在新乡组建平原省师范学院。家乡父老的盛情难却，魏元光未去北京，遂受聘平原师范学院筹备委员兼秘书长。在筹建平原师范学院时，魏元光负责基建工作，师范学院建成后，受聘为化学教授，兼任总务长。同时他还任平原省人民政府委员、平原省政治协商会议副主席、平原省科学普及协会副主席。

1958年，魏元光被错划为"右派"分子，是年10月不幸逝世，终年64岁。1979年，按照党的政策为其平反，恢复名誉。

参考文献：

王家琦：《魏元光（1894—1958）》，载潘强主编：《天津近现代著名教育家传略》，天津教育史研究会，1995年内部印刷。

王家琦：《一生从事工业教育的魏元光》，载天津市政协文史委编：《近代天津十二大教育家》，天津人民出版社，1999年。

河北工业大学校友会、中央工校校友会编：《魏元光教育文选》，重庆大学出版社，1999年。

潘承孝：《怀念魏元光校长》，载陈德第主编：《百年回眸（1903—2003）》，黑龙江人民出版社，2004年。

石之章:《河北省立工业学院院长魏元光》,载陈德第主编:《代代风流（1903—2003）》,黑龙江人民出版社,2004 年。

（张绍祖）

吴 长 纯

　　吴长纯（1855—1906），字静安，安徽庐江人。早年中武举，后投效其族兄淮军将领吴长庆部。

　　1884年，朝鲜爆发"甲申政变"，清政府应朝鲜政府要求派兵镇压。吴长纯随吴长庆督师东征。在朝鲜期间，吴长纯奋勇争先，特别是在支援护卫王宫一役中，智勇兼备，表现突出。1888年，朝鲜出现游匪滋扰，吴长纯被调到仁川、龙山一带剿灭匪徒。他到后捕诛匪徒，弹压地面，平定了游匪的滋扰。

　　从朝鲜撤军后，吴长纯到旅顺筹办海防，承办修筑黄金山炮台。李鸿章在视察炮台修筑情况时，对其才能十分赞赏。1891年，吴长纯又被派到热河一带镇压金丹道教起义。1894年，中日甲午战争爆发，吴长纯协防旅顺，奉命驰援盖平战事。他率领增援部队，冲锋陷阵，经历大小战斗数十战，以寡敌众，表现十分英勇。

　　1895年，吴长纯开始在袁世凯麾下编练新军，任副将统带右翼，在编练新军时他全部用新法训练，号令严明，部伍整齐，装备精良。1899年，义和团运动开始兴起，吴长纯率部进行镇压，累功荐保至记名提督。

　　1901年11月，袁世凯继李鸿章署理直隶总督兼北洋大臣。1902年3月，袁世凯因天津镇总兵高元久病不能正常履职，而吴长纯才大心细、训练认真，于是奏请任命吴长纯署理天津镇总兵。吴长纯任职之际，清政府正与八国联军商讨归还天津问题，这时各国驻扎在天津的军队虎视眈眈,而周边地区盗匪不时出没侵扰。吴长纯相机弹变,迅速清剿了匪患,确保天津城按时归还。

1903 年,清政府在北京设立练兵处,袁世凯任会办大臣。吴长纯自愿出国考求兵法,并由袁世凯委派赴日本参观军队操练之法。回国后,吴长纯即在天津马厂编练常备军第 2 镇,任统制。1905 年,山东改编陆军第 5 镇,又奉调前往办理,任统制。到山东后,选募新兵,裁并旧队。他的足迹遍布山东全境,最终选择济南、潍县、丈岭等地,建筑营房,规模大增。但工程艰巨,经费不足,吴长纯为此心竭力殚,最终劳累过深,一病不起。

1906 年,吴长纯病逝,终年 51 岁。

吴长纯死后,袁世凯特上奏清政府为其优恤附祀,清政府批准吴长纯从祀于天津李鸿章专祠和山东登州吴长庆专祠。

参考文献:

李盛平主编:《中国近现代人名大辞典》,中国国际广播出版社,1989 年。

来新夏:《北洋军阀史》(上下),东方出版中心,2011 年。

《故提督吴长纯请优恤附祀折》,载骆宝善、刘路生主编:《袁世凯全集》第 15 卷,河南大学出版社,2013 年。

(郭　辉)

吴 承 仕

吴承仕(1884—1939),字茧斋、检斋、桥斋,号展成,又号济安,安徽歙县人。

1884年,吴承仕出生于歙县昌溪乡沧山源村。17岁中秀才,18岁中举人,18岁中举人后参加举贡会考,获殿试一等第一名,被点为大理院主事。受业于章太炎门下,研究文字、音韵、训诂之学及经学。

国民革命时期,吴承仕历任北京师范大学中文系主任,中国大学国学系主任,兼北京大学、东北大学和民国大学教授。在文字、音韵、训诂方面重要的代表作为《经籍旧音辨证》(1924年),并创办《文史》《盍旦》《时代文化》等刊物。《时代文化》逐步发展为借古讽今、针砭时弊,激励人民爱国热情的进步刊物。

九一八事变后,蒋介石派蒋孝先带领宪兵三团驻防北平,以武力镇压进步学生运动,搜捕共产党人。在这民族危机日益深重的历史关头,吴承仕进一步认清了国民党反动派背叛革命和人民的丑恶面目,对国民党的投降政策表示强烈反对。时任北京师范大学教授会主席的吴承仕,举行教授会全体会议,通电南京政府,要求抗日救国。与此同时,他密切关心着进步青年的抗日救亡斗争,慷慨解囊,资助学生们出版进步书刊,并亲自撰写文章激励国人和进步青年。

1935年"一二·九"运动爆发,吴承仕先生虽已年过半百,却仍抱着满腔抗日救亡的热忱,投入挽救祖国危亡的革命洪流,与热血青年共同战斗。他积极支持北师大学生自治会的活动，不仅在精神上，还在物质上和经济上给以大力支持。学生们开会有时找不到会场，他出钱资助，在西单鸿春楼租房作为会场，把饭堂变为宣传抗日救国的课堂。他不顾年老体衰，和青年们一起步行到西山樱桃沟露营，在营会上发表演说，鼓励青年们的爱国热情。他参加发起北平文化界救国会，支援上海文化界著名人士马相伯先生组织救国会的抗日组织，亲自征集签名，并把签名簿拿回家让母亲、妻子、子女和儿媳、孙子都签了名。在吴承仕的热情支持下，他的学生齐燕铭、管彤（张致祥）后来都成为中共北平地下党组织的重要成员。

面对共产党领导的"一二·九"爱国运动，北平反动当局惶恐不安，用另组新学联、开除学生领袖、取消学籍等种种手段打击和破坏学生运动，使许多爱国青年失学。师大的反动教授杨立奎，与反动当局一起，操纵指挥"师大抗敌反共救国会"，加紧对进步学生的迫害。吴承仕在报纸上连续发表文章，揭露杨立奎的丑行。他还委托自己的妻弟、时任国民政府铁道部副部长的张翰飞营救出被捕的学生及北平女师大校长。此外为了营救被开除和受迫害的学生，吴承仕在1936年暑假，倡议吸收进步学生返校。曾被清华大学开除的进步学生黄诚，就是在吴承仕主持阅卷时以"特别录取生"资格录取的。黄诚后来成为我党骨干，皖南事变时牺牲。许多曾在师大和中大求学的青年，如孙楷第、王重民、臧恺之、王志之、张致祥、王西彦、余修等均被录取，后来都成为党的优秀干部或知名学者。

在参加共产党领导的爱国运动过程中，吴承仕接触并接受了马克思主义，于1936年春加入中国共产党。1937年北平沦陷后，在中共地下组织的安排下，吴承仕化名汪少白，化装转移到天津，秘密从事抗日救亡运动。1938年初，日伪政府想通过邀请他出任北京师范大学校职收买他，遭到其严词拒绝。1939年8月天津水灾，他染患伤寒而不自知，后来病情严重，只好秘密潜回北平。9月11日身体不支，经友人帮助入协和医院治疗。由于延误时日过久，1939年9月21日，因抢救无效在北平逝世，终年55岁。

吴承仕著述宏富。他在文字、音韵、训诂方面重要的代表作为《经籍旧音辨证》。这是一部音义互证的训诂专著，更是一部经学研究的工具书。他在经学研究方面最突出的成就，是对古代名物制度的探索。他广采浩繁典籍资料作参证，深入探求中国历代典章制度的特点与规律，著名的代表作为《三礼名物》(中国大学讲义)。他晚年以历史唯物主义观点，研究经学和古代历史，是我国第一位用马克思主义观点研究经学的学者。

此外还著有《经学通论》《淮南旧注校理》《六书条例》《尚书三考》《国故概要》《小学要略》《男女阴释名》《尚书今古文说》《释这》《说桃》《公羊徐疏考》《经典释文撰述时代考》《语言文字之演进过程与社会意识形态》《从说文研究中所认识的货币形态及其他》《说文讲疏》《释车》《丧服变除表》《丧服要略》《文言与白话间的量和质》《从说文研究中所认识的交换形态之史的发展》《论古今文上章太炎先生书》《论语老彭考》《说文韵表》《读说文随笔》等专著和论文。

参考文献：

中共天津市委党史资料征集委员会编：《天津抗日英烈》，天津古籍出版社，1995 年。

中共天津市委党史研究室：《中国共产党天津历史》第 1 卷，中共党史出版社，2005 年。

（赵凤俊）

吴 玉 如

吴玉如(1898—1982),字家琭,以字行,1898 年 5 月 31 日生于南京。其父吴彝年,安徽泾县人;其母顾氏,为清末著名诗人顾云之女。吴玉如自幼酷嗜书法,到十二三岁时,小楷、行书已具有相当功力。

1907 年,吴玉如 9 岁时随父来到天津,1912 年进入天津新学书院学习,第二年转入天津南开中学学习,与周恩来同班。在学期间,吴玉如品学兼优,是南开学生中的一个奇才。吴玉如谙熟古文,因此深受严范孙、张伯苓二位先生的赏识。1914 年,南开中学在张伯苓办学方针指引下,成立了敬业乐群会,吴玉如任演说部部长,周恩来为智育部部长。

1915 年,吴玉如考入北京大学预科班,后转入朝阳大学,不久因父亲病故而辍学,后随父亲的朋友傅强赴吉林谋生。1917 年,傅强调任北京审判厅厅长,将其托付给黑龙江省铁路交涉总局总办马忠骏。吴玉如深得马忠骏的赏识,曾担任马忠骏的秘书、交涉总局总务科科长、中东铁路局理事会秘书等职。

1929 年中东铁路事件发生后,南京政府委派东三省铁路公司理事长兼督办莫德惠,以中国首席代表身份赴苏联莫斯科进行了历时一年多的中苏谈判,吴玉如随行。在莫斯科,生活极其清苦寂寞,吴玉如以书法消遣,现存草书《离骚》《乐毅论》,小楷《黄庭经》,即为那时所书,并创作了大量诗词。

1933 年,吴玉如回到天津。1936 年,接受张伯苓的聘请,到南开大学商学院任国文教师兼经济研究所秘书。南开大学的校训"允公允能、日新月异"就出自吴玉如手笔。此外吴玉如还多次为南开大学题字，如"范孙楼""伯苓楼"均为吴玉如所题写。1962年，他为张伯苓夫妇合衬写碑文并书。

七七事变爆发后，南开大学奉教育部之命与清华、北大南徙合组西南联合大学，吴玉如未能随校南迁。1938年，吴玉如准备奔赴西南联大任教，途经重庆时拜谒张伯苓，被张伯苓挽留任参政会秘书，与周恩来在重庆重逢。1939年，天津遭遇严重水灾，因家中母老子幼，他向张伯苓提出辞职回到天津。

返津后，吴玉如深居简出，在天津志达中学任高三国文教师。1942年秋，吴玉如在天津永安饭店举办为期两周的书法展，展品共约300余件。吴玉如的书法经几十年磨炼钻研，融合诸家风格，取唐、宋、元、清各朝名家之长，而又以"二王"（羲之、献之）为依归，形成了端丽秀劲、遒健豪放、空灵飘逸的独特书风。吴玉如隶、楷、行、草、篆无不精能，其小楷，放大后可作为大字帖临摹，可见功力精湛。他的行书、草书，在四体书法中造诣最高，集历代名家之长，书法名家启功、赵朴初、李苦禅均给予了很高评价。

抗战胜利后，吴如玉还受聘于天津达仁学院、天津工商学院，任国文教师。在天津工商学院，他还担任中文系主任一职，直到天津解放。吴玉如在文学、文字学、声韵学、训诂学等方面的造诣很深，学生桃李满天下。吴玉如还是松滨诗社的重要成员，当时诗界文坛耆宿如陈浏、成多禄、钟广生、张朝墉等均为松滨诗社成员，每月都有雅集，依韵赋诗，相互唱和。

新中国成立后，吴玉如曾参与1958年版《辞源》的编纂，并完成了《清史稿》《宋诗纪事》《杜文澜辑古谣谚》等大量古籍的点校工作。"文化大革命"期间，吴玉如被打成"反动学术权威"。周恩来总理知悉后指示天津市委：说他"权威"可以，"反动"谈不上，要求立即解决他的生活和工作问题。在周总理的关心保护下，他被安排在天津市图书馆和文史馆工作。1976

年1月8日,周恩来总理去世,吴玉如闻讯后老泪纵横,痛心不已,随即写了悼文《哭翔宇①六十四首》,其中第一首:"十五同窗事眼前,百年到此哭谁边。终身相业清无我,尽瘁生灵百可传。"

吴玉如历任天津市政协委员、中国书法家协会名誉理事、天津市文联委员、天津市文史馆馆员,天津市图书馆特别顾问。

吴玉如多次在国内和日本举办个人书法展览会,受到国内外专家的推重赞赏。他有《吴玉如书法集》《吴玉如行书千字文》《迂叟自书诗稿》《吴玉如诗文辑存》《吴玉如册页》《吴玉如自书诗稿》《迂叟魏书千字文》《魏碑千字文》等数部专著传世。

1982年8月8日,吴玉如在津病逝,终年84岁。

参考文献:

韩嘉祥:《吴玉如年表》,《中国书画》,2003年第8期。

韩嘉祥、田正宪:《生为华夏人应重己文字——缅怀吴玉如先生》,《书画世界》,2017年第5期。

(杨秀玲)

---

① 周恩来在南开学校上学时所用名字。

喜彩苓

　　喜彩苓（1926—2005），女，原名赵淑贞，别名赵苓，天津人，祖籍河北省南皮县。其父赵玉福是河北梆子老艺人，喜彩苓自幼跟从父亲学艺，8岁随全家到东北，靠唱"野台子戏"为生，《王少安赶船》中的小孩便是她登台的第一个角色，自此开启了喜彩苓的演艺生涯。

　　童年时代的喜彩苓青衣、花旦、老旦、老生样样精通，发展全面，戏路活，又因为东北有些地方是京戏与评剧合演，故而喜彩苓也演过京戏。喜彩苓13岁时，跟评剧老艺人朱进财学戏，同时学习花旦和小生，因其天资聪慧，故极受老师喜欢，后又随评剧老艺人闫桂学习《花为媒》《哭井》等戏。喜彩苓在苦练基本功的同时，也在"偷戏"中增长技艺，通过自己默默地学习和仔细地观察，学会了许多剧目，演技也大有长进。

　　喜彩苓17岁时，在安东演出，受到评剧演员爱令君、京剧演员吕慧君、郑斌如及评剧老艺人王金香很深的影响，特别是王金香的表演对喜彩苓的影响最大，直至解放后，喜彩苓在《情探》中扮演敫桂英，在《白蛇传》中扮演白素贞等角色时，无不带有王金香潜移默化的影响。为了不断提高自己的表演技艺和演唱技巧，喜彩苓时常向京韵大鼓、铁片大鼓、八角鼓的老艺人求教，从曲艺中汲取营养，提高演唱水平。

　　1947年秋，喜彩苓随全家回到天津，在南市丹桂戏院演出，但回津后的演出并不顺利，直至天津解放后，她才获得了艺术上的新生。为了庆祝天津解放，喜彩苓赶排了多部具有革命内容的新戏，如《九件衣》《逼上梁山》等。

1950年初,喜彩苓应邀来到了哈尔滨,随后参加了哈尔滨市评剧团,从此她正式成为一名剧团的演员,并担任主要演员。她的姐姐喜彩云和妹妹喜彩燕也扮演主要配角,父亲赵玉福打梆子,哥哥赵景林拉二胡。此外,喜彩苓还与刘小楼、碧月珠、李子巍、筱达子等长期合作演出,先后主演了《小女婿》《枪毙鲍永伦》《小二黑结婚》《气贯长虹》等现代戏,也演出了《白蛇传》《情探》《人面桃花》《柳毅传书》《屈原》《赚文娟》等新编历史剧与传统剧目,其所塑造的各种性格的妇女形象,获得了极大的成功,颇受观众青睐。喜彩苓到哈尔滨以后,深受党和政府各级领导的关怀和重视,她不仅担任了哈尔滨评剧团副团长,还当选了省、市的妇女代表、人民代表、政协委员,全国社会主义建设积极分子等。

1956年,喜彩苓随剧团参加了中国人民赴朝鲜慰问团,赴朝鲜为中国人民志愿军和朝鲜人民进行慰问演出。在演出的间歇,喜彩苓聆听了许多战斗英雄生动感人的报告,英雄们的动人事迹和革命英雄主义的高贵品质在其心中打下了深刻的烙印。

1956年3月,喜彩苓光荣地加入了中国共产党,同年她当选全国劳动模范,11月喜彩苓和剧团作曲凡今航喜结连理。1957年,喜彩苓受中央人民政府委托,带领剧团,以“中国哈尔滨评剧团”的名义赴越南访问演出两月有余,其间演出了《白蛇传》《人面桃花》等剧目。

1959年春节期间,喜彩苓又随东北三省人民慰问团赴福建前线进行慰问演出。通过慰问演出,她不仅在艺术上得到了锻炼,在精神上也得到了更大的升华。她表示:过去演出现代戏往往只停留在演“戏”上,没有演出活生生的人物,自从福建回来以后,再演现代的英雄人物,她觉得在精神和感情方面得到了多方面的充实,自己在表演上更加真实自然。

1960年到1966年上半年,喜彩苓又演出了《党的女儿》《山乡风云》《平凡的岗位》等现代戏,其中一些唱腔被中国唱片社录制成唱片。

1973年,喜彩苓参加了《海南岛女兵》的唱腔设计,并开始教授赵三凤等青年演员。1975年,她参加了《迎风飞燕》《抽水机旁》等剧目的唱腔设计,并教授杨丽娟、夏洪姝等青年演员演唱,同年她还导演了《海港》选场,设计《送货路上》唱腔。1976年春,喜彩苓成为学员班的教师,为评剧事业培养接班人。在她的悉心栽培下,林晓杰、侯君辉等7名青年学员在表演和艺术素养方面获得极大的提高。1978—1979年,喜彩苓又先后排演了《祥林嫂》《白蛇传》等剧目。从20世纪80年代后,喜彩苓把全部工作的重心转移到评剧的教学上,自己多次获得优秀教师奖,她所教授的学生也多次获得表演奖项,得到各方好评。

喜彩苓的代表剧目较多,其中最为出众的当属《白蛇传》,它是喜彩苓一生中演出场次最多、演出时间最长、影响最大的一出戏。在《白蛇传》创作排演过程中,喜彩苓并没有故步自封,而是不断创新,在唱腔中吸收了其他剧种的板式,深受好评。不仅如此,在《柳毅传书》唱腔中,喜彩苓又吸收了吕剧、越剧、河北梆子、河南豫剧等剧种的音调,同评剧唱腔的传统风格有机地统一起来,进行表演创新,从而达到更好的表演效果。喜彩苓非常重视戏曲艺术中唱、念、做、舞的相互结合,将抒情而细腻的演唱与含蓄而深沉的表演协调统一,从而形成了细腻含蓄、深沉凝重的艺术风格。她的演唱声情并茂、淳朴感人,字正腔圆、以字带腔,中音丰满、低音浑厚,板头灵活、节奏鲜明,以叙事和抒情相结合的唱腔见长。

喜彩苓于2005年病逝,终年79岁。

参考文献:

北京语言学院《中国艺术家辞典》编委会编:《中国艺术家辞典·现代》第1分册,湖南人民出版社,1981年。

周宝华主编:《南皮县文史资料》第1辑,河北省南皮县政协文史委,1989年内部印刷。

(杨秀玲)

鲜 灵 霞

鲜灵霞(1920—1993)，女，原名郑淑云，河北文安人。她幼年家境贫困，全家人靠其父扛活为生。1923年，3岁的小淑云和二姐随其母逃荒到天津，其母给人缝补衣服，二姐当童工，勉强度日。

小淑云经常到邻近的戏院里"蹭戏"，和员工、演员混得很熟，一来二去学会一些跑龙套的初步技能，有时还会上妆救场。小淑云12岁那年，她家又搬到南市荣吉大街，那附近有更多戏院。小淑云经常出入其间观看碧莲花、周紫霞、陈凤娥、王月仙、林风霞等评剧艺人演出，并且学会一些评剧唱腔，掌握了一些唱念的基本要领。有一天，聚华戏院贴出《小老妈开嗙》的戏报，一位配角演员因病不能上场，小淑云意外获得上场顶替的机会，演得很圆满。戏院朱老板发觉这个丫头具有唱戏的潜质，决定把她留下来做演员，并取艺名"鲜灵霞"。

鲜灵霞学戏之初，是给当时的著名评剧演员李银顺、碧莲花、花玉兰唱娃娃生和丫鬟、彩女，鲜灵霞在台上将老演员的唱念台词、一招一式都记在心里。1934年，鲜灵霞相继拜了评剧老艺人刘宝山、刘兆祥为师，还跟小生翁雁楼学习武功。刘兆祥15岁学戏，工生行，舞台经验丰富，能演戏，能教戏，还能编剧本。他教戏时对徒弟要求特别严格。鲜灵霞在他的培养下学戏肯于吃苦，得师父无私传授，一个月内学会了《马寡妇开店》和《王少安赶船》两出戏。经过学腔、练声和吊嗓，锻炼出刚健挺拔、久唱不哑的好嗓子。

鲜灵霞"下海"当演员始于南市聚华戏院。先从演"帽儿戏"(开场第一出,垫戏)开始,起步之初并没有在观众中造成多大影响,真正成为一名广受群众欢迎的专业评剧演员,是她跟师父学会《井台会》之后。《井台会》是根据明代无名氏创作的 33 折传奇剧本《刘智远》中《汲水》一折改编的。过去只是正戏前面的一出"帽儿戏"。鲜灵霞学会之后,师父安排她在聚华戏院露演。适值数九寒冬,她按照师父讲述的剧情,做着种种表现李三娘冰天雪地到井台上挑水的艰苦动作,感情投入地唱出剧中人凄楚悲凉的不幸遭遇,赢得了观众的阵阵掌声。鲜灵霞演《井台会》一炮打响。于是她懂得了演戏必须塑造真实的人物形象,观众才能受感染。渐后,师父精益求精,反复加工锤炼《井台会》,使这出"帽儿戏"一跃而升为"压轴戏"。

进入 20 世纪 40 年代,鲜灵霞的艺术水平直线上升,很快坐上了聚华戏班头牌主演的宝座,所演《井台会》《杜十娘》《桃花庵》等戏,在天津家喻户晓。1938 年,18 岁的鲜灵霞与教她武功的翁雁楼相爱,婚后有了身孕,戏班老板以影响唱戏为借口,将他们赶出戏班。鲜灵霞生育后没出满月就练功吊嗓,不久即登台演出身段、表演、唱腔繁重的《真假牡丹》。有一次在唐山演出期间,鲜灵霞的母亲突然去世。鲜灵霞刚料理完母亲后事,戏院老板就来约她登台唱戏。那时唱戏的艺人为了生存,只能把孝字藏在心里,强忍悲痛到园子里演出。这天的戏码是《五女哭坟》,鲜灵霞扮演戏中的大姐。在"哭坟"一场中,她把失母之痛融化在人物身上,唱得声调悲惨凄楚,感情真切,观众深受感动,纷纷往台上抛物捐款,资助她缓解生活的困难。

随后鲜灵霞又经历了幼子意外死亡、被丈夫抛弃的遭遇。经历种种打击,鲜灵霞病魔缠身。但为了一家人的生活,她仍然坚持在天津国民、升平、新中央、燕乐、北洋、乐乐等戏院巡演,还曾到过张家口、青岛以及北平等地演出。那个时代,年轻的戏曲演员无论在哪儿,都是地痞流氓、官僚军阀追逐、凌辱的目标。有姿色有名气的鲜灵霞更是首当其冲。在北平,她掉进伪警察局的"陷阱",吃了官司遭通缉;在张家口,她遭到宪兵的殴打;在青岛,她因拒绝赴恶少宴请,受到砸毁"头面"的报复。

天津解放后,鲜灵霞带头成立了进步评剧团,出任团长兼领衔主演。1953年,进步评剧团改为民营公助,1958年并入国营天津评剧院,鲜灵霞被任命为副院长。

鲜灵霞成名于20世纪的三四十年代,而艺术上真正达到炉火纯青的境界,是在新中国成立后。1954年,天津市举办第一届戏曲观摩演出大会,鲜灵霞以何迟、陈元宁重新改写的新《杜十娘》报名参演。导演吴同宾指导她按照剧情需要,发挥自己潜在的能力,她一改名段"闻听此言大吃一惊"的高腔唱法,而采用如泣如诉的低沉声腔起唱,然后由弱转强,先收后放,把杜十娘的一腔愤懑宣泄得淋漓尽致。她用情感音乐重新塑造杜十娘形象,得到观众首肯,并荣获本届汇演演员一等奖。

新社会良好的从艺环境,激发了鲜灵霞的创作热情。1958年,为纪念元代戏剧家关汉卿700周年诞辰,她主演根据元杂剧改编的《包公三勘蝴蝶梦》。她在这出戏里新创的嘎调、多字"搭调"、"大悲调"等板式,新颖流畅,情感丰富,将评剧的演唱艺术又向前推进了一步。长春电影制片厂导演蔡振亚看了演出,发现了该剧的艺术价值及其现实意义,立即着手将其搬上银幕,1960年在全国放映。

过去,评剧没有以老旦为主角的剧目,也没有成套唱腔。1964年,鲜灵霞尝试主演了以老旦为主角的《夫人城》,扮演英勇善战的韩老夫人。她和音乐工作者合作,将评剧旦角与小生的唱腔融为一体,吸收京剧老旦"衰音"的演唱技巧,创造出曲调明快、苍劲奔放、简洁大方的老旦新腔,为评剧老旦行当注入了新鲜血液。鲜灵霞在剧目、表演、唱腔等方面,根据个人条件进行发挥创造,每排一出戏,都要反复修改,充实唱段内容,把握人物性格。在唱工方面,她继承前辈名家李金顺坚实粗犷的大口落子和刘翠霞宽厚朴实的唱法,大段"慢板"唱得绘声绘色,唱"快板"嘴皮子干净利落,速度快,喷口有力讨俏。她唱高腔高调,嗓音清亮激越,铿锵有力,富有感人的表现力,咬字、气口有独到之处。

鲜灵霞在党的"双百"方针的指引和新文艺工作者的帮助下,艺术水平不断提高,在演唱实践中逐渐形成独特风格,业内人士誉之为"鲜派"。"鲜派"在全国享有很高的声誉。许多演员,尤其天津的青年评剧演员,争相仿效。

20世纪五六十年代,鲜灵霞进入演艺人生的巅峰阶段,党和人民给了她很多荣誉。1954年春季的一天,毛主席来到天津,在干部俱乐部接见戏剧界代表,其中有鲜灵霞。1955年秋天,周恩来总理来津检查工作,指名要看鲜灵霞演《杜十娘》。看完戏,总理握着鲜灵霞的手说:"谢谢你,演得很好。以后有机会再看你演《井台会》。"1956年,鲜灵霞随天津评剧团赴朝鲜执行中朝文化协定,在平壤、开城、文山等城市演出她的拿手戏《杜十娘》和《井台会》。她将优秀的中国戏曲传播到异国的舞台上。1957年,鲜灵霞被天津市文化局和文艺工会评为先进工作者;1960年4月出席天津市文教系统群英大会,她曾当选为天津市第一至第三届人大代表和第一至第三届市政协委员。

"文化大革命"期间,鲜灵霞遭受迫害。"文化大革命"后,鲜灵霞仍热情关心着评剧新人的成长。马淑华、李秀云、崔连润等新一代评剧艺术家所演《杜十娘》《包公三勘蝴蝶梦》《回杯记》等"鲜派"名剧,都曾得到鲜灵霞亲授。

1993年8月1日,鲜灵霞因病去世,终年73岁。

参考文献:

赵德明:《鲜灵霞艺术人生》,中国戏剧出版社,2009年。

息国玲著,崔双环编:《评坛春秋广播纪行》,百花文艺出版社,2011年。

天津市政协文史委编:《近代天津十大戏曲家》,天津人民出版社,2014年。

（甄光俊）

萧　乾

　　萧乾(1910—1999)，原名肖秉乾、萧炳乾，北京人。萧乾出生于北京东直门内北小街一个蒙古族家庭。他的父亲在他出生之前的一个多月前去世，作为遗腹子的萧乾跟随寡母寄居在三叔家生活。生活虽然窘迫，但是妈妈很重视他的教育。萧乾6岁时，妈妈就把他送到私塾读书。由于家境贫寒，10岁时，萧乾插班到崇实小学三年级半工半读。后跳班升入初中，16岁初中毕业，考进北新书局，成为一名练习生。后因他鼓动两个徒弟一起为改善待遇而"罢工"，被书局开除。于是他又返回母校崇实中学读高中。

　　1926年，萧乾经人介绍秘密加入共产主义青年团，并在学校公开组织"少年互助团"。后来有人告密，萧乾被捕。后经家人向崇实中学的美国校长哀求，才得以释放。1928年北伐军进驻北京，形势发生变化。萧乾被推选为学生会主席兼校刊主编。1928年，距离高中毕业只有半年的时候，萧乾却由于参加学生运动被学校开除。他离开北平到汕头，化名萧若萍在角石一家教会学校当了国语教员。他在这里爱上了一个女学生，饱尝了爱情的甜蜜和苦涩。他唯一的长篇小说《梦之谷》就是根据这段经历写成的。1929年6月，萧乾返回北平进入燕京大学国文专修班。这一年，萧乾旁听了来自清华大学的客座教授杨振声的现代文学课，并在杨振声的鼓励下开始文学创作。此外萧乾还去旁听了英文系包贵司教授的英国小说课，收获也很大。萧乾在燕大勤工俭学的工作之一就是教外国人学中

155

文。这期间，他结识了美国青年威廉·阿兰，并合作办了一份名为《中国剪报》(*China in Brief*)的刊物。萧乾负责介绍当代中国文学的部分，他选译了鲁迅、茅盾、郭沫若、闻一多、郁达夫等人的作品片段，并为沈从文出了一个专辑。

1930 年，萧乾在同学杨刚的介绍下进入辅仁大学英文系读书，并给系主任当助理，在系主任的鼓励下为英文的《辅仁学报》翻译现代中国文学作品，并开始在《大公报·文艺》及《水星》等报刊发表一系列短篇小说。1933 年，萧乾转入燕京大学新闻系读书，在这里结识斯诺夫妇，他和杨刚帮助斯诺把沈从文、巴金等 13 位作家的作品译成英文，经斯诺润色定稿并收在现代中国短篇小说选《活的中国》中。同年，他结识了当时住在燕京大学的巴金。在燕大的这几年是萧乾在文学创作和翻译上不断长进的阶段。他一生写过 28 篇短篇小说，其中大部分是在未名湖畔写成的。

1935 年 6 月中旬，萧乾刚从燕京大学毕业，就受《大公报》社长胡政之的邀约来到天津工作。萧乾的工作是编报纸《小公园》，兼发包括《文艺》在内的其他副刊。自从萧乾接手《小公园》之后，这一版就由茶余酒后的小品，成为新文艺园地。之后他又在刊物上开辟书评专栏，同时又开辟"文艺新闻"栏目。于是这一年的《小公园》就变得颇为热闹，既有以严文井为代表的多位北方新秀的文章，又刊登了南方知名作家叶圣陶、巴金、冰心等人的近作。1936 年秋，萧乾全面负责沪、津两地的《大公报·文艺》。这期间，萧乾还兼任旅行记者，去过国内许多地方，借此了解中国社会的状况。

九一八事变之后，萧乾离开报社，跟着杨振声和沈从文经由武汉、湘西到达昆明。不久之后，胡政之社长给萧乾写信，应读者要求《文艺》复刊，要求萧乾遥编。1938 年 8 月，他又要求萧乾远赴香港，编香港版《大公报·文艺》。1939 年 9 月，萧乾应伦敦大学东方学院之邀去英国教授中文。此行得到胡政之社长的支持，报馆替他垫付了旅费，不过萧乾需用旅行通讯抵偿。

1940 年,萧乾应邀赴伯明翰为公谊会举办的为期 3 个月的速成班教课,其学员是公谊会为了支援中国抗战培养的救护工作者。1941 年太平洋战争爆发之后,英国广播公司约请一些驻伦敦的盟国记者用各自的母语向本国听众广播。广播的内容为欧战局势以及英国为战争所做的努力,萧乾应邀参加了这项工作,每周二向重庆方面广播。后来远东组组长还邀请萧乾对美国及印度做过文学范围内的专题广播。1942 年夏,萧乾辞去东方学院的教职,进入剑桥大学皇家学院成为一名研究生。萧乾在剑桥的导师是乔治·瑞蓝兹,主要研究的方向是英国心理派小说。

1944 年 6 月,萧乾毅然放弃了即将取得的硕士学位离开了剑桥,担任《大公报》驻英特派员兼战地记者。他在伦敦市中心的舰队街为《大公报》开设了办事处,用于向重庆拍发电报和邮寄通讯。1945 年 3 月,萧乾随美军第 7 军向莱茵河进发;5 月他又赶到美国旧金山采访联合国成立大会;7 月初又奔回德国采访波茨坦会议;10 月上旬,他第三次赴德国采访对纳粹战犯的审判,踏访了巴伐利亚州的美、法占领区,并根据这次采访的见闻和感受完成了长篇特写《南德的暮秋》。这段时间他还写了《银风筝下的伦敦》《矛盾交响曲》等描写欧洲人民反法西斯斗争的通讯报告。以后据此段人生经历写成一部报告文学集《人生采访》。

1946 年 5 月,萧乾回国,参加上海、香港两地的《大公报》工作,并兼任复旦大学英文系和新闻系教授。他在《大公报》的主要工作是写国际性社评。1947 年 2 月,萧乾根据自己 1945 年的访美见闻和感受完成了特写《美国散记》。1948 年,萧乾还秘密参加了香港地下党的对外宣传刊物——英文版《中国文摘》(*China Digest*)的编译工作。

新中国成立之初,萧乾参加了国际新闻局的筹备工作,先后在《人民中国》《译文》《文艺报》、人民文学出版社任职。1950 年赴湖南采访土改运动,并赶写了长篇特写《土地回家》(*How the Tilles Win Back Their Land*)连载于英文版《人民中国》上,后被陆续翻译成日、法、德、波、印尼等 11 种文字出版。1955 年之后,萧乾开始翻译世界名著。1956 年是萧乾翻译高产的一年，他翻译了《莎士比亚戏剧故事集》《好兵帅克》《大伟人江奈生·魏尔德传》等等。正当萧乾的翻译生涯渐入佳境之时，1957年6月，萧乾被打成"右派分子"，被下放到唐山农场劳动，直至1961年回到北京。1963年，萧乾经由人民文学出版社出版了译著《里柯克小品选》。

"文化大革命"时期，萧乾遭受迫害，所藏图书、研究资料及文稿全部遗失。1978年，萧乾开始着手翻译易卜生诗剧《培尔·金特》。1979年，作家协会为萧乾平反。同年4月编选《萧乾散文特写选》，并写长篇文学回忆录《未带地图的旅人》作为代序。5月，萧乾开始着手编辑《杨刚文集》。1980年，萧乾又发表一篇文学回忆录《一本褪色的相册》。1982年，萧乾发表散文《挚友、益友和畏友巴金》，其后又一篇长篇文学回忆录《在洋山洋水面前》发表。

改革开放后，萧乾的翻译实践活动迎来了新的发展机遇和高潮。此时已是译著等身的萧乾将翻译工作重点放在了提升中国翻译理论水平和培养翻译人才上。为此，萧乾撰写了大量专题文章，如《文学翻译琐议》《漫谈文学翻译》《我的副业是沟通土洋》等等。1990年8月，萧乾与夫人文洁若女士合作翻译了英国著名作家乔伊斯的代表作《尤利西斯》，历时4年。

萧乾曾任全国政协第五至第九届委员，第七、第八届常委，中国民主同盟中央参议委员会副主任，第五、第六届常委，中央文史研究馆馆长，中国作家协会理事、顾问，中国翻译工作者协会名誉理事等职。

1999年2月11日，萧乾逝世，终年89岁。

参考文献：

王嘉良：《萧乾研究述评》，《中国现代文学研究丛刊》，1997年第3期。
《萧乾回忆录》，中国工人出版社，2005年。
李娟：《萧乾的翻译成就与思想概述》，《兰台世界》，2013年第4期。
萧乾：《文章皆岁月》，重庆出版社，2015年。

（冯智强）

萧 采 瑜

萧采瑜(1903—1978),字美西,别号美洗,山东胶南人。1903年7月出生于胶南县一个贫苦农民家里。6岁时就读于村中小学校。10岁时参加全县初级小学生会考,名列全县榜首。因家庭经济困难,其父不得不让萧采瑜辍学,学校老师深感痛惜,亲自到家做工作。在学校资助下,他才顺利小学毕业。

数年后,萧采瑜考入山东济南第一师范学校。1925年他从该校毕业时已年满22岁,同年考入北京师范大学预科,两年后转入该校英语系,由于缺乏经济来源,不得不在求学期间兼做中学教员和担任家庭教师,以维持生活和补贴家用。1931年毕业,获学士学位,在北京和山东的中学任英语教员。

萧采瑜酷爱自然科学,1933年他回到北京师范大学,在生物系用一年半的时间修完四年基础和专业课程。1935年萧采瑜应邀担任新成立的济南乡村师范学校校长。翌年9月,他进入美国俄勒冈州立大学农学院学习,主攻昆虫学,1938年获农学硕士学位。当年转入美国艾奥瓦州立大学(Iowa State University)动物与昆虫学系,攻读博士学位,在著名的盲蝽科昆虫分类学家耐特(H.H.Knight)教授的指导下从事半翅目昆虫(盲蝽科)的分类研究,并以《中国盲蝽科昆虫分类》论文于1941年获理学博士学位。

萧采瑜准备回国时,太平洋战争爆发,他只好在俄勒冈州立农大、美国国会图书馆、美国农业部、博物院等部门从事教学科研工作,为美国昆虫学会会员、Sigma xi 和 Phi sigma 科学学会会员。[①] 1943 年,萧采瑜转至华盛顿美国国家自然博物馆和美海军部医务局(Bureau of Medicine and Surgery,U.S.Naval Department),作为昆虫学研究员从事太平洋地区传病昆虫区系和流行病的调查研究工作。

1946 年冬,应南开大学张伯苓校长聘请,萧采瑜与夫人綦秀蕙一起回国。綦秀蕙是山东省利津县人,比萧采瑜小 3 岁,1938 年 9 月—1940 年 7 月在美国艾奥瓦州立大学读书并获得硕士学位,主攻植物学专业。回国后,萧采瑜在南开大学担任生物系主任,綦秀蕙也在该校生物系工作。

在重建生物系的工作中,面临着经费严重不足和人员短缺的困难。萧采瑜开设动物学、昆虫学等课程,他献出了从国外带回的十几台显微镜,自己动手制作动植物标本,建立实验室,亲自进行实验教学。

萧采瑜潜心于昆虫分类学的研究工作。有时为确定一种昆虫的分类属性,需要花费很长的时间,需要查阅许多的国内外相关的资料。因为工作的需要,他先后掌握了英、德、日、俄、法、拉丁等 6 种专业外文,他还与 10 多个国家的昆虫学专家、学者建立了联系,彼此交换论文和文献资料。

萧采瑜注重抓生物系的建设。他制定了生物系的详细发展规划,并积极推进教学与科研相结合的动物生理学、植物生理学、水生生物学、昆虫学等专门化,组织师生员工自制实验设备,外出采集动植物标本回来自行制作成可收藏的标本,并积极扩建教学科研的实验室和标本陈列室,还安排师生积极开展与实践相结合的教学实习与生产实习。

新中国成立后,萧采瑜先后担任天津市中苏友好协会秘书长、天津市生物学会理事长、中国昆虫学会理事、天津市昆虫学会理事长、河北

---

① Sigma xi,科学研究学会,是于 1886 年成立于康奈尔大学的非营业性荣誉学会。Phi sigma,1915 年成立于艾奥瓦州立大学,是一个生物科学学会。

省人民代表、河北省政协委员、天津市第一至第四届人大代表等职。他从1952年8月至1978年6月，长期兼任天津自然博物馆馆长。1958年，中共河北省委特批准他成为中国共产党党员。

20世纪50年代中期，为了解决、我国危害棉花的盲蝽问题，萧采瑜着重收集和研究我国各棉区的盲蝽材料，先后写出《中国盲蝽科分属检索表》《我国北部常见苜蓿盲蝽属种类初记(半翅目，盲蝽科)》和《中国棉田盲蝽记述》(与孟祥玲合作)等3篇论文，为我国棉花盲蝽的防治提供了科学依据。与此同时，萧采瑜利用中国科学院的标本收藏以及当时中苏生物考察队采自我国西南边疆的大批标本，从盲蝽科昆虫又扩展到在经济上有重要意义而且比较常见的缘蝽科昆虫的研究，陆续发表该科分类学论文12篇，建立了数个新属，发现了一批新种，并且提出了若干学术上的新见解。随后萧采瑜陆续拓宽开展了姬蝽科、红蝽科、大红蝽科、扁蝽科、跷蝽科等类群的分类研究工作，尤其是在解决疑难的姬蝽科分类等问题上，取得了显著的成绩。

20世纪60年代中期，萧采瑜又开始了猎蝽科的分类研究。在他带领下的南开大学生物系的昆虫教研室，已收集了从全国各地采集来的半翅目标本数万个。从事半翅目各科研究的人员梯队也已具有相当的规模，并连续培养数届昆虫学专业本科生及研究生，在国内形成了以萧采瑜为学科带头人的半翅目昆虫的研究中心，这也是该校生物系不同于其他兄弟院校办学的特色所在。南开大学昆虫学研究室为国家目录基础科学—昆虫分类学特殊学科点的建设和人才培养所做出的要求"，与萧采瑜为之奋斗一生所打下的基础分不开。

1973年，在广州召开的"全国动物志会议"上，决定由萧采瑜主编《中国蝽类昆虫鉴定手册》，于1977年完成了该书的第一分册《半翅目异翅亚目》，于1981年出版第二分册。萧采瑜先生的两本力作，获国家教育部科技进步一等奖。

萧采瑜一生先后在美国和中国的生物学杂志上发表有关中国半翅

目昆虫分类研究论文 70 余篇,发现了 400 多个新种,填补了大量空白,成为中国半翅目昆虫研究领域的重要开拓者和奠基人之一。并先后与 30 多个国家的 50 多位同行进行过资料和标本的交换,为外国鉴定了大量的蝽类昆虫标本。

1978 年 6 月 27 日,萧采瑜病逝,终年 75 岁。

参考文献:

曾涤:《昆虫分类学和生物学家萧采瑜》,载王文俊主编:《南开人物志》,南开大学出版社,1994 年。

杨竹舫:《著名昆虫生物学家萧采瑜》,载天津市政协文史委编:《近代天津十二大自然科学家》,天津人民出版社,2011 年。

（张绍祖）

萧 公 权

萧公权(1897—1981),原名笃平,自号迹园,笔名君衡,江西泰和人。萧公权幼年就读于私塾,精读中国传统典籍,国学基础坚实。1915年入上海中国基督教青年会中学学习。1918年考入清华学校高等科,五四运动中曾参与创办《民钟日报》。

1920年,萧公权自清华大学毕业,后赴美留学,就读于密苏里大学和康奈尔大学。留美求学6年,在密苏里大学师从乔治·霍兰·萨拜因(George.H.Sabine)学习政治哲学,后又到康奈尔大学,受业于弗兰克·梯利教授(Frank Thilly),以《政治多元论:当代政治理论研究》一文获博士学位。该文于其毕业次年便由伦敦圣保禄书局出版,并被收入"国际心理学哲学及科学方法丛书"。此书广受佳评,如该书所批判对象之一的拉斯基就撰写书评称赞此书"才力与魅力兼具,是过去五年出版的政治学著作中的罕见佳作"[1],可见萧公权在西方政治哲学上的造诣之深。他在学成回国途中便有志于中国政治思想史的研究,他说:"我今后要利用留美所受的一点训练,多得的一点知识,去从长研究中国文化。我在美国曾研究西洋政治思想,我回国后的主要工作当是中国政治思想的研究。"[2]

1926年,萧公权回国赴天津受聘于南开大学。当时国内有关中国政

---

① 吴韵曦:《拉斯基与民国思想界》,载山东大学当代社会主义研究所主办:《当代世界社会主义问题》,2012年第2期,第26—33页。

② 萧公权:《问学谏往录》,中国人民大学出版社,2014年,第44页。

治思想史的成书论著虽有梁启超的《先秦政治思想史》等，但中国政治思想史作为新兴科目并没有得到学界的完全认同。萧公权发现"近世欧美学者辄轻视中国政治思想……或谓中国无政治思想，或谓其浅陋零碎不足观"①，甚至一些中国同行学者也说"中国几无政治思想可言"②。这种西方学者的相薄和部分中国学者的相轻姿态，构成了萧公权研究中国政治思想的背景。对此，萧公权认为中国不仅有其政治思想，且其思想也具有不可否认的价值。他认为西方学者对中国的文字学术、典章制度难有亲切之体会，且西方政治学者讲究知识系统与纯理论，而中国传统学术则偏重实时致用，难以产生超越时地的创说，这种本于"致用"的中国传统学术使得中国政治思想属于政术范围者多，属于政理范围者少。这也构成了中国政治思想有别于西方政治思想最显著的特点，即"重实际而不尚玄理"③。萧公权在南开大学任教的3年中，先后教授"政治学概论""比较政府""法理学""西洋政治思想""中国政治思想""社会演化论"等课程。南开大学是他有关中国政治思想研究与教学的起始之地。

自1929年起，萧公权先后执教于沈阳东北大学、北京燕京大学以及清华大学。1932年，正当萧公权在清华大学为准备中国政治思想史课程选辑《中国政治思想史参考资料辑要》时，社会上出版了不少以"中国政治思想史"命名的专著，但这些著作在萧公权看来多是"臆说曲解"的书。因此，萧公权编辑《中国政治思想史参考资料辑要》，根据理论价值来选定自先秦至清末诸家著述，作为后来研究中国政治思想史的基础材料。

1937年抗日战争全面爆发，萧公权举家漂泊于西南，先后任教于成都四川大学、光华大学等校。其间曾乡居二年，完成《中国政治思想史》。萧著《中国政治思想史》共有5编，共涉及上自文献可证之晚周，下迄辛亥革命期间的60余位思想家及相关政治思想的精要，就政治学观点进行分类

① 萧公权：《中国政治思想史》，中国人民大学出版社，2014年，第559页。
② 钱端升：《政治学》，《清华周刊》，1925年第17期。
③ 萧公权：《中国政治思想史》，中国人民大学出版社，2014年，第37页。

证引,加以综合和分析,夹叙夹议,文字贯通,极有系统。该书被国民政府教育部审定为"部定大学用书"。

在萧公权看来,中国政论变化虽比不上欧洲那般剧烈,但也有显著的变化,并且有迹可循,而西方的上古、中古及近代的分期法也不适合于中国政治思想史的研究,他认为中国政治思想史应该有其自身的演变发展特色。故此,他根据思想演变之大势将中国政治思想史分为四大段落:(一)创造时期,自孔子降生至始皇统一为时约 300 年;(二)因袭时期,自秦汉至宋元为时约 1600 年;(三)转变时期,自明初至清末为时约 500 年;(四)成熟时期,自三民主义之成立以迄于今。这种分法的依据主要是中国政治理论资料,来确认政治思想自身内在的演变,展现的是一个有机而动态的发展变化过程,体现出中国政治思想的发展史。

1948 年,萧公权当选民国政府第一届中央研究院院士。1949 年底赴美出任西雅图华盛顿大学教授,1968 年循例退休。1981 年 11 月 4 日,逝世于美国西雅图寓所,终年 84 岁。

萧公权著述有《政治多元论》、《宪政与民主》、《中国政治思想史》、《中国乡村》(英文)、《问学谏往录》、《康有为变法与大同思想研究》(英文)。其著述经其弟子汪荣祖辑成《萧公权全集》,计 9 册。

参考文献:

萧公权:《政治制度与政治思想》,《东北大学周刊》,1930 年第 101 期。

陈安仁:《中国政治思想史大纲》,商务印书馆,1932 年。

萧公权:《迹园文录》,中国人民大学出版社,2014 年。

(王 进)

小 兰 英

小兰英(1878—1954),女,原名姚佩兰,小兰英是她的艺名。祖籍直隶省香河县,出生于贫苦人家,久居天津城内,幼年饥寒交迫,后迁居北京。

1884年,6岁的小兰英经其舅父介绍,加入天津宁家坤班科班,跟随正、副班主宁宝山及小红梅(即杨红梅)学艺。宁家坤班为早期梆子坤班,在宁宝山的带领下,该班光绪年间长期在天津演出,在演出中培养出不少有才艺的女伶,其中就包括小兰英、宁小楼等女演员。当时,宁宝山夫妇无亲生儿女,为人又很正直,于是便收小兰英为干女儿。小兰英虽然出身贫寒,但非常有灵气,极其聪慧,宁宝山夫妇十分喜欢,对小兰英倍加爱护。小兰英从小就很聪明,虽不演戏,但她认真看,认真听,很快许多戏都会唱了。按照坤班惯例,习艺不分行当,故小兰英开蒙虽为正工老生,但除旦角及红生戏外,无论老生、小生、武生,甚至铜锤及架子花脸,无不擅长。尤其难得的是,小兰英演老生无"雌音",演花脸有"炸音"。出科后小兰英即以坤角老生在津挑班演出,行踪遍及津、京、沪、汉、鲁、豫以及东北等地,影响广泛。

1900年以后,河北梆子女演员大批涌现,其中著名的就有小兰英。小兰英的戏路以宽博著称,并以中期宗汪(汪笑侬)派时为最佳阶段,曾受到汪笑侬的悉心指教,拿手剧目为《哭祖庙》《受禅台》《打严嵩》等。小兰英还曾与杨小楼合演《连环套》(饰窦尔墩),与李吉瑞合演《巴骆和》,与盖叫天合演《八蜡庙》等,蜚声天津舞台,备受观众欢迎。

民国初年,小兰英与清末著名梆子演员姚长海(艺名一斗金)结婚,组成"夫妻班"。在小兰英的悉心栽培下,两个女儿都非常刻苦用功,长女姚玉兰,工青衣花衫、正工老生等,在上海红极一时,后嫁杜某,晚年独居香港;次女姚玉英亦工京剧,花脸、丑、小生兼工,但却早早去世。姚玉兰12岁就正式登台演出。14岁时到烟台演出,妹妹姚玉英也学成出师,两人同时演出《虹霓关》,一人唱王伯党,一人唱东方氏,到二本两姐妹又互换角色,分别饰演丫鬟和东方氏。姚玉兰还能演关公,当时坤伶能演红生戏的极少,她则每唱必红。姚玉英曾和母亲、姐姐合演《群英会》带《华容道》,小兰英前饰鲁肃后饰曹操,姚玉英前饰周瑜后饰周仓,姚玉兰能演关公,一时被传为佳话。

小兰英夫妇曾组夫妻班远去新加坡及南洋群岛献艺,颇有影响。后因众多变故——儿子病死,两个女儿一死一嫁,遂解散戏班。为求得精神的解脱,小兰英曾两度出家为尼,信佛修行以后,法号为"兰了缘",因不出家修行,又称"兰大居士"。她也曾劝说丈夫姚长海遁入佛门,姚长海不肯,加上其他一些原因,最后导致了夫妻感情的破裂。

新中国成立后,小兰英一改往日的悲情,开始热心公益事业。抗美援朝战争爆发后,1951年7月,她以"兰大居士"的名义参加义演,为志愿军捐献枪支大炮,此次演出受到了政府和人民的高度评价。

1953年,小兰英从上海回到北京后,人民政府把她的工作安排到中国戏曲研究院。在党的文艺方针的感召下,小兰英于北京组建了"新声京剧团",重登舞台。同年,北京戏曲界组织为抗美援朝合作义演《龙凤呈祥》,她与梅兰芳(饰孙尚香)、盖叫天(饰赵云)等名角合作,饰演刘备,声誉不减当年。

1954年,小兰英因病逝世,终年76岁。

参考文献:

张聊公:《听歌想影录》,天津书局,1941年。

吴同宾、周亚勋主编:《京剧知识词典》,天津人民出版社,1990年。

中国戏曲志编辑委员会:《中国戏曲志·辽宁卷》,中国 ISBN 中心出版,1994年。

中国戏曲志编辑委员会:《中国戏曲志·天津卷》,中国 ISBN 中心出版,2000年。

王光武:《小兰英轶闻》,《团结与民主》,2002年第10期。

（齐　悦）

谢　添

　　谢添（1914—2003），原名谢洪坤，曾用名谢俊，天津人，祖籍广东番禺。1914年6月18日谢添生于天津马家口菜市街。父亲谢商霆年轻时就到天津谋生，是京津铁路机务段的铁路员工。父亲读过两年私塾，为人乐观，喜欢手工活，下班回到家，经常拿起锯和刨子干一些木匠活，还喜欢雕刻、画画、吹笛子，琴棋书画、竹雕篆刻无所不能。父亲的多才多艺及幽默风趣，尤其是对广东音乐的酷爱，深深感染了谢添，他经常用父亲的笛子、箫和旧二胡轮番吹奏。

　　1915年，在津广东籍商人发起筹建"广东音乐会"。该会经常在闽粤会馆和广东会馆内活动，使广东音乐在天津市民中产生了广泛影响。小谢添常常跟着父亲和哥哥到广东会馆参加"广东音乐会"演出，他能熟练地用二胡拉出《雨打芭蕉》《小桃红》等名曲。小谢添还喜欢趴在桌前看父亲画画，时不时也拿起笔在画上添添乱，慢慢地也就练出了一点画画的功夫。父亲喜欢京戏，小谢添经常跟着父亲去戏园听戏，有幸目睹了京剧艺术大师梅兰芳、周信芳的表演。

　　谢添接触电影是从4岁开始，他的母亲沈玲是一位通情达理的家庭妇女，不识几个大字，但最爱看电影。一有新片上映，她就带着谢添奔向电影院，鲜活灵动的银幕，常常带给谢添无限的遐想和吸引力。不满5岁的他，对电影有一种特殊的心灵感应，当他哭闹时，母亲只要说带他去看"贾波林"（当时天津人将"卓别林"译作"贾波林"），他立刻便安静下来。

谢添迷恋卓别林的电影，经常吵着母亲带他去看"贾波林"，有一次竟然连看4场。这对于一个有6口人的铁路员工家庭来说，是一笔不小的额外开支。慈爱温良的母亲为了使小儿子高兴，又不使家庭生活受影响，她一方面精打细算地过日子，一方面在外头揽些私活，给菜市场和腊味店加工肠衣，双手长期浸泡在碱水里又红又肿，积攒下一个个的铜子既能补贴家用，又能满足儿子看电影的要求。

小谢添不光是看戏看电影，回家后也学着表演。看卓别林，学卓别林，演卓别林，是他最喜欢的事。有时吃完晚饭，他都不忘在全家人面前学一番卓别林，逗得全家人开怀大笑。有时还吸引邻居前来驻足观看，大家给他取了个外号叫"小卓别林"。除了喜欢卓别林的电影，谢添还对范朋克主演的电影非常感兴趣，尤其范朋克在《月亮宝盒》中出色的演技，高超的武打动作，加上简单的电影特技，让谢添看得如痴如醉。随着年龄的增长，谢添已是十六七岁的青少年了，他由专看喜剧电影开始转向主旋律电影。

谢添登台是从中学时代演戏开始。当时他就读于天津英文商务专修学校。20世纪30年代前后，天津的校园戏剧开展得红红火火，出现了不少业余话剧团体。1934年，谢添与鲁韧、张客等好友在津组织了鹦鹉剧社和喇叭剧社，上演田汉、曹禺等人的剧作。他先后参加了《颤栗》《江南小景》《女店主》《雷雨》等话剧演出，在《雷雨》中曾饰演过周朴园、周萍、周冲、鲁大海、鲁贵等5个角色。在《颤栗》中饰演犯人，在《江南小景》中演弟弟，在《女店主》中演警察局长。他还租了当时津城享誉盛名的春和戏院与新新影院演过几出话剧。无论在演出、舞台布景还是音乐方面均展现出了他的艺术才华。后来，鹦鹉剧社和喇叭剧社由于经济来源匮乏，无力维持生计而解散。但这段舞台演出经历让谢添对话剧艺术有了初步尝试和体验。唐槐秋率领中国旅行剧团多次来津演出，也带来一些好剧目、好演员，谢添更加深了对现代话剧艺术的重新认识，同时他还结识了该团演员陶金、白杨、唐若青、赵慧深等人。

170

在谢添的电影生涯中,沈浮是他最终走上银幕的引导者。谢添除了喜欢看电影,还喜欢写电影评论。20世纪30年代,天津出版的《国强报》,由资深导演沈浮担任该报副刊《鲜货摊》的编辑,该副刊版面活跃,文字庄谐并重,经常刊载影剧评论,很受读者欢迎。谢添不仅是《鲜货摊》的忠实读者,还是忠实撰稿人,由此他与沈浮相识相知。他们都有一个共同的爱好就是喜欢卓别林,而且看过所有卓别林的电影,一谈到卓别林,两人就来了兴趣,从此成了终生挚友。在谢添眼里,沈浮就是一位艺术修养很深的师长,在他后来从影的经历中,沈浮又一次次地给了他帮助,成为他在事业上最重要的引导者。

1935年,谢添从英文商务专修学校毕业后,靠自己的画画技能考进了一家广告公司。不久沈浮让他到上海谋生,谢添于1935年底离津赴沪,他先加入狮吼剧社,参加了《名优之死》《群鬼》《贫非罪》等话剧的演出,并担任主角。1936年,谢添初登银幕,在明星影业公司拍摄了《马路天使》《夜会》《清明时节》《生死同心》等影片,并主演了《母亲的秘密》《梦里乾坤》等影片。

1937年,"八·一三"淞沪抗战后,谢添在沈浮的介绍下加入上海影人旅行剧团赴四川、重庆等地。1939年,他在西北电影制片厂担任演员,参加拍摄了影片《风雪太行山》,并在沈浮编导的话剧《重庆二十四小时》《小人物狂想曲》《金玉满堂》中担任重要角色。抗战胜利后,他与沈浮一起回到北平,在"中电"三厂合作拍过《圣城记》《追》两部影片,沈是导演,谢是主角。新中国成立后,谢添进入北京电影制片厂,先后在《新儿女英雄传》《六号门》《林家铺子》《无穷的潜力》等多部影片中饰演过不少性格迥异的角色。1958年,在影片《林家铺子》中,谢添成功地塑造了林老板这个既是被压迫、被剥削者,又是压迫、剥削者的旧社会小商人的艺术形象。谢添一生饰演的银幕人物无数,他能准确地把握每一位特定人物的复杂心态,并使每个人物的形象都独具风采。

谢添导演的影片有十余部,其中《小铃铛》《甜蜜的事业》《茶馆》《七品芝麻官》等相继获奖。1982年,谢添成功将老舍的名著《茶馆》搬上了银幕,获1983年第三届中国电影金鸡奖特别奖和文化部1982年优秀影片特别奖。1989年,谢添导演的电视连续剧《那五》获中国电影制片厂优秀电视剧一等奖。

2003年12月13日,谢添在北京逝世,终年89岁。

参考文献:

天津市地方志编修委员会办公室、天津市广播电视电影局、天津广播电视电影集团编著:《天津通志·广播电视电影志》,天津社会科学院出版社,2004年。

任大星主编:《中国天津电影史话》,中国文史出版社,2005年。

（杨秀玲）

徐 根 元

徐根元（？—1945），河北饶阳人。他原为冀中根据地八地委干部，1944年9月，由冀中根据地八地委城工部派遣来到天津从事敌占区城市工作，任务是宣传抗日战争的大好形势和党的方针政策，组织群众开展抗日斗争，同时不断向根据地提供敌人的军事情报。

徐根元接受党的派遣后，于1944年9月随同李悦农、洛涛、高东田等人，通过党的地下交通线来到天津静海管铺头村。当时中共津南工作委员会刚刚成立，徐根元来到后被分配在津南工委第六工作组工作。第六工作组活动的范围在西郊梨园头、李七庄一带。经过深入交往，他了解到王兰庄早在抗战前就建有党的支部，并有10名经过考验立场坚定的早期老党员，只是后来由于形势的变化，他们与上级党组织失去了联系。经过深入考察和上级批准，徐根元第六工作组同这个支部建立了组织关系。从此王兰庄党支部成为徐根元进行活动的依托和堡垒。

徐根元在群众中站稳脚跟后，便向周围村庄的敌伪工作人员及其家属深入开展政治工作，宣讲抗日战争形势，指出日本侵略者即将被赶出中国，告诫他们不要死心塌地为敌人做事。同时向他们讲明党的政策，只要表面敷衍敌人内心向我，大部不抓，一个不杀，立功授奖。在徐根元政治工作的推动下，绝大部分敌伪工作人员转到抗日立场上来，为抗日活动顺利开展创造了有利条件。如徐根元每到一村进行抗日宣传，都通过伪保甲长召开群众会作掩护。在王姑娘庄、大倪庄、梨园头等村挖掘地道,也通过伪保甲长组织群众公开进行,待地道挖成后再由党员和骨干群众改道和开洞口。这样就逐渐地以王兰庄为中心,在周围各村建立起抗日民主政权;距王兰庄较远的村,也建立起由党组织控制的"两面"政权,为西郊抗日斗争的深入开展奠定了坚实基础。

抢夺敌人物资,破坏敌人殖民统治和军需供应,是对敌斗争的重要内容。当时敌人在长泰强占良田,设立大合农场,他们强迫当地农民种稻,收获的稻谷全部供应敌人军用,中国人不准食用。1944 年,在稻子收割季节,为解决群众吃米问题和支援根据地抗日战争,徐根元准备组织群众抢割大合农场稻谷。这个想法向上级汇报后得到领导批准,但向群众动员时,少数群众思想有顾虑,一怕被敌人抓住,二怕敌人报复。为了顺利进行这场斗争,徐根元同农民一起去农场干活,了解地形,侦察敌情,然后制定了确有把握的斗争计划,率领各村党员、骨干群众 200 多人,提着磨快的镰刀,扛着扁担和绳子,于一天深夜悄悄潜入稻地。徐根元指派几人放哨,然后一声令下,200 多人铆足了劲,割的割,捆的捆,扛的扛,挑的挑,3 个小时左右的时间,将 20 亩稻谷抢割精光,胜利返回村庄。这次首战告捷,极大地鼓舞了群众斗志。抢割的稻谷碾成稻米后,分给农民一部分,剩余部分通过内线换成枪支弹药,运送到根据地。

经过初战的胜利,群众劲头更足了,也有了斗争经验。随后在徐根元组织领导下,又打了几场漂亮仗。一次在徐根元组织领导下,王兰庄周围几个村的群众配合武工队,抢了唐口奶牛场 40 多头奶牛和一批物资。还有一次在武工队配合下,徐根元组织领导王兰庄周围十几个村的群众,抢割了广发、德盛窑场附近敌人近千亩稻地。敌人企图用机枪向群众扫射,却被武工队火力压制。群众在武工队的掩护下胜利返回。

1945 年 8 月 15 日,日本帝国主义宣布无条件投降,西郊人民同全国人民一道欢欣鼓舞。然而蒋介石却企图独吞抗战胜利果实,命令日军坚守原来阵地,等待国民党军受降。1945 年 8 月下旬的一天,徐根元正在王兰庄召开干部会议,侦察员跑来报告说,广发、德盛窑场的日军正在向外抢运物资。徐根元当即与梨园头武工队联系，决定组织群众夺回敌人抢运的物资。在武工队配合下，徐根元率领王兰庄周围各村群众乘船前往堵截，敌人开枪企图顽抗，被我武工队猛烈火力压了下去，敌人见势不妙仓皇向李七庄逃窜。被截获的物资有稻米、奶牛、猪和羊等，徐根元组织群众将物资装上船，自己坐在船尾护航。船行至中途，突遭潜藏敌人狙击。当敌人向船上群众开枪射击时，徐根元毅然用自己的身躯挡住敌人的子弹，献出了自己年轻的生命。

徐根元牺牲后，西郊人民极为悲痛，群众将他的遗体安葬在西郊土地上。

参考文献：

中共天津市委党史资料征集委员会编：《天津抗日英烈》，天津古籍出版社，1995 年。

（林　琳）

徐 世 襄

　　徐世襄(1886—1941)，字君彦，号朴园，天津人。徐世襄是民国大总统徐世昌的堂弟，在各个兄弟中颇受徐世昌赏识，关系比较亲密。

　　徐世襄幼年丧父，随母亲定居河南辉县，10余岁时迁居北京，先后就读于五城学堂及译学馆。1905年，载泽等五大臣出国考察宪政，徐世襄作为随员同去欧洲。后获官费留学英国伦敦大学，攻读法律，之后又到德国柏林大学及波恩大学深造，获法学硕士学位。1912年回国后，经徐世昌推荐，任袁世凯总统府秘书，后又任统率办事处秘书。1918—1925年，历任哈尔滨税务局局长，张家口烟酒公司局局长，山东海关监督等职。1925年自青岛卸任，后一直居住于北京。徐世襄早年居住在北京地安门西大街153号。这是一座五进院落，占地面积广，从地安门西大街到铜铁厂胡同，皆为其前后院。

　　徐世襄是著名收藏家，收藏有许多珍贵文物，其中最著名的两件当属明顾从义摹刻的石鼓文石砚和赵飞燕玉印。明顾从义摹刻的石鼓文石砚，现藏天津市艺术博物馆，为镇馆之宝，也是国内古代砚林中之珍品。因其仿自石鼓而得名。原为明朝宫中之物，后赏赐顾从义，顾氏在砚上摹刻石鼓文。石鼓文石砚仿石鼓而刻，高10.4厘米，直径19.5厘米，砚面刻"而师""马荐"两石文，中夹"内府之宝"四字印，砚底刻"吾水""吴人"两石文，中间凹处阴刻隶书"石鼓"二字，篆书"子子孙孙用之永保"，落款为楷书"东海顾从义募勒上石"，石砚四周并列刻"吾车""汧殿""田车""銮车""霝雨"等石文。有砚盒,砚盒用紫檀木制成,做工精细,盒盖顶雕牡丹花纹一周,中央镶嵌墨玉雕饰。盒周围有清代学者程瑶田的长跋《石鼓砚记》和孙效曾的题诗。砚底有清道光二十一年(1841)朱善旂跋语。石鼓文是中国最早的石刻文字,顾从义摹刻的这方石鼓文砚,对研究石鼓文的内容、字行排列、复原石鼓文的顺序等均具有重要历史价值,目前想看到宋代石鼓文,只有借助这方砚。

石鼓文石砚与天津的渊源与徐世襄有关。1935年,徐世襄得知石鼓文石砚在北京李氏手中,决心求购。经过一年多努力,翌年终于花重金购得。徐世襄在得到此砚后写了一篇题记刻在砚盒上,文云:"心仪此砚久矣,乙亥冬访知此砚藏于北平李氏,经估人介绍往观,价议定而又后悔,磋商数过,方有成议,乃又几为厂肆攘去,苦心力争,终于丙子二月杪始得之。翌日亲携至津,吾弟狂喜,加椟之,其宝爱可谓至矣。椟既成,乃嘱余将斯砚递藏及得之匪易并述刻之椟面,俾后世子孙宝藏之。"新中国成立后,徐氏后人将石鼓文石砚捐献于天津艺术博物馆。

徐世襄的另一个著名藏品是汉代赵飞燕玉印。印面刻有"婕好妾赵"四字,被历代收藏家视为瑰宝。该印先后由宋代王晋卿、元代顾阿英、明代宰相严嵩和几位著名收藏家收藏过,到清代时又几经辗转,后被徐世襄花重金购得。徐世襄视为瑰宝,不肯轻易示人。新中国成立后,徐世襄的夫人孟老太太将40余方汉印卖给了故宫博物院,经鉴定确实都是汉印,赵飞燕玉印由北京故宫博物院珍藏。

1941年,徐世襄逝世于北京,终年55岁。

参考文献:

萧乾主编,姚以恩、刘华庭编选:《新笔记大观》,上海书店出版社,1996年。

白鹤群:《老北京的居住》,北京燕山出版社,1999年。

李宗山:《石器史话》,社会科学文献出版社,2012年。

王爱国:《读玉随笔——探寻古玉中的历史与文化》,江苏美术出版社,2012 年。

章用秀:《天津书法三百年》,天津人民美术出版社,2013 年。

(张雅男)

徐 智 甫

徐智甫(1907—1940)，原名徐睿，字智甫，以字行，天津蓟县人。1907 年 6 月 7 日生于蓟县周官屯一个农民家庭。自幼勤奋好学，成绩优异，童年在县城第一高级小学就读，1926 年考入设在通县的河北省立师范学校上学。上学期间，在革命思想影响下，经常阅读进步书刊，秘密学习和钻研李大钊等老一辈无产阶级革命家的文章，接触了马克思主义，追求革命真理，和同窗好友王少奇、卜荣久等人在校内组织进步活动。

1931 年九一八事变爆发后，徐智甫参加党领导的反帝大同盟组织，积极投入抗日救亡运动，同王少奇、卜荣久等人两次赴香河县渠口、刘宋等村镇，向群众公开进行抗日救亡宣传。1932 年，设在保定的河北省立第二师范学校的师生开展大规模抗日护校运动。徐智甫等通县师范师生组织罢课声援，包围了前去搜查的警车，质问当局的行径。同年，徐智甫加入中国共产党。

1932 年，徐智甫从师范学校毕业后，到香河县高小任教，后又到香河县师范学校教书。任教期间，他经常对学生进行抗日救国的爱国主义教育，并把自己大部分工资捐献给抗日救国事业。他同王少奇、卜荣久等同窗好友保持密切的书信联系，互通信息，互相鼓励。1935 年"一二·九"运动爆发后，他积极组织南下扩大宣传团赴河北省农村进行抗日宣传。同年冬天，他回到家乡，以教书为掩护，进行抗日救亡宣传，引导学生和群众积极加入抗日救国的行列。1937年七七事变后，徐智甫与陈富轩一起在二区淋沿河一带建立抗日救国会分会，组织群众参加抗日救亡活动，争取团结一批开明士绅和民团骨干分子加入抗日斗争行列，使抗日救国会分会迅速发展成为一个拥有1000多人的群众性抗日组织，为发动蓟县抗日武装大暴动做了极其重要的准备工作。

1938年6月，由于徐智甫的及时通报，二区第六甲和第九甲民团团长夏德元、赵合二人带领民团队伍起义，制造了震惊敌人的马伸桥事件，拉开了蓟县抗日武装大暴动的序幕。7月14日，在邦均打响冀东西部抗日暴动第一枪后，徐智甫同李子光、陈富轩等人在二区组织举行暴动，组建冀东抗日联军第16总队，徐智甫任政治副主任，同其他暴动队伍配合八路军主力，一举攻克蓟县县城，建立抗日县政权。8月，徐智甫等人率领16总队进入蓟县、遵化一带打游击，扩充队伍，至9月下旬，将队伍发展为一支拥有三个大队、一个特务总队，共1500多人的抗日武装队伍。他重视部队练兵的同时，大力开展政治教育工作，着力提高部队的政治素质，增强战斗力，受到群众和上级领导的好评，成为冀东西部抗联部队的一面旗帜。

冀东抗日武装大暴动胜利后，徐智甫随部队到达平西根据地。1939年9月任昌（平）延（庆）联合县第一任县委书记，以"后七村"（即铁炉子、沙塘沟、慈母川、井儿沟、里长沟、霹破石、黄家沟）为中心，向十三陵地区和龙关、赤城方向延伸，发展党的组织，建立区、村政权，开辟了平北抗日根据地。1940年5月，组织昌（平）延（庆）游击队，粉碎敌人"扫荡"，保卫根据地的抗日政权。

1940年8月28日清晨，徐智甫与县长胡瑛等人在黄土梁村研究工作时被敌人包围，突围负伤后，饮弹自尽，终年33岁，后被敌人割下头颅示众。

为纪念革命先烈，解放后，中共延庆县委和县政府在他曾经战斗过的二河道村西侧山坡上，为徐智甫、胡瑛、程永忠三位烈士竖立了一座纪念碑,供人们凭吊和缅怀。在北京龙庆峡竖立的"平北抗日战争烈士纪念碑"上,还专门铭刻了徐智甫烈士生前的光辉业绩,称誉他为"革命烈士中的杰出代表"。

参考文献:

中共天津市委党史资料征集委员会编:《天津抗日英烈》,天津古籍出版社,1995年。

（曹冬梅）

严 智 开

严智开(1894—1942),字季聪,生于天津,是严修的第五个儿子。自幼在严家自办的"蒙养园"受到很好的教育,少年时在严修开办的私立南开学校读书,是南开早期的学生之一。1911 年去日本留学,开始学习音乐。1912 年后考入日本东京美术学校,学习油画。1915 年,与同学江新、陈抱一等人发起成立"中华美术协会"并举行画展。1917 年 3 月自东京美术学校西洋画科毕业,其后再次获得该校研究生资格。第二年,其父严修为他申请到官费赴美留学的名额,远赴美国哥伦比亚大学师范学院美术系学习,学习成绩优异。1919 年又考取法国国立高等美术学校学习西洋画。

1923 年,严智开回国,受聘为北京美术专门学校教师。1925 年该校改名北京国立艺专后,严智开任图画系系主任。1925 年 3 月 12 日,孙中山先生在北京病逝,经李石曾建议,治丧处请严智开为逝者翻制一石膏面模,以为今后留存逝者遗容和塑像之根据。严智开受命后,当即制出石膏"面模"。1929 年南京中山陵建成后,墓室中的孙中山先生睡卧像和祭堂内的石雕像的遗容,即是根据此"面模"制作的。[①]

1929 年,天津市政府采纳了严智开的建议,在天津筹备建立美术馆,并委派严智开筹备建馆。严智开于 1930 年赴日考察后,制定了天津美术馆的各项计划。1930 年 10 月,中国第一座公立美术馆在天津中山公园内

---

① 《孙中山先生逝后逸闻》,《今晚报》,2005 年 3 月 12 日。

成立,严智开任首任馆长。严智开为天津美术馆制定了四大目标:1.保存美术物品;2.供民众研究与参考;3.造就艺术人才;4.促进工业美术化即促进工商事业发展。美术馆在短时期内通过捐赠、寄陈、摹写等方式汇集了5000件藏品。美术馆除基本陈列外,每月举办各种不同类型的临时展览,不收门票。美术馆还举办了绘画班、雕塑班、建筑班、摄影班、工艺美术班及各种研究会。

原北京国立艺专在1928年改称北平大学艺术学院。1933年,严智开奉命将艺术学院改建为国立北平艺专,该校于1934年9月开学,严智开任校长。他在校期间设立了绘画科,设中、西两组;雕塑科,设塑造、雕塑两组;图工科,设图案、工艺两组。外设金工、木工、漆工、景泰蓝、图案实习、照相制版、印刷织染、陶瓷实习、艺术师范等。专业设置体现了严智开吸收日本实用美术学制和美术教育的理念。这种理念在学校里引起争论,结果严智开于1936年辞职回津,继续经营天津美术馆。1937年日本侵略军占领天津后,天津美术馆搬到文昌宫。

1942年,严智开逝世,终年48岁。

参考文献:

天津市政协文史委编:《天津近代人物录》,天津市地方史志编修委员会总编辑室1987年印。

(陈　克)

杨 承 烈

杨承烈(1842—1908),字藕舫,天津人。

1842年,杨承烈出生于天津,其父杨家麟为顺义县训导,杨承烈自幼跟随父亲在衙署读书,聪颖好学的杨承烈对演算之术有一种特殊的爱好。年未及20即补县学诸生。先后6次参加乡试,均未考中,心灰意冷之下的杨承烈遂绝意仕途,不再参加科举考试。其父死后,杨家更为贫穷,生活无着,顺义士子感念其父亲的恩德,多方筹集资金,为杨承烈捐得典史的官职。而性情方鲠的杨承烈,却能清贫自守,宁愿当塾师,以微薄的收入维持生计。

西方数学知识自清康熙年间传入中国以后,我国古代数学研究进入一个全新的发展阶段,中西方知识得以融会贯通。特别是天津被辟为通商口岸以后,西方文化随之输入,西方的文化、先进技术开始在天津传播,天津的地域文化中呈现出中西杂糅、相互借鉴的全方位发展的新格局。天津不仅成为传播近代西方文化的摇篮,而且形成了具有一定规模的,知识新颖、思想活跃的新的知识群体。在这样的文化氛围中,杨承烈的数学研究取得很大进展。

杨承烈潜心钻研《九章算术》,积一生之心力,博览苦思,深有造诣,成为天津人研究算学之先导。杨承烈尤其喜爱天文历法的推步之学,他遍读中外古今数学名著,尝夜登高台观测星度,每遇日食、月食时,就预为测算,对交食的分秒、体亏的方位等,列出算草,以之示人,事后验证大体无差。说明他的预报推算已达到较高的水平。1874年，明诏以算学取士，青年士子有志于算学研究者，皆来杨承烈门下求学，天津近代著名教育家李金藻即为杨承烈得意门生之一。

杨承烈积一生之心力，博览苦思，成为清末著名的数学大家。他在长期的研究中发现元代数学家朱世杰《四元玉鉴》所列《古法七乘方图》与近代数学家华蘅芳《行素轩算稿》中《开方古义》均有不足之处。他参照华蘅芳的研究方法，吸收西方数学研究中的新理念、新方法，以兼容并蓄的气魄，探索其究竟，补其欠缺，以尽应用之捷便，于1897年秋写成《开方粹》一卷，被后人誉为极富开创性和实用性的填补古代算学之缺的著作。《开方粹》与《开方古义》相比较，其数表更加完备，兼及天元术（中国古代数学列方程的方法）诸乘方、代数各次式、方积求边、直积带纵减纵各式进位完商之妙，更为简捷明了。

1908年春，杨承烈抱憾去世，终年66岁，未及见到《开方粹》的印行出版。杨承烈去世后不久，《开方粹》一书的石印本即出版，但流传甚少。1943年，其弟子李金藻为弘扬师门之学，令其外孙女婿杨宇澄出资，仿照原书铅印出版《开方粹》一书。李金藻亲自为铅印本题写封面，影印杨承烈半身遗像，内有李金藻的序及杨承烈的自识各一篇，后附李金藻的跋、杨宇澄的跋各一篇。

参考文献：

章用秀：《天津文化及其思想精华》，《天津行政学院学报》，2004年第4期。

陈宗胜、陈根来主编：《引领全球的声音：2008天津夏季达沃斯论坛参考报告》，天津人民出版社，2009年。

顾道馨：《绿波集——顾道馨著述选粹》，天津古籍出版社，2013年。

（郭登浩）

杨 光 仪

杨光仪（1822—1900），字香吟、杏农，晚号庸叟，天津人，祖籍浙江金华义乌。

1822 年，杨光仪出生于天津的一个书香门第之家。明朝，杨氏先辈随戚继光北上镇守蓟州，后世定居天津静海木厂庄。杨光仪曾祖父杨世安于清乾隆初年办理长芦盐务，杨家业盐致富，遂由木厂庄定居天津东门里。到杨光仪父辈时，家道中落。

杨光仪幼年从父读书，20 岁为县学生，30 岁中举人，选补河间府东光县教谕拣选知县。"补东光县教谕，因母老辞不赴任。"[①]其后，杨光仪先后11 次参加科举考试，均未考中，心灰意冷之下遂绝意仕途，在天津设塾授徒。他应诗人梅成栋之邀，出任其创办的天津辅仁学院的讲习、山长，讲学之外并总领院务。

杨光仪主讲辅仁学院几十年，天津"凡为操觚之士，莫不在门弟子之列"，"南北名流及当时显宦，往往闻名先施造门请谒，相与讲道论艺，欢若平生"。[②]其门下多出类拔萃之人。1883 年，画家吴昌硕（当时名为吴俊，字仓石）乘船由海道来津，拜访 62 岁的天津耆宿杨光仪，两人一见如故，相谈甚欢，过从甚为融洽，并相互赠诗留念。

---

① 上辛口乡地方志编修委员会编：《上辛口乡志》，天津社会科学院出版社，1997 年，第 103 页。
② 卞僧慧：《天津史志研究文集》，天津古籍出版社，2011 年，第 43 页。

杨光仪热心于家乡的文化教育事业,在主讲辅仁学院期间,不仅不收取学院的一文费用,而且每当学院经费不足、难以为继时,杨光仪总是自己捐款补给书院,以维持书院的正常运转。在杨光仪的学生中,很多人后来成为知名人物,包括严修、华瑞安、王守恂等人。

杨光仪写下了许多脍炙人口的诗篇。他的诗篇多以当时的现实社会为题材,充满了批判现实主义精神,他还以第二次鸦片战争为背景,创作了一批愤世之作。《河楼题壁》一诗记叙了三次大沽之战前后的社会现实,对清政府仓促应战、妥协投降的卑劣行径表示了不满和嘲讽:"络绎艨艟频入寇,仓皇将帅又登场……却喜有人能缓敌,军前几度馈牛羊。"诗人在《赘言》一诗中赞颂了在大沽抗战中浴血奋战、英勇献身的爱国将士,"战苦神弥旺,刀头带血扪,垒边飞劫火,天上返忠魂"①。

杨光仪还创作了一批诗歌,表达了对家乡的热爱,其中最著名的是《木厂庄夜归》:"回首长堤落日圆,一鞭归去暗前川。惊狐仄岸冲人过,栖鸟荒林抱叶眠。大野星光垂到地,远林镫火闪连天。无端涌出沧溟月,咫尺蓬壶思渺然。"这是他歌颂家乡木厂的诗篇,也表达了诗人从家乡返回天津城中的感受。杨光仪的诗篇多以近代社会为题材,充满了诗人的赤子之情,特别是他的《河楼题壁》《赘言》《乐将军挽歌》诸作,感怀悲时,怜民忧国,传诵一时。

杨光仪晚年在天津与梅宝璐、于士祜、孟继坤等人诗酒酬唱,组织"九老会""消寒社"等诗社,使天津诗坛盛极一时。杨光仪著有《碧琅玕馆诗钞》4卷、《碧琅玕馆诗续钞》4卷、《晚晴轩》8卷、《留有余斋》8卷、《耄学斋晬语》、《消寒集》、《津门诗钞》、《津门诗续钞》等。《碧琅玕馆诗钞》为其代表作品。杨光仪的诗,托兴寄怀,讽时感事,多有为而发,是近代天津享有盛名的诗人。

---

① 来新夏主编:《天津历史与文化》,天津大学出版社,2013年,第178页。

1900 年，杨光仪因病去世，终年 78 岁。

参考文献：

天津市西青区政协文史资料研究委员会编:《西青文史》第 6 册,1993 年内部印刷。

刘尚恒:《二馀斋文集》,天津古籍出版社,2013 年。

（郭登浩）

杨 十 三

杨十三（1889—1939），原名彦伦，字灿如，又名裕民。因他在堂弟兄中排十三，故名杨十三。他于1889年出生在河北省迁安县一个世代书香门第的家庭。他自幼聪明好学，幼年进私塾读书。读完私塾后，父亲原决定将他送进天津条件优越的学校读书，但他执意到天津直隶高等工业专门学堂附属工厂当徒工。两年后，他考入直隶高等工业专门学堂，后来转入南开中学读书。

1916年，杨十三在天津直隶省工业试验所化学工业课任技士。面对着满目疮痍、军阀混战的中国，他试图工业救国并身体力行。经调查研究，他认为芦苇是主要的造纸原料，经试验首创芦苇制浆造纸新技术，为我国开拓造纸工业新原料、新工艺做出了贡献。

1919年五四运动爆发，杨十三在天津积极参加游行示威活动。他的侄子杨秀峰，是痛打卖国贼曹汝霖的北京学生代表之一，为此遭到通缉。杨十三不顾个人安危，秘密进京，将杨秀峰接回天津养伤。五四运动中，杨十三如饥似渴地阅读李大钊编辑的《新青年》杂志中介绍马克思主义的文章，开展革命宣传活动。为实现工业救国理想，1920年，他毅然放弃直隶省工业试验所化学工业课课长职务，赴美半工半读，学习造纸专业，留学期间他考察了美国的各大造纸厂。1923年，杨十三学成回国，以其渊博的知识致力于家乡造纸工业的改革，在三里河帮助李显庭建立显记纸厂。投产以后，质优价廉，畅销国内外。此时杨十三已是名噪一时的造纸专家,任河北省工业学院教授兼斋务课主任。

1924年春,为唤起民众,他和侄子杨秀峰利用假期回到家乡,在本村的二圣庙举办农民讲习班,秘密向农民介绍南方农民运动的发展情况和国内外时事,揭露政府腐败和人民苦难的根源,以唤起农民的觉醒,反抗黑暗统治。在父亲的支持下,他用家中全部积蓄开办了当地第一所女子学校——立三私立平民女子学校。全部学生不论贫富、不限年龄一律免收学费。除了自己的女儿和侄女们,他还到附近各村逐家逐户动员农家的女子入学读书。经过不懈努力,立三女校迎来首批30多名学生,在当地开创了农家女子求学之风。

1927年,奉系军阀张作霖占据北京时期,为解除冀东7州县农民"无地有租"之苦,他不畏强暴,奔走呼吁,起草了向张作霖要求豁免不合理地租的"上书"。经过多年抗争,冀东农民负担的不合理地租终获减免。

杨十三任河北省工业学院教授期间,结识了在天津读书的洪麟阁、连以农,他非常赞赏二人利用课余时间办"千字课"班,义务给地毯厂工人看病的做法,并因此成为朋友。后来杨十三以工业学院的名义聘请洪麟阁、连以农到学院任斋务科科员兼教师,对他们的工作生活做了妥善安排。为解决平民学生生活困难的问题,他与洪麟阁、连以农一道创办了轮流帮厨、专供平民学生用膳的简易食堂"穷膳团"。

1931年九一八事变后,东北沦陷。杨十三痛愤地说:"御侮复仇,非讲求武备不为功。"在他的倡导下,河北省工业学院特别注重军训、体育、国术。1933年日军入侵华北,向长城冷口、喜峰口、古北口等地进攻,爱国军民展开了著名的长城抗战。杨十三领导学生支持声援29军长城抗战,并鼓励在北平读大学医学专业的大女儿杨效昭参加29军抗日救护队,奔赴抗日前线。

1935年"一二·九"运动中,杨十三在工业学院组织学生参加游行示威,并以教授身份走在队伍最前列,支持声援北平学生。1937年卢沟桥事变爆发,日本侵略者占领平津。侵略者的飞机扔下炸弹,河北省工业学院顿成火海,校舍和附近的民居成为废墟,海河两岸聚集着大批无家可归的难民。目睹这一切,杨十三悲愤至极,毅然投入抗日救国的洪流。他参加了华北人民抗日自卫委员会并任委员。杨十三不但拿出全部家产支持抗日,同时动员亲朋好友"有钱出钱,有力出力"共同抗日。他还带领杨效贤、杨效昭、杨效棠等子侄和学院教职员、学生组成"工字团",亲赴前线开展抗日活动。

1938年春季,杨十三受中共河北省委领导的华北人民抗日自卫委员会的委派,到冀东组织抗日武装暴动。他住在遵化县地北头村洪麟阁家,与李楚离、洪麟阁共同筹划暴动前的准备工作。在中共冀热边特委召开的田家湾子军事会议上,杨十三被任命为第三路军政治部主任。

6月,八路军第4纵队为策应冀东武装暴动,从平西向冀东挺进。在沙峪和日本侵略者激战时,参谋长李钟奇负重伤。杨十三得知这一情况后,派其堂侄杨效贤秘密护送李钟奇到天津自己家中治疗。这时日本侵略者对天津防范甚严。为保证安全,杨十三请了好友名医黎宗尧、池石卿在马大夫医院为李钟奇秘密进行治疗。手术后出院,李钟奇仍在杨十三家中疗养,由杨的夫人司湘云煎药做饭,由其次女杨效莲陪同到医院换药检查,历时一个多月。李钟奇痊愈后,重返冀东抗日前线,继续指挥部队同敌人浴血战斗。

冀东暴动原定时间是7月16日,由于汉奸告密,起义消息暴露,杨十三、洪麟阁遂将起义时间提前到7月9日。随后杨十三、洪麟阁在李楚离的帮助下,率所部千余人配合挺进冀东的八路军第4纵队作战,并一举攻克玉田县城,活捉日本侵略者驻玉田顾问石本。在玉田县城,杨十三主持召开各界人士座谈会,号召人们"团结抗日,有人出人,有钱出钱"。在杨十三充满激情的演讲中,群众抗日情绪不断高涨。冀东抗日联军第三路军很快发展到5000余人。联军所到之处,势如破竹,先后攻克丰润、玉田等县的沙流河、鸦鸿桥、亮甲店等重镇。

当时抗联战士多是刚刚放下锄头拿起武器的农民,不会打仗,更不懂得"三大纪律八项注意"。为提高抗联战士的政治素质和军事素质,杨十三抓紧进行抗联队伍政治思想建设,选派50余名干部到4纵司令部受训,使这支农民武装队伍的政治素质和战斗力得到提高。

1938年10月,冀东抗日联军奉令西撤。撤退途中遭日军袭击,洪麟阁壮烈牺牲,杨十三冒着枪林弹雨奋力突围。途中胃病发作,被迫暂回天津就医。在天津养病时,有人说杨十三参加冀东暴动失败是"秀才造反,三年不成",为此他挥笔写下"秀才抗日,坚持成功",以示他抗战到底的决心。

1938年11月,杨十三胃病稍愈,便率领长女杨效昭等人离津去找部队。1939年6月,杨十三经过艰苦跋涉,终于辗转来到太行山八路军总部。总部为杨十三召开了欢迎会,朱德总司令、彭德怀副总司令接见了杨十三,并同他进行亲切交谈。杨十三把鹿钟麟送给他的500块银圆委托八路军代表转交新华日报社用于办报。

1939年夏,日本侵略者兵分9路向八路军总部驻地大举进攻,杨十三随总部转移。残酷的战争环境和紧张的戎马生活,使他胃病复发,又适逢盛夏酷暑、阴雨连绵,得不到很好的休息和治疗,病情日益恶化。在敌情万分紧张的情况下,朱德、彭德怀和左权等每日都要探望杨十三。7月21日,杨十三随部队在太行山与日本侵略者作战转移时,因病情加重去世,终年50岁。临终前他留下了这样的遗言:"抗日的意志不能消沉,中国若没有共产党、八路军,日本鬼子是打不出去的。告诉在延安学习的那几个人(指子女们),好好学习工作。"

八路军总部在山西省襄垣县为杨十三召开追悼大会,由朱德总司令主持,彭德怀副总司令致悼词。毛泽东给杨十三送了题为《悼念冀东抗日英雄杨十三》的挽联:"国家在风雨飘摇之中,对我辈特增担荷;燕赵多慷慨悲歌之士,于先生犹见典型。"

新中国成立后,杨十三的遗骨被移葬于邯郸晋冀鲁豫烈士陵园。

参考文献：

中共天津市委党史资料征集委员会编:《天津抗日英烈》,天津古籍出版社,1995年。

（杨　颖）

杨 石 先

　　杨石先(1897—1985)，名绍曾，号石先，蒙古族，祖籍安徽怀宁。1897年1月8日，杨石先出生于杭州一个没落官僚家庭。1903年杨石先6岁时，随父离开杭州，到了济南。1908年又随家迁到天津，考入天津民立第二小学堂。1910年考取刚刚成立的清华留美预备学校。经过8年的寒窗苦读，终以优异成绩完成了清华的学业。

　　1918年夏，杨石先赴美留学，被分配至纽约州康奈尔大学学习农科，后转入应用化学科。1921年，杨石先取得应用化学学士学位后，进入研究院。1923年，当他只差一年读完博士学位时，得知由于父亲失业，家境变迁，全家生计无着，他只好接受导师的建议，用未完成的博士论文取得硕士学位，起程回国，进入南开大学任教。

　　在南开，杨石先与邱宗岳教授通力合作，担负全校化学课的教学，深得校方信任和学生爱戴。杨石先不仅非常重视基础理论的教学，而且很早就注意到对学生操作能力的培养。他常常告诫学生，只在读书方面下功夫而忽视实验是不行的，因为任何理论和假设都必须通过实验来验证，真正的知识是从实验中获得的。为此他亲自从国外购买仪器，不断完善实验设备，并经常到实验室指导学生做实验。在南开大学任教期间，杨石先编撰了《无机化学》《有机化学》讲义，其中《有机化学》是当时清华大学、北京大学和南开大学最早使用的教材。

　　1929年，他得到学校资助，再次赴美深造。张伯苓校长对他说："你是南开享受教师学术休假的第一个人。"他在耶鲁大学任研究员,进行杂环化合物合成的研究工作,因成绩出色被推选为美国科学研究工作者荣誉学会会员。1931年,他在获得化学博士学位后,取道欧洲,访问了许多著名学府。在德国,他谢绝了诺贝尔化学奖1927年得主维兰德(Heinrich Wieland)的挽留,于九一八事变前两日回国,继续在南开大学执教。

1937年7月天津沦陷,此时张伯苓校长尚在南京,学校由杨石先和黄钰生主持工作。为了保护在校人员的安全,经研究决定,100多名师生和工友立即离开学校,家眷搬往英租界,图书和设备也有计划地运出。7月29日,日军轰炸并进占南开大学,掠夺和摧毁了大部分图书仪器。杨石先和黄钰生在确认剩余的人安全撤离后,也先后撤离了学校。杨石先离开学校时,除身上一套单衣和一架照相机外,其他财物已荡然无存。

1937年9月南京政府令北京大学、清华大学和南开大学迁往湖南长沙,合组为国立长沙临时大学。到长沙后,杨石先立即投入组建临时大学的工作。11月1日,临时大学正式开学,杨石先担任了化学系主任。随着上海和南京的沦陷,长沙也遭到了日军的连续轰炸,临时大学被迫再次迁移。新校址选在云南昆明。杨石先与北京大学经济学教授秦瓒、清华大学建筑学教授王明之,分别代表三校并文理工三科,先行去昆明安排相关事宜。

西南联大时期,杨石先被推选为理学院化学系和师范学院理化系主任,1943年任教务长。当时因为张伯苓校长常驻重庆,他和黄钰生便共同代理南开在联大的事务。在西南联大,杨石先办事公道,以身作则。当时理学院在昆明城北门外,工学院在城西南迤西会馆,两院间往来无交通工具,许多教授不愿到工学院上课,杨石先带头去上课,别人也不再推诿。

1945年,抗战胜利前夕,杨石先受南开大学派遣赴美考察教育,在印第安纳大学做访问教授,从事一种中国植物抗疟要素化学性能的研究工作。由于工作出色,他被推选为美国"化学荣誉学会"会员。1947年,当他准备回国之际,该校研究院院长挽留他。杨石先说:"我们国家更需要人,我要把知识奉献给祖国。"回国后,他一直任南开大学教务长,1948年代理校长职务。

1949 年 1 月天津解放。9 月,他作为教育界的代表出席了第一届中国人民政治协商会议。10 月 1 日,他参加了中华人民共和国开国大典。在天安门城楼,周恩来总理把他介绍给毛主席。解放后,杨石先担任了南开大学校委会主席,后任副校长。1954 年 9 月,周总理在中南海西花厅单独接见了他,他向总理汇报了工作。总理指出:"你是科学院学部委员、化学组组长,应把力量集中在科研工作上。我国科研队伍很小,力量很薄弱,应尽可能地加强这方面工作。"[①]

杨石先主持学校工作期间,遵循周总理指示,把自己的主要精力放在科研上。通过长期观察,他发现国际上农药研究有从无机农药、植物性农药向有机农药过渡的趋势,于是他首先在我国倡导并实践有机农药化学研究,开始合成一系列新植物激素。1956 年,他从磷酸酯类结构的改变会带来的生理作用的变化这个特点出发,着手研究当时在国内尚属空白的有机磷化学。这一年,他参加了我国十二年科学远景规划会议,任综合组组长,会上作了《化学科学与国民经济的关系》的报告。会后,根据国家科学远景规划需要,杨石先开始从事农药及元素有机化学研究工作。同年当选中国化学会第十八届理事会理事长。1957 年 4 月 29 日任南开大学校长。

1958 年 8 月 13 日,毛泽东主席到南开大学视察了杨石先和师生们办起的"敌百虫""马拉硫磷"两个农药车间。这一年他兼任中国科学院河北分院院长。1960 年 3 月 21 日,他光荣地加入中国共产党。1962 年,他在参加我国第二次科学技术发展规划和全国农业规划会议后,受周总理委托,创建了我国高校第一个化学研究机构——南开大学元素有机化学研究所,并兼任所长。杨石先以他在有机化学、无机化学、药物化学和园艺学等方面渊博的学识,带领科研人员经过数以百计的实验,研制出磷 32、

---

① 杨耆荀:《回忆父亲杨石先教授》,载天津市政协文史委编:《天津文史资料选辑》第 41 辑,天津人民出版社,1987 年,第 47 页。

磷47、灭锈一号和除草剂一号等4种农药,并获得了国家级科研奖项。

20世纪70年代初,我国水稻产区发生白叶枯病造成大幅度减产。为了攻克白叶枯病,杨石先带领他的助手们在实验室坚持研究工作。经过一年多的奋战,做了近百个合成物,试验了十几条路线,终于研制出了防治该病的新农药——叶枯净。1977年8月初,邓小平复职后,召集30位全国著名的科学家、教育家开座谈会,研究如何把教育、科研搞上去,杨石先在会上提出了多条切实可行的建议。

1979年,杨石先被重新任命为南开大学校长。为了办好南开大学,他全身心投入工作,每天从不午休,连续工作十几个小时。在他任职期间,反复思考的是教师队伍的建设问题。他感到,当时学校一个突出问题是缺乏成熟的中青年教师。为此他要求老教师要承担起培养年轻教师的工作,同时遴选优秀毕业生充实教师队伍,还派遣师生出国学习,并从国外引进人才。

杨石先除担任过南开大学校长一职外,还是第一至第五届全国人民代表大会代表、第五届全国政协常委、中国科协副主席、天津市科协主席、中国化学会理事长。1980年,他响应党中央的号召,率先提出了辞去校长职务的请求,在全国高校中产生了很大影响。1981年,中央接受了他的请求,特授予他为南开大学名誉校长。

1985年2月19日,杨石先病逝于天津,终年88岁。

参考文献:

《杨石先自传》,载天津市政协文史委编:《天津文史资料选辑》第41辑,天津人民出版社,1987年。

王文俊:《著名化学家和教育家杨石先》,载王文俊主编:《南开人物志》,南开大学出版社,1994年。

杨志武:《著名化学家杨石先》,载天津市政协文史委编:《近代天津十二大自然科学家》,天津人民出版社,2011年。

(张绍祖)

杨 天 受

杨天受(1899—1994)，宁波余姚人，后随家人迁居天津。

杨天受的祖父杨培之早年从事教育工作，考中举人后曾出任过甘肃道尹，定居天津后继续从事教育工作。杨天受的父亲杨侗是清朝末年的举人，后奉派日本留学。杨天受幼时，祖父和父母就开始为其讲授四书五经等传统文化典籍和受西方文化影响的新学，为他了解中国传统文化的精髓和西方的科学文化奠定了基础。1905年，杨天受进入天津模范小学读书。1912年，他以优异成绩被南开中学录取。1916年，他又考入清华大学，并于1920年取得了官费留学美国的资格。到美国之后，杨天受先在美国劳伦斯大学经济系学习，于1921年转入哥伦比亚大学读研究生，获得政治经济学硕士学位。1924年，杨天受谢绝了导师的挽留，回到了祖国。

杨天受回国时正值第二次直奉战争期间，冯玉祥发动"北京政变"，政局为冯玉祥等人掌控。经友人推荐，杨天受先在北京政府国务院任秘书，后升任北京政府税务总署委员兼内务部和京兆尹公署秘书。杨天受所服务的这3个单位均由京兆尹薛笃弼所掌管。薛笃弼是冯玉祥的亲信，杨天受在任职期间恪尽职守，运用所学知识进行实际工作，尤其是他对解决财经问题的一些建议，引起了薛笃弼的重视，认为他是不可多得的财经人才。1925年，冯玉祥专任西北边防督办之后，把督办公署设在张家口，所属部队亦称为西北军。为从根本上解决军饷问题，实现开发西北的宏愿,冯玉祥决计创办西北银行。薛笃弼着手筹建西北银行,并推荐由杨天受出任西北银行协理,负责筹建诸项事宜。1925 年,杨天受来到张家口,正式着手西北银行的创建工作。因工作出色,杨天受深得冯玉祥的赏识,甚至将其视为西北军的财经"智囊"。

1926 年 8 月 16 日,张家口西北银行总行宣布暂停营业,杨天受离开了西北银行,他凭借薛笃弼的关系,先后任南京国民政府内政部科长、总务处处长、卫生部总务司司长兼统计司司长等职务。1930 年,杨天受赴上海出任上海邮政储金汇业总局总务处副处长、处长和保险处长,翌年改任南京禁烟委员会总务处处长。1931 年,杨天受回到天津,受大陆银行谈丹崖和许汉卿的聘请,先任天津大陆银行副经理,后任北京大陆银行副经理。自此,杨天受正式步入银行界,开始了职业银行家的生涯。

1935 年,南京国民政府决定成立冀察政务委员会,由宋哲元担任冀察政务委员会委员长兼河北省政府主席。为了保证河北省军政等经费开支,维护市面金融稳定,宋哲元上任伊始即着手整理财政。经过慎重考虑,宋哲元决定起用杨天受。此时杨天受正在北京大陆银行任职,接到宋哲元聘他为河北省银行总经理的邀请后,便辞去了北京大陆银行副经理的职务,赴河北省银行履约,同时还被聘为冀察政务委员会委员。

河北省银行总行设在天津,杨天受莅任之后,着手采取了一系列的治理措施。他摒弃"籍贯"观念和"一朝天子一朝臣"的做法,任人唯贤,选择优秀专业管理人员,安定了人心,为河北省银行发展储备了人力资源。为了充实运营资金,杨天受从扩展省钞流通领域着手,发挥省内各分行机构的各自优势,使省钞的流通领域逐渐遍及全省各地。此外河北省银行还有保证准备资金两三千万元,使省行的调剂资金相当充足,从而提高了河北省银行在存户中的信誉。由于曾经担任过大陆银行副经理一职,杨天受不仅与北四行关系融洽,而且与上海、中孚、东莱、浙江兴业、北洋保商等银行的交往同样十分密切。由于杨天受精通业务,办事公正,和蔼可亲,深得同行的尊敬,河北省银行业务的发展也得益于此。为了及时获得国际金融信息和科技信息，掌握世界工业发展情况，杨天受经常与天津欧美同学会的成员在一起切磋交流，探讨银行和工业发展的最新动态。他还时刻关注伦敦国际白银市场、纽约股票市场、道琼斯指数和伦敦国际羊毛局、国际化工学会的行情和动态。这些努力为他应对变幻的局势，及时采取有效措施起到了比较积极的作用。杨天受在河北省银行总经理的两年任期中，由于实施了一系列推动地方经济发展、保护和扶持农工商利益的措施，使河北省银行的声誉日隆。

抗日战争全面爆发后，河北省银行总行被困在天津法租界。为了稳定省内金融局势，减少因为战乱所造成的损失，杨天受采取了3项应急措施：公布账务，避免发生挤兑风潮；防止在天津的日本人以及敌伪政权强行提款，不还欠款；通告各分支行、办事处，将库存省钞切角销毁，防止日军利用省钞接济军饷。

天津沦陷后，杨天受了结了在河北省银行的各项事务，居家不出。伪政府邀请杨天受出面组织伪"中国联合准备银行"，并许以高官厚禄。杨天受坚决不与日伪政权合作，离津到香港，又取道去上海，接受金城银行总经理周作民的邀请，出任上海金城银行信托部副主任。1940年春，因夫人安淑筠身染重病，4个子女尚幼，家计难以为继，杨天受向金城银行总经理周作民递交辞呈，连夜赶回天津。杨天受担任了中国农工银行天津分行经理。这时，开滦矿务局的董事陈达有在天津组织久安信托公司，也聘请杨天受担任该公司总经理。

抗战胜利后，天津金融市场波动，市面银根奇紧，市场停滞，银行、银号周转不灵，收放款困难。银钱两业为维持市面，联合组织"融资委员会"，杨天受出任融资委员会主任委员。南京国民政府接收大员一到天津，便力邀杨天受出山。杨天受不以为然，谢绝受命，他只在河北省银行挂了个董事的名衔，既不就任，也不领薪，仍在中国农工银行天津分行任经理。杜建时来天津接任天津市市长时，曾亲笔给杨天受写信，聘请他出任天津商会会长。杨天受以身体欠佳、难负此任为由婉言谢绝。然而杜建时并没有轻易放弃，又向杨天受发出了请他担任市政府顾问的邀请，被再次谢绝。1946年，杨天受被选为天津商会常务理事之一。1947年初，杨天受等27人被选派为天津证券交易所筹备委员会委员，着手筹划组织天津证券交易所。5月18日，天津证券交易所股份有限公司正式召开创立会，杨天受为理事之一。

天津解放后，天津市军管会邀请杨天受协助军管会办理接收及整顿天津金融业的工作。杨天受接受了这项任务，充分发挥自己与天津原银行界人士关系良好的优势，协助军管会办理接管中国银行天津分行、中央银行和交通银行，并帮助其改组为人民银行，为军管会顺利接管金融机构，稳定天津金融市场做出了贡献。1951年，杨天受被选为天津银行业同业公会主任委员。与此同时，中国人民银行总行发来邀请，聘请他担任该行总稽核之职。但是杨天受根据国家纺织工业之急需，接受了天津工商界元老们的建议，出任天津东亚毛呢纺织公司总经理一职，从此由金融界转入实业界。

杨天受历任第五、第六、第七届全国人大代表，第四届全国政协委员，天津市政协第六、第七、第八届副主席，天津市第九、第十、第十一、第十二届人大代表，中国民主建国会中央委员会常务委员等职。

1994年，杨天受逝世，终年95岁。

参考文献：

秦国生、胡治安主编：《中国民主党派历史、政纲、人物》，山东人民出版社，1990年。

陈守义主编，侯杰等著，宁波市政协文史委编：《宁波帮在天津》，中国文史出版社，2006年。

蔡鸿源、徐友春主编：《民国会社党派大辞典》，黄山书社，2012年。

（高　鹏）

杨 肖 彭

　　杨肖彭(1906—1987),河北霸州人。1906 年 1 月 28 日,杨肖彭出生在文安县胜芳镇。7 岁时, 家里请了一位杨姓老师教他念 "四书五经"。1919 年五四运动爆发后,受新思潮的影响,杨肖彭在父亲的安排下转入胜芳公立高小学校。

　　1923 年秋,杨肖彭慕名来到天津投考南开中学,并顺利考入南开中学初中。从初中一年级到高中三年级的 6 年中,杨肖彭一直住校。1929 年春,南开中学组织了一个北平旅游参观团,第一次去北平的杨肖彭随团参观了燕京大学、清华大学、香山慈幼院,这次参观中燕京大学给杨肖彭留下了极深的印象。南开中学毕业时他本可以不经考试直接升入南开大学,但他却报考了燕京大学。在燕京大学,他最初进入新闻学系,因课本全是英文,觉得不适合,一年后转入社会工作学系学习。

　　1933 年,杨肖彭从燕京大学毕业,学院给他发了一张 "职业证书",介绍他到北京《晨报》工作。他于当年加入了北京基督教青年会,担任训练干事。同时他还进入燕京大学研究院,继续深造。

　　1934 年夏,杨肖彭受聘到天津基督教青年会工作,担任少年部主任干事和青年会总干事陈锡三的英文秘书。他举家迁至天津,最初住在费家大院,因喜欢南开学校,一年后搬到南开小学旁同仁里俞蔼青院里。杨肖彭以 "对青少年进行德、智、体、群多方面发展教育" 为方针,开展了内容丰富、形式多样的活动。他成立了由小学生和初中生参加的四育养成团,经常在东马路青年会大楼内的游艺室和体育馆开展文娱、体育活动。每项活动都力求新颖别致,讲求效果。他感到天津是个工商业城市,而一般人科学知识贫乏,于是他在青年会大楼楼顶举办中秋赏月会,邀请桂逢伯讲月亮,从神话故事讲到科学认识,使与会的人感觉别开生面,兴致盎然。

1935—1936 年,天津基督教青年会总干事陈锡三出国,青年会的事多由杨肖彭负责,他举办了学术讲演周,邀请蒋梦麟、熊佛西、陈同哲等名人演讲,由张伯苓主持。1935 年是天津青年会创办的第四十个年头,杨肖彭编辑出版《天津青年会四十年纪念册》。他还先后在烟台和威海举办了两次天津青年会少年夏令营活动。

1936 年冬,傅作义部队在绥远一带和日军作战,杨肖彭与北平、太原的青年会一起参加抗战慰问工作,他们为部队放映了《秋瑾》等进步影片,还播放了《义勇军进行曲》《大路歌》《打回老家去》等唱片。杨肖彭把拍摄的照片投寄到美国,发表在《生活杂志》上。同年,杨肖彭代表青年会总干事加入基督教青年会的附属组织联青社,正式成为天津联青社社员。联青社主要由热心于青年会服务工作的学者和企业家组成,旨在更好地开展对外友好交流,支持和帮助基督教青年会的发展,使青年会进一步发挥其服务社会的功能。

1937 年七七事变后,天津很快沦陷,天津联青社的例会迁到旧法租界新华大楼银行俱乐部举行,在杨肖彭的领导下,联青社的各种活动照常进行。服务工作除原来在沈王庄和鼓楼西两地开办的一所诊疗所及两所儿童义务学校外,又在西头慈惠寺与西广开怡兴里开办了两所义校。从 1937 年到 1941 年,杨肖彭先后在巴黎道青年会办英语补习班,在东马路青年会办网球补习班。

1941 年夏天,天津联青社在英租界马场道西湖饭店举行例会,杨肖彭邀请燕京大学校医郭德隆演讲,内容是肺结核病对青年人的危害以及预防的重要性和方法。演讲引起了仁立公司总经理朱继圣的强烈反应,其长女当时在耀华中学读书，因患肺结核未及时发现和治疗而夭亡，他十分痛心。演讲结束后，朱继圣当即提出愿为防治肺结核病效力。杨肖彭写信给燕京大学校务长司徒雷登，约请郭德隆给青年会会员检查肺病。很快又成立了防痨委员会，随后逐渐扩大规模，到1942年时成立了天津市结核病院。

1945年日本投降后，天津联青社恢复活动。杨肖彭在进行青年会工作的同时，还参加了接收敌伪产业委员会工作。他全力支援南开复校工作，积极与多位有助于复校工作的人士接洽，并派人帮忙招生。1946年张伯苓校长诞辰72周年时，杨肖彭在天津青年会为其祝寿，并举行"庆祝南开复校募捐成功大会"，募得5亿元法币。1947—1948年，杨肖彭出国进修，先后访问了美国的华盛顿、纽约、波士顿及其他一些中小城市，多次参加那里联青社的聚会和活动。归国后接替出国参观的郭德隆任天津结核病院代理院长。

1950年，周恩来总理接见全国宗教界人士代表，杨肖彭作为天津代表参加。周总理指出马列主义是无神论，基督教只能在教会内办，不能到马路上去，否则会引起不信教的人的反对。他主张由中国人自己办青年会，反对帝国主义控制宗教。杨肖彭与全国各地40位基督教人士积极响应，联合签名发表了《基督教革新宣言书》，倡导基督教自治、自养和自传。

1958年，杨肖彭将东马路青年会所上交天津市青年联合会，该会所改为天津市青年科学技术宫（后少年宫）。1960年，天津青年会停止活动，杨肖彭开始从事天津青年会会史的撰写工作。"文化大革命"期间，他参与劳教，为西开教堂整理过图书。1981年，天津青年会恢复活动，杨肖彭重新担任总干事，之后陆续兼任天津青联副主席、基督教三自爱国会名誉主席、市人大常委等职。

1987年8月，杨肖彭因病在天津逝世，终年81岁。

参考文献：

杨肖彭：《天津结核病院的创建经过》，载天津市政协文史委编：《天津文史资料选辑》第 38 辑，天津人民出版社，1987 年。

杨肖彭：《八十岁回忆录》，载天津市政协文史委编：《天津文史资料选辑》第 90 辑，天津人民出版社，2001 年。

罗世龙主编，天津中华基督教青年会编：《天津中华基督教青年会与近代天津文明》，天津人民出版社，2005 年。

（赵云利）

杨 亦 周

杨亦周(1900—1969),原名景濂,河北行唐人。

1900年10月9日,杨亦周出生于行唐县柏扒村。父亲是清末秀才,在本村设馆教书,杨亦周7岁时,进入家塾从父读书。1919年秋,杨亦周以优异成绩考入北京大学政治系。1920年秋,他在参加反对北京大学不合理考试制度的斗争中,与教务长发生冲突,被勒令退学。1921年暑期,杨亦周考入天津直隶公立法政专门学校主修法律,后改学商科。

1925年暑期,杨亦周毕业后,留校任商科教员。1926年7月,杨亦周加入国民党,被国民党北京特区执行部任命为天津市党部委员兼直隶省党部秘书。

杨亦周对蒋介石勾结帝国主义和军阀,残酷镇压革命的举动非常不满,时常发表反蒋言论,积极参加天津国民党人士的反蒋活动。1929年7月,国民党中央常务委员会发布决议,解散国民党天津特别市执行委员会,并给予杨亦周等7名执委以撤职处分,参加反蒋活动的国民党人受到种种迫害,杨亦周从天津乘船渡海,逃亡日本。

1930年春季,杨亦周考入日本明治大学政治经济学部,潜心研读政治经济学,他在思想上受到日本研究马克思主义的经济学家河上肇的影响,开始倾向马克思主义。

1933年夏,杨亦周在日本明治大学毕业后,得到河北省公费资助,到英国伦敦政治经济学院继续深造,研究经济史和经济思想史。在伦敦,杨亦周遇到当时正在英国从事英共中国语言组工作的中共党员杨秀峰,经常就国际国内形势以及研究学术、从事革命斗争等彼此关心的问题交换意见。杨秀峰的精辟论点,使杨亦周的思想豁然开朗,不久他即加入留英学生的反帝同盟,与中共党员于斌等站在一起,在中国留学生中宣传抗日救国,批判国民党的卖国投降主义,同国民党控制的中国留学生伦敦学生会进行针锋相对的斗争。

1934年4月,杨亦周赴苏联考察,同时参加"五一"国际劳动节的纪念活动。在莫斯科他听到加里宁和莫洛托夫的报告,参观了学校、工厂和社会福利设施。后来又到基辅、哈尔考夫、敖德萨等地进行考察。历时两个月的苏联之行,杨亦周大受教益,认识到"苏联建设社会主义之成功,乃科学社会主义之成功"。

1934年9月,杨亦周回国任河北省立法商学院经济学系系主任、教授,主讲经济学和经济史,他以马克思主义的观点讲授这些课程,深受学生欢迎。不久任学院秘书兼商学系系主任教授。1935年夏,杨亦周暂代院长职务,不久升任院长。中共北方局特别行动科通过杨秀峰等人与他建立工作关系,中共有些工作需要他做,或有些同志需要他掩护时,他无不热心帮助。在这一时期一些共产党员都是通过杨亦周派进该院任教的。他们在杨亦周的掩护下,以教授、讲师的身份在校内外文化界和教育界上层知识分子中开展工作,并通过讲课和组织各种学会向青年学生传播马列主义,宣传中国共产党抗日救国主张,揭露蒋介石、国民党的不抵抗主义,发动学生进行抗日救亡运动。

1936年7月,应西北农林专科学校校长之邀,杨亦周担任该校秘书长兼农经系主任教授,主讲政治经济学和农业经济。1939年冬,杨亦周担任农本局驻西安办事处主任。他拨给陕西水利局一大笔贷款,积极支持开凿和整修渭惠、梅惠等灌渠。他还在农村兴办了几十个合作金库和仓库,收购和运销棉花,支持了西北纱厂的生产。

1941年,杨亦周担任金城银行财团创办的陕甘实业公司经理,从而走上民族工商业的道路。至抗战胜利时,陕甘实业公司的资产比原投资增长10余倍,为金城银行积累了大量资财。杨亦周在金融界和实业界的名声大增,蜚声西北。

1945年11月,杨亦周回到天津。最初以救济分署工作为主,后来就任中纺天津分公司经理。杨亦周上任时,各棉纺厂困难很多,最使他头疼的是工人罢工问题。为缓和工人的对立情绪,使生产正常进行,杨亦周提出"内求团结,外谋和谐,稳定地发展生产"的方针。他采取了一系列具体措施,对内实行福利政策,陆续调整职工工资,增加奖金,设立职工子弟学校、幼儿园,扩大哺乳室和医务所,建造了一部分职工宿舍;同时加强企业管理,严格规章制度,增加生产安全设施。对外积极开展社交活动,同市党部、市政府、警备司令部、社会局等机构的头面人物都拉上了关系,按月供给他们一定数量的平价布匹,谋求他们不干涉或少干涉中纺公司内部事务。

1948年,正是人民解放战争进行战略决战的前夕,中共地下组织通过杨亦周利用他在政界和实业界的地位,对国民党当权者进行分化瓦解工作。杨亦周在保护工厂设备、财产及稳定工程技术人员思想等方面做了大量工作。从1948年下半年起,他有计划地提高棉布、棉纱的库存量。中纺公司库存的这批纱布,对天津解放初期平抑物价、稳定市场、保障人民生活起了很大作用。

天津解放后,杨亦周迅速把公司财产移交给人民政权。市军管会任命他继续担任公司经理。1950年10月,天津中纺公司改组为中央人民政府纺织工业部华北纺织管理局,杨亦周任副局长兼业务处处长。他在该局任职期间,对华北纺织工业恢复发展及民主改革做了很多建设性的工作。

1949年9月,天津市召开各界代表会议,杨亦周应邀出席会议。后被选为市人民代表、市政府委员、市政协委员及副主席、全国政协委员等。1954年,担任天津市副市长兼市纺织工业局局长。1958年,天津划归河北省管辖后,杨亦周调任河北省副省长,分管文教、卫生工作。1950年春,中国国民党革命委员会中央动员杨亦周参加民革组织,被民革中央指定为天津民革分部负责人。他主持民革工作期间,在发展爱国统一战线,贯彻中国共产党的政策,加强社会主义政权建设等方面,做了大量的工作,在民主党派中具有很高的威望和很大的影响。

"文化大革命"开始后,杨亦周受到迫害。1969年12月,杨亦周病逝,终年69岁。1978年,杨亦周的冤案得以平反昭雪。10月18日,天津市政协在烈士陵园为杨亦周举行骨灰安放仪式。

参考文献:

天津市政协文史资料研究委员会编:《天津文史资料选辑》第42辑,天津人民出版社,1988年。

行唐县地方志编纂委员会编:《行唐县志》,中国对外翻译出版公司,1998年。

刘国铭主编:《中国国民党百年人物全书》(上),团结出版社,2005年。

（郭嘉宁）

杨 再 鑫

　　杨再鑫(1921—2001),曾用名杨世钟,祖籍天津。杨再鑫家境贫寒,幼时弃学,12 岁时经人介绍,到天津著名餐馆什锦斋饭庄学徒,师从津门名厨杨增福。

　　3 年学徒生涯使杨再鑫在严师的培养下,掌握了天津菜的基本技法。1936 年,杨再鑫学徒期满,进入慧罗春饭庄。在这里,他遇到了津门名厨崔文德。崔文德出自天津"八大成"之一的聚庆成饭庄,厨艺精湛,活路颇宽,善于烹制满汉全席、南北大菜,传统津菜更是其看家绝活。杨再鑫尊师重友、聪明好学的精神打动了崔文德,崔文德主动收杨再鑫为徒,成为其得意弟子。徒弟尊师好学,师父倾力授艺。杨再鑫随师学艺 6 年,得其真传,深得津菜之精髓,厨艺猛进。他掌握了多种高档原料的烹制方法和津菜的各种技法,同时学习了满汉全席、燕翅席等高档宴席的设计及烹制。他的技艺日臻成熟,为日后成为一代津菜大师奠定了基础。

　　为了更深入了解津菜的根基和风味,杨再鑫于 1942—1945 年间分别来到同和居、保阳楼和凤鸣楼等几家小饭庄。这些饭庄的菜品小而全,更接地气,许多大饭庄不卖的小炒、家常便饭应有尽有。这些小饭庄不仅卖散座,还包办酒席,出外台子。杨再鑫在这里积累了丰富的经验,了解了更多的民风民俗和津门百姓喜好的美食,使自己的菜路更加宽泛。晚年杨再鑫回忆起在这些小饭馆的经历时说:"不要小看小饭馆的菜,它更能体现天津菜的本真和天津人的食俗。"此时的杨再鑫已是一名身怀绝技又熟知民间小炒的青年厨师了。

1945年,杨再鑫在师父崔文德的推荐下来到了著名津菜馆——中和楼饭庄,这里地处津城闹市区,靠近水旱码头,游人如织、商贾云集,地理位置得天独厚。中和楼人才济济,名菜荟萃。杨再鑫的到来给这家津门名店增加了活力。杨再鑫凭借自己多年积累的经验和高超的厨艺,为这里的美食家、老食客奉献出一道道美味佳肴,高中低档应有尽有,满足了不同阶层的食客,众多美食家慕名而来,使中和楼门庭若市,名盛一时。杨再鑫的事业也迎来了高峰,奠定了津菜名师的地位。

1950年6月朝鲜战争爆发。杨再鑫作为一名优秀青年厨师,响应"抗美援朝、保家卫国"的号召,报名参军。1952年,他受组织委派奔赴朝鲜战场,被安排在中国人民志愿军司令部为首长司厨。杨再鑫的厨艺得到首长的好评。在朝期间,他还多次为赴朝慰问的艺术家烹制菜肴,并根据梅兰芳、常香玉的饮食喜好烹制美食。他多次在庆功会上为战士们献出自己的拿手好菜。这是杨再鑫一生中最值得骄傲的一段时光。1956年回国后,杨再鑫任中和楼副经理。1965年,任西站饭馆副经理。

1982年,年过花甲的杨再鑫率17名优秀厨师组成代表团,东渡日本执行劳务技术合同,在东京开设天一坊饭庄,为日本人民奉献了一道道天津美食,日本东京各大报刊、电视台纷纷采访报道,使津菜在日本飘香,也使津菜真正意义上走出了国门。日本各界人士、餐饮同行,以及到日本考察的同行纷纷到"天一坊"品尝天津菜和取经。日本前首相及社会名流西园寺公一先生、中内功先生等日本知名人士,多次到餐馆宴请,西园寺公一先生还为饭庄题写了"味压中华街,誉满东京都"的赞语。在日期间,他还接待了赴日献艺的京剧大师梅葆玖先生。杨再鑫在异国他乡为梅葆玖先生烹制美食的故事一时传为美谈。

1986年,杨再鑫载誉而归,他不顾年事已高,为筹建恢复津门老字号"天一坊"日夜操劳。天一坊饭庄开业后,杨再鑫任副经理兼厨师长。他不辞劳苦,为弘扬津菜传统,始终坚持在烹饪一线,为青年厨师传授技艺,答疑解惑,把平生所学传给下一代。杨再鑫还被聘为天津烹饪大学讲师、天津市津菜研究顾问,直到 1992 年退休后依然为传承津菜不遗余力。杨再鑫于 1963 年被评为一级厨师,20 世纪 80 年代初被评为特二级厨师,是天津饮食公司唯一的特二级厨师,曾任天津历届厨师大赛评委。

杨再鑫一生经历丰富,博采众长,融会贯通,形成了火候精准,调味细腻,菜品丰润饱满、古朴大气的烹饪风格。杨再鑫善于总结天津菜特点,规范天津菜标准,极大地丰富和发展了津菜,提高了津菜的知名度,培养了许多优秀厨师,给津菜留下了许多宝贵的财富。

2001 年杨再鑫去世,终年 80 岁。

参考文献:

傅立民、贺名仑主编:《中国商业文化大辞典》,中国发展出版社,1994 年。
张林主编:《国际交谊与中华美食》,湖北人民出版社,2004 年。

(吴玉书)

杨 宗 濂

　　杨宗濂(1832—1906),字艺芳,晚号潜斋主人,江苏无锡人。其父杨延俊,清道光丁未科(1847)进士,字吁尊,号菊仙,曾任山东肥城等县知县。杨宗濂出生于 1832 年 3 月 25 日,他幼承家学。咸丰乙卯科(1855)顺天乡试挑取誊录,报捐员外郎,分户部行走。

　　1860 年夏,太平军攻克无锡城,杨宗濂以户部陕西司额外行走员外郎的身份在原籍组织江常五邑团练, 在与江阴接界的河塘桥镇设团练局。杨宗濂所率领的团练在张泾桥、鸭城桥、祝塘镇等地与太平军作战曾多次取胜,此后杨宗濂又在陡山设团练局。后清军金陵大营、丹阳、常州相继失守,杨宗濂率团勇退守江阴。太平军攻克常熟后,其所部团练在甘露镇被华翼纶部围歼,杨宗濂携家眷避走上海。

　　1861 年,曾国藩率湘军攻占安庆后,杨宗濂赴皖,照料军粮及雇备轮船各事宜,均极周妥。曾国藩对杨宗濂较器重,称其"宅心诚悫,勇于赴事,他日必能任重致远,惟性伉直而少机变,人世恐多凿柄"[①],并留杨宗濂佐戎幕。1862 年初,李鸿章率淮军驻扎上海,杨宗濂携弟杨宗瀚投至其麾下,杨宗濂则改编旧部团练为"濂字营",自行筹捐口粮,加入淮军序列,协同攻击太平军。杨宗濂曾亲自率兵与太平军作战数十次,取得显赫战绩,并随刘铭传转战各地。

---

① 贾熟村:《对杨宗濂家族的考察》,《平顶山学院学报》,第 23 卷第 6 期。

1864 年 5 月,淮军合攻常州,杨宗濂率部攻打西门,士卒在河上架起浮桥,杨宗濂策马先登,不料马匹受惊,杨宗濂堕马坠河,"跃起,易骑再进,挥兵肉搏",与淮军将领王东华、张桂芳等爬城而入,杨宗濂生擒太平军守将护王陈坤书,随后佐王黄和锦及所部六七万人均被俘。李鸿章奏请褒奖杨宗濂,拟以知府分发补用,仍留杨宗濂在军中听用。太平军失守江南后,杨宗濂奉命总办常州、镇江二郡营田事近两年,招收客户,开垦荒地数十万顷。

1866 年,李鸿章北上督师围剿捻军,改派杨宗濂负责总管诸军营务处,杨宗濂遂由淮军部将而变为李鸿章的幕僚。1870 年初,随李鸿章西征入陕。天津教案发生后,杨宗濂随李鸿章赴直隶筹办洋务。1871 年,杨宗濂以军功擢升湖北荆宜施道员,加布政使衔,赏戴花翎。1875 年 7 月,任湖北新关税务简用道,筦榷新关竹木税务。1881 年,杨宗濂遭弹劾去职。

1884 年马尾海战后,神机营将军善庆邀杨宗濂进京筹练武备。1885年,李鸿章奏请清廷命杨宗濂留北洋总理营务。后李鸿章在天津"仿照西法"创设北洋武备学堂,又委杨宗濂主管学堂事务。杨宗濂总办学堂期间,"异常奋勉","一切章程一手厘订"。杨宗濂还详采兵法,编成《学堂课程》8 卷,此书当时为各武备学堂的范本。1889 年,德国总教习黎熙德因与杨宗濂相处不睦,进而辞职,引发纠纷。杨宗濂也请假省亲南归,离开学堂达数月,至 1890 年 9 月正式离职。

1886 年冬,杨宗濂化名"杨鼎祺"与汇丰银行职员吴懋鼎、德国人穆麟德凑集资本银 1 万余两,合伙创办了天津自来火公司。杨宗濂请德国人李曼代为购置机器,另雇洋匠从事技术工作。旋因穆麟德抽走了股本,杨宗濂、吴懋鼎又约请淮军将领周盛波合股,凑成资本 1.8 万两。经过几年的艰苦经营,天津自来火公司可以生产出品质优良的火柴。后工厂于 1891 年 5 月 21 日失火焚毁。

1890 年 6 月,李鸿章因杨宗濂老成干练、办事实心,奏请清廷令其接署直隶通永道。正值畿辅地区遇水患,杨宗濂捐俸募款赈灾,并参与治理水利,亲历水患各地绘图估工,修治了潮白河、青龙河、蓟运河、北运河、通惠河、永清河等河流,疏浚沟渠,种植树木,以作防护之用,并开垦了数万顷土地。

1894年11月,张之洞署理两江总督,电请杨宗濂之弟杨宗瀚赴宁相商。杨宗瀚提出"请于无锡创设机器纱厂,以开风气",张之洞当即表示赞许。经与杨宗濂筹商后,决定杨宗濂、杨宗瀚兄弟自行投资8万两,其表兄弟刘鹤笙、刘叔培出资4万两,另行招股12万两,订购英国纺纱机器,于无锡东门外兴隆桥购地建立业勤纱厂,这是清末最早的商办纱厂之一,也是无锡第一家新式机器纺纱企业。

1897年,杨宗濂重新被清廷起用,简授山西河东盐法道,管理河南、山西、陕西三省盐务。1898年,因杨宗濂办饷有功,加一品顶戴。山西巡抚胡聘生敬重其人,令其署山西按察使,10月间擢任山西布政使。胡聘生创办"新政"期间,看重杨宗濂熟悉洋务,委其办理"新政",操练新军。所设武备学堂、商务局、纺织厂及晋中榨油厂、晋升火柴厂等,皆以杨宗濂为督办。1899年8月间,胡聘生保举杨宗濂,迁授从三品长芦盐运使。

1900年,为抵抗八国联军,杨宗濂督率芦勇4营登城守卫天津,被飞弹炸伤左腿。天津城被攻陷后,杨宗濂坚持巷战,右腿又被枪击中。后又随李鸿章进京,参与议和。旋奉命驻扎保定,督办粮台事务。1902年,北洋大臣袁世凯奏荐杨宗濂以三品京堂候补督办顺直机器纺织局,管理顺天、直隶纺织事务。1904年,以病乞休南归,回无锡赋闲家居。

1906年8月6日,杨宗濂病逝,终年74岁。

参考文献:

中国科学院近代史研究所中华民国史组编:《中华民国史资料丛稿·人物传记》,中华书局,1984年。

江苏省地方志编纂委员会编:《江苏省志·人物志》,凤凰出版社,2008年。

顾廷龙、戴逸主编:《李鸿章全集》,安徽教育出版社,2008年。

左宗棠撰:《左宗棠全集》,刘泱泱校点,岳麓书社,2014年。

（清）王彦威辑,王亮编,李育民、刘利民、李传斌、伍成泉点校整理：《清季外交史料》,湖南师范大学出版社,2015年。

（王　冬）

叶 企 孙

叶企孙(1898—1977)，原名叶鸿眷，号企孙，上海人。叶企孙少年时代便立志以西方科学来谋求利国利民。1918年，年甫20岁的叶企孙从清华学校毕业，入美国芝加哥大学物理系深造。后转入哈佛大学攻读实验物理学博士学位。

叶企孙在布里奇曼等名师指导下，取得了令国际科学界瞩目的成绩。他在物理学上的重要研究成果有两个：一是合著专业论文《用射线方法重新测定普朗克常数》，即用X射线精确地测定普朗克常数h，得出当时用X射线测定h值的最高的精确度；二是著有论文《流体静压力对铁、钴、镍磁导率的影响》，开创性地研究了流体静压力对铁磁性金属的磁导率的影响，这是20世纪20年代在物质铁磁性方面的一项重要研究成果。

1924年，叶企孙学成回国，执教于东南大学。1925年，清华学校创立大学部，他接受清华之聘就任物理学副教授，次年升教授，并创建清华物理系并出任系主任。1929年，清华大学理学院成立，叶企孙出任院长，并被推选为决定学校大政的7位评议员之一。1926—1937年，他千方百计为清华延揽名师，先后聘来了一批年轻有为的科学家和知名学者。他主张重质而不重量的办学方针，培养出一批高质量的科学人才。其间，叶企孙曾任中国物理学会第一、第二届副会长，1936年起任会长。

七七事变爆发后，平津相继沦陷，清华大学奉命南迁，与北大、南开组成西南联合大学。1937年8月，叶企孙因病滞留天津，在英租界戈登道天

217

津清华同学会主持清华天津临时办事处,协调清华师生南下和照管清华在津财产等工作。1938年3月前后,叶企孙的高足、清华物理系助教熊大缜前往冀中抗日根据地投身抗战。在中共地下组织的安排下,熊大缜先后担任冀中军区修械所工程师、军区印刷所所长。后由冀中军区司令员吕正操任命担任军区供给部部长。由于冀中军区技术人才和物资匮乏,熊大缜向老师叶企孙求援。叶企孙先后动员一批技术骨干到熊大缜处工作。叶企孙还拿出自己全部积蓄,并四处募集资金,为冀中军区购买了大量化学原料、炸药、医药等重要的军用物资。在叶企孙的帮助下,熊大缜领导的技术研究社成功研制出烈性炸药、地雷、雷管和短波通信工具,配合部队有力地打击了侵华日军,为创建冀中抗日根据地做出了重要贡献。

天津有一家宝华油漆厂,是清华大学留美同学杨锦魁开设,叶企孙安排林枫等人以此为据点,秘密研制烈性炸药,分批运往冀中军区。1938年9月,叶企孙接到梅贻琦来信,通知他前往昆明西南联大任教。此时他为冀中筹借的资金已经用罄,在天津的活动也受到日本特务干扰,随时有被捕的可能。10月5日,叶企孙离开天津,取道香港赴昆明,重新回到西南联大,在抗战的艰难岁月里教书育人。1941—1943年,他赴重庆任中央研究院总干事,直接负责处理全院的行政事务,是当时中国科学界实际上的领导,其间创办综合性学术期刊《学术汇刊》,汇总国内外学者的最新研究成果,介绍学科发展的现状和历史以及科学家生平。1945年,叶企孙出任西南联大理学院院长,还曾主持西南联大的校务。

1949年春,北平和平解放。5月,叶企孙出任清华大学校务委员会主席。9月,参加第一届中国人民政治协商会议,当选全国政协委员。1952年10月,在全国高校院系调整时,叶企孙随清华物理系一起调到北京大学。1955年,中国科学院成立时,叶企孙当选学部委员,并任中科院数理化学部常委。叶企孙参加过第一届中国人民政治协商会议和第二、第三届全国人民代表大会。"文化大革命"期间,叶企孙受到冲击,1980年平反昭雪。

叶企孙终生践行"科学救国"的理想,培养出一大批杰出的科技人才,均成为各个领域的领军人物。获得新中国"两弹一星功勋奖章"的科学家中有半数以上是叶企孙的学生。叶企孙的一生不求名利,惟有奉献。他富有远见,为近代中国的科学大厦奠基,创造了中国教育史上的奇迹,被后人尊为"大师的大师"。有《用射线方法重新测定普朗克常数》《流体静压力对铁、钴、镍磁导率的影响》《初等物理实验》等著述存世。

1977 年 1 月 13 日,叶企孙病逝于北京,终年 79 岁。

参考文献：

顾良飞、李珍主编:《君子——清华名师谈育人》,清华大学出版社,2015 年。

陈岱孙:《回忆叶企孙先生》,载陈岱孙著、刘昀编:《往事偶记》,商务印书馆,2016 年。

（陶　丽）

俞 人 凤

俞人凤（1872—？），字文仲，又字翔梧，天津人。

1888 年入北洋武备学堂铁路工程科学习，毕业后与同届学友多被分配至关内外铁路公司参与铁路勘测、修筑工作，得到了英国工程师金达（C.W.Kinder）的指导，经过长期的实践，成为中国首批铁路工程技术人员。

1905 年 10 月京张铁路开工，詹天佑从关内外铁路、江苏等铁路局延请留美工程师邝孙谋、颜德庆，调集已有十余年铁路工作经历的北洋武备学堂铁路工程科毕业生俞人凤等及山海关铁路学堂学员多人共同参与修建京张铁路的技术工作。他们与詹天佑密切配合，成为京张铁路修建工程中的骨干技术人才，其中柳村至南口段即是由邝孙谋、俞人凤、柴俊畴等人负责修筑。詹天佑非常认可俞人凤等人的工作能力，在施工中与他们结下了深厚的友谊，俞人凤等人也逐渐成长为当时国有铁路和各省商办铁路修筑的业务骨干。在邝孙谋调任广东商办粤汉铁路总工程师后，俞人凤还接任了南口段的工程师。1907 年 7 月底，数日连降大雨，位于清河和沙河之间的北沙河桥墩受雨水冲刷，情况非常危急，俞人凤组织人员通过用片石填充的办法临时解决难题，一时传为美谈。而京张线上的居庸关拱桥，其勘测、设计、施工也是出自俞人凤、颜德庆之手，运营70 余年桥况良好。

1908 年 10 月，清廷决定缓修张家口至库伦的铁路，邮传部尚书徐世昌随即奏请派时任京张铁路副工程司、分省试用同知的俞人凤等开始勘测由张家口到归绥(即归化、绥远)的线路。俞人凤初测线路共有3条,但均要经过险峻之处,无法被完全采用。随后詹天佑又派京张铁路副总工程司陈西林等会同参加初勘的俞人凤等人详细复勘,多次比较并确定了论证方案。方案确定后,俞人凤又与陈西林开始了张家口到天镇段的详细勘测。

1912年民国建元后,交通总长朱启钤于9月11日呈请袁世凯,任命俞人凤、罗国瑞等人为交通部技正。10月,交通部路政司司长叶恭绰为统一各路名称,呈请设立审定铁路名词会,俞人凤参与其中。11月,俞人凤出任京张、张绥铁路车务主管。1913年11月俞人凤被授予五等文虎勋章。1914年,在大同至丰镇段施工中升任正工程司。9月,审定铁路名词会编辑出版《华、德、英、法铁路词典》,要求各路局"一律通行",使铁路管理工作逐步形成全国统一的模式。

1915年7月14日,京汉铁路管理局局长关赓麟、车务处处长唐士清被解职,俞人凤任京汉铁路管理局局长兼车务处处长。1916年7月20日,京汉铁路焦庄站发生重大事故,一辆货车与一辆运兵车在车站会车时因车站误发信号而导致两车相撞,死伤多人,多辆机车、货车受损。事故发生后,经交通部文官普通惩戒委员会调查,确认局长俞人凤失职,予以降等处分。尽管被处分,但俞人凤对工作依旧尽心尽力,在雨季来临前做好部署,要求工程师、监工在雨后迅速到各路段详细勘察,如有冲毁需尽早修复,若不能及时修复则通告总局及沿线各站停止售票,同时还要在当地报纸上及时登报告知民众停运消息。

1917年7月25日,交通部令俞人凤兼任北京铁路管理学校(北京交通大学前身)校长,该校为原交通传习所改组而成,原有学生颇多。当年岁末,俞人凤决定在铁路管理学校内新设英文高等科,招收学生60名,增聘教员10余名,专授铁路管理课程,设有铁路工程、测量、铁路应用及电报、会计、国文、英文、日文、俄文等课程,大多用英文教授,学制3年。

1918 年录取 58 人,郑振铎在列。1917 年 7 月 26 日,教育总长傅增湘上报,俞人凤等人办理交通人才成就良多,故循例表彰,拟为其颁发教育部二等奖章。

1917 年 8 月 2 日,交通部再次任命俞人凤为交通部技正。10 月,交通部筹设铁路技术委员会,选交通部内及各路局技术专家和中外铁路专家共同参与;11 月,任命交通部技监詹天佑为会长,沈琪任副会长,俞人凤任总干事。1919 年初,北洋政府派詹天佑参加协约国监管远东铁路会议,并担任协约国"联合监管远东铁路委员会"技术委员,詹天佑专门要求俞人凤、颜德庆共同前往,足见詹天佑对俞人凤颇为信赖。2 月初,交通部任命俞人凤为津浦铁路管理局副局长,同月兼任津浦铁路管理局总工程司。4 月间,津浦铁路管理局开展焚毁烟土活动,许多社会名流均受邀出席。1919 年詹天佑去世后,6 月 18 日,交通部任命沈琪为铁路技术委员会会长,俞人凤为副会长。该会制定了铁路建设中的各类规则、规范 10 余种,如《国有铁路建筑标准及规则》《国有铁路桥梁规范书》等,后均由交通部公布施行,成为我国铁路建设中统一技术标准的重要范本。10 月,中华工程师学会在北京召开年会,会上推举沈琪为会长,俞人凤、华南圭为副会长。

1920 年直皖战争结束后,7 月 31 日,交通部任命俞人凤为京汉铁路管理局局长。俞人凤上任后,积极解决铁路上的各种问题,如通过支配车辆并派专人负责车辆调拨等办法,成功疏通了京汉铁路南段积压货品。10 月,俞人凤为发展长辛店机务处试验室功能,通知各路局再有采购材料需要检验品质优劣者,均要委托机务处代为承办。1921 年 1 月,交通部指派俞人凤等人为铁路卫生联合会会员,2 月担任全国铁路线路审查会会员。7 月,俞人凤被免去京汉铁路管理局局长职务,11 月任交通部赈灾委员会会员。1922 年 3 月被授予二等文虎章。

1922 年 4 月,俞人凤被派署东省铁路公司会办(中方副理事长)。12 月 6 日又被授予二等大绶嘉禾章。1924 年春,李宝诗、李宝谦等人募股成立了门斋铁路公司,邀俞人凤出任总经理兼总工程司,李宝谦任经理,李宪周任副经理。门斋铁路于 1924 年 5 月 1 日采取包工形式开工,1927 年 7 月 1 日通车至板桥,这是民国时期北京地区第一条商办铁路。

1926 年 12 月,滦州矿务公司召开股东特别大会,决定成立一个专为筹划办理收回开平煤矿事宜的"筹备收回开平矿产事务处",并讨论通过了组织章程 7 条,公举俞人凤等 7 人为理事,还请农商部、直隶省政府、直隶省议会各派员参加,共同筹备。

1933 年,俞人凤出任北平私立铁路学院校长。俞人凤任校长后,更加注重向铁路管理的方向发展,取消了工程科,将铁路管理本科分为"车务""财务""材料"三门,该校办学水平受到铁道部的特别津贴。1939 年 5 月,俞人凤等创立弘毅铁路职业学校,教职员 12 人,首届学生 52 人,其毕业生亦分布到全国各路局。

参考文献:

交通部交通史编纂委员会、铁道部交通史编纂委员会编:《交通史·路政编》,1935 年、1936 年。

天津市地方志编修委员会办公室、天津图书馆编:《〈益世报〉天津资料点校汇编》(二),天津社会科学院出版社,1999 年。

(王 冬)

约 翰 · 赫 赛

　　约翰·赫赛(1914—1993),英文名 John Hersey,美国人,1914 年 6 月
17 日出生于天津。其父罗斯科·赫赛(R.M.Hersey),中文名叫韩慕儒,是美
国传教士,1914—1925 年间,在天津基督教青年会任总干事,其母格雷丝
也是一名传教士。其父母都曾在南开中学兼教英语,当时周恩来正在南
开中学就读,格雷丝是他的英语教师。

　　约翰·赫赛小时候常与中国小朋友一起玩,当时他的中国话说得比美
国话好。他在天津美国学校读小学,和他最要好的同学是后来成为名记
者的爱泼斯坦,他们成了真正的"哥们儿",又一起在天津英国文法学校
就读。1923 年,约翰 9 岁的时候,爱泼斯坦被汽车撞了,左腿骨折,在家养
伤时,约翰一有空就到爱泼斯坦家陪伴。

　　1925 年,当他 11 岁时,他同父母一起返回美国纽约市。1936 年,约
翰·赫赛毕业于耶鲁大学并获得硕士学位,后曾当过司机、管家、秘书、编
辑和记者,从 1942 年开始了他的写作生涯。作为记者,他于 1939 年、1946
年以《时代周刊》记者的身份两度访华。约翰·赫赛是最早践行"新新闻"
写作手法的记者,对美国的新闻报道产生了很大的影响。他的主要作品
有《广岛》《阿达诺之钟》(A Bell for Adano,1945 年获普利策奖) 等。从
1965 年起,约翰·赫赛任教于耶鲁大学,长期讲授写作课程。

　　约翰·赫赛一生写了 20 多本书,中国始终是他写之不尽的源泉。他的
两部名著都是以中国为背景的。《一块卵石》(1956 年),以散文诗的形式,

描写了解放前长江两岸人民的苦难生活,是他对在中国的童年生活的一段折光反射;长篇小说《召唤》(1985年),是以一位美国传教士在中国传教为背景的,显然其中既有他父亲的缩影,也有他童年的足迹。

新中国成立后,约翰·赫赛于1981年来我国进行友好访问。10月11日来津,在历时两周的访问中,先后会见了副市长王光英和梁斌、袁静、鲁藜、周骥良等知名作家,以及宗教界人士,参观了一些工厂、博物馆和教堂,访问了他童年时代的旧居和学校,看望了他父母的生前友好。他还独自漫步大街小巷,对天津人民的生活进行了深入细致的考察。

约翰·赫赛得知天津基督教青年会已经正式恢复活动,便与该会总干事杨肖彭会晤,走访了张伯苓、王化清(治平)和陈芝琴的后裔。《天津日报》记者采访了他,他用英语同记者交谈,但不时地插进一些他认为很有把握的汉语单词和短句,以尽量表达他对中国的友好感情。当记者拟将"可爱的天津——我的第二故乡"作为采访文章的标题而征求他的意见时,他兴奋地说:"好极了! 我要求你把'第二故乡'改为'第一故乡',因为我出生天津,我像天津人那样热爱天津!"

1981年深秋,约翰·赫赛回到了美国。从1982年5月10日起《纽约人》(The New Yorker)连续4期刊载约翰·赫赛的长篇系列报道《故乡之行》,在国际上引起了广泛反响。他一开头就写道:"这座小楼就是我的家,我在这儿度过了11年,往事如烟,尽在思念中,中国是我的故乡。"他满怀深情地回忆儿时在天津的生活,言语间充满了怀念和留恋。

1993年,约翰·赫赛病逝于美国,终年79岁。

参考文献:

周骥良:《出生在天津的美国著名作家》,北方网,http://www.enorth.com.cn,2001年10月3日。

秦颖:《出生在天津的美国著名作家约翰·赫赛》,载天津市和平区政协编、李玉林主编:《和平区名人纪事》,2004年内部印刷。

金彭育:《约翰·赫赛津门寻踪》,载天津市和平区政协编、葛培林、韩玉霞执行主编:《天津市和平区历史文化名人》,2012年内部印刷。

（张绍祖）

臧　启　芳

臧启芳(1894—1961),字哲先,又字哲轩,号蛰轩,辽宁盖县人。

臧启芳祖父臧际庆、父亲臧国昌、兄臧启明,三世经商。他 8 岁起开始
随兄入私塾读书。1905 年入日本小学学习,后学校改名熊岳公立两等小
学堂。1908 年毕业,又考入奉天省立两级师范学堂附设中学,因学习成绩
优异,免除学费,并每月供给膳杂费。1910 年冬,日本人强行改筑安奉铁
路,臧启芳在沈阳曾参与组织宣传队,抵制日货。

1911 年,武昌起义爆发,臧启芳剪发以响应。1912 年秋,闻听南京建
有民国大学,臧启芳取道大连由上海转抵南京应试,并被录取。1913 年,
探知宋教仁在北京创立民国大学,于是转入该校商业预科。1915 年暑假,
返乡与王淑清结婚。

1916 年,臧启芳兼任中国大学(前称民国大学)附中英文教员。1919
年 5 月 4 日,五四爱国运动爆发,同学们推举臧启芳为校游行活动主席,
游行队伍经东交民巷至铁狮子胡同,捣毁了曹汝霖住宅。同年 10 月,北
京政府举行文官高等考试,臧启芳以优异成绩被录取,分发到财政部烟
酒事务所实习。后赴美国留学,初入加州大学研究院,研究经济学、财政
学。1920 年夏,他开始翻译韩纳《经济思想史》。同年秋转学到伊利诺大
学,专攻经济学。随陶锐教授研究市政,译成奥格的《美国市政府》一书。
1923 年,与孙国封、丁滋圃等先后相遇,相交甚欢,于是草就《东北大学计
划书》。同年回国后,晋谒奉天省省长兼东北大学校长王永江,虽被邀请

留省任职,但未答应。后被中国大学校长王正廷聘为该校经济学系教授,并在华北大学兼课。1925年春,臧启芳被商务印书馆编辑所所长王云五任命为奉天分馆经理,兼理吉林、黑龙江两省支馆业务。1926年,又被东北大学文学院院长汪希颍邀请,兼任东北大学教授。1928年,王永江病故,时任奉天省省长刘尚青兼任东北大学校长,将学校扩充为文、理、工、法四个学院,臧启芳任法学院院长。皇姑屯事件后,张学良兼任东北大学校长,臧启芳被调任东北特别区行政长官公署机要秘书,由此从学界转入政界。

1930年9月,东北军入关,臧启芳出任天津市政府社会局局长。10月,转任天津市市长。在任市长期间,正值比利时将天津比利时租界归还中国,臧启芳于1931年1月任接收专员,并于1月15日出席在天津比利时租界工部局举行的交收典礼。当日天津全市悬挂旗帜庆贺。臧启芳于1931年3月底卸任,由张学铭任市长。卸任后,臧启芳调任东北行政长官公署地亩管理局局长。

1932年1月,臧启芳被国民政府聘为国难会议委员。1934年,被江苏省政府主席陈果夫委派为盐城第四区行政督察专员。1936年6月,又改无锡第二区行政督察专员,9月兼保安司令。西安事变后,臧启芳出任已经迁到北平的东北大学代理校长,在他的领导下学校又迁往开封,暂借河南大学为校舍,先与分设在西安的工学院同时复课。后又转赴四川三台校本部,奉令将学校改为国立,并于1939年7月出任国立东北大学校长。9月,任三民主义青年团中央监察会监察。1943年2月,任三民主义青年团第一届中央监察会监察。1946年夏,率领东北大学在沈阳复校。11月,当选为制宪国民大会代表。1947年10月,辞去东北大学校长职务。1948年,就任财政部顾问、教育部教育委员会委员兼中央大学教授。

1949年,臧启芳随蒋介石政府去台湾,任台湾编译馆编译委员。1961年2月28日,在台湾病逝,终年67岁。

著有《经济学》《蛰轩词草》等书行世。

参考文献：

周邦道:《近代教育先进传略初集》,中国文化大学出版部,1981年。

徐友春主编:《民国人物大辞典》,河北人民出版社,1991年。

天津市档案馆、南开大学分校档案系编:《天津租界档案选编》,天津人民出版社,1992年。

天津市地方志编修委员会办公室、天津图书馆编:《〈益世报〉天津资料点校汇编》(二),天津社会科学院出版社,1999年。

（郭　辉）

张 国 藩

张国藩(1905—1975),字铁屏,湖北安陆人。1905 年 12 月,张国藩出生在安陆县北大乡张家湾的一个农民家庭。张国藩 9 岁进莲花庵读私塾,13 岁进安陆县城英国教会办的崇文小学读书,16 岁升入英国教会办的武昌博文中学。1926 年,在该校校长、英人丁克生的资助下,去上海沪江大学学习物理和数学。1930 年,他在发表的《物理常数和分子力》论文中,提出了液体和固体的状态方程式:$P-K(V-Vo)/Vo=RT/(V-Vo)$,在当时这是具有独创性的。是年毕业后,按照契约规定,返回母校博文中学任教。一年后,通过考试,获湖北省官费赴美留学。张国藩不仅学业优秀,同时在课外还阅读了大量农学、心理学、伦理学、哲学和社会主义等方面的书籍。他受大革命的影响,关心国家的命运,想对国计民生有所裨益,"立志不做官","专心想做一个学问家"。

1931 年,张国藩到美国康奈尔大学学习水利工程和物理学。1932 年他的硕士论文《液体分子聚集态的理论本性及其机构》发表。1933 年 2 月毕业,取得理学硕士学位。他决心继续深造,随即转入美国中部的爱荷华大学攻读水利,兼攻流体力学、空气动力学和航空力学,开始从事流体力学的湍流理论及应用方面的研究。1935 年 3 月,张国藩获得工学博士学位。他的博士论文《溪流中的落体及对湍流的影响》,研究落体落到一流体中后的状态及对湍流的影响,这一成果后来多被研究湍态化的学者所引用。

此后,他的研究成果主要集中在三个方面:一是对微分方程的研究,二是对分子物理学和原子物理学的研究,三是对湍流理论的研究。其中成果最突出的是关于流体力学中湍流理论的研究。在微分方程的研究方面,他先后在国内外发表研究论文《改良皮卡氏之近似法求解微分方程式》《用逐次逼近法解偏微分方程》《用近似法解普郎特边层公式》等。在对分子物理学和原子物理学的研究方面,他发表有《物理学中的几个问题》等文章。在对湍流理论的研究方面,其成果最为突出。其中《湍流的热性理论》一文,把湍流与分子热运动相比拟,提出湍流温度的比拟概念,并对某些问题进行了计算,得到了与实验相符的结果。此后发表一系列论文,形成了他独特的学术观点,得到了国际学术界的认可。

为了回国后大展宏图,张国藩借回国返程之便到欧洲进行了考察。1935年3月他从美国纽约出发,第一站到英国伦敦,先后考察了剑桥大学、伦敦大学、爱登堡大学以及格拉斯哥、利物浦和曼彻斯特的大学、研究所、博物馆。第二站到法国巴黎,参观了巴黎大学和博物馆。第三站到德国柏林,在哥廷根他拜访了著名流体力学教授普郎特,同时见到了在此学习的中国学生陈省身。而后去了荷兰、意大利等国,于1935年6月回到上海。

1935年9月,张国藩前往北洋工学院任教。1937年日军侵占华北,北洋工学院被迫西迁入陕,与其他院校合组西北工学院,张国藩任西北工学院教授,教授物理、流体力学和航空力学。其后又出任航空系系主任、校评审委员会委员。

抗日战争胜利后,1946年北洋大学在天津复校。张国藩应聘为北洋大学教授,教授流体力学、物理、力学课程,兼航空系系主任。

1949年1月天津解放,2月张国藩被任命为北洋大学教务长兼物理系系主任。1951年9月,北洋大学与河北工学院合并,定名天津大学。同时津沽大学改为公立,任命张国藩为津沽大学校长。1952年全国进行大学的院系调整,同年2月张国藩又回到天津大学,担任天津大学第一副校长并主持学校工作（当时的天津大学校长由天津市市长吴德兼任，1955年吴德虽调离天津，但仍任校长）。1950—1951年曾兼任天津市教育局局长。自1957年起张国藩担任天津大学校长，直到1975年病逝。1956—1966年兼任天津市副市长，1959—1966年兼任天津市科协主席。1958年兼任民盟河北省副主委、民盟中央常委等职。曾任第一、第二、第三、第四届全国人民代表大会代表，1960—1977年任第二、第三、第四届天津市政协副主席和民盟天津市委员会主席。

　　张国藩担任天津大学校长期间，于1957年4月10日接待了周恩来总理陪同波兰部长会议主席西伦凯维兹到天津大学视察。1958年8月13日，毛泽东主席来天津大学视察，作为校长的张国藩有幸陪同，并亲耳聆听了毛泽东主席关于教育革命的指示，中午在正阳春饭庄陪同毛泽东主席共进午餐。1959年5月28日，周总理专程到天津大学视察，在大操场为学校师生做了形势报告，并对学校的教育教学做出了重要指示，还视察了部分实验室和工厂，张国藩再一次见到了周总理。张国藩担任天津大学校长长达15年，如何办好社会主义的高等学校始终是他思考与探索的主要课题。他按照党的路线方针开展工作，发挥自己的聪明才智，为天津大学的建设与发展做出了重要贡献。

　　张国藩在发展湍流应用研究方面很有远见。1964年，我国制定了十年科技规划，其中力学部分的中心问题之一是"湍流理论的研究"，张国藩承担了这一重大项目，并成为该项目的学术带头人和项目负责人。同时他也重视应用研究，重视科研实验。天津大学是一所多科性工科大学，张国藩认为工科学校更应当着手解决工程技术中迫切的实际问题，例如气力输送、液态化等。他还给这些研究内容取名叫"颗粒-流体力学"，他认为这方面与许多工程实际问题紧密联系，研究成果能马上用于生产，促进生产发展。20年后，国际上在这方面的研究得到蓬勃发展，证明了张国藩的远见卓识。

　　晚年，张国藩积几十年的教学经验和科研成果，编著了《流体力学》

《振动力学》两部教材，被很多高等院校所采用。

1975 年 12 月 5 日，张国藩病逝于天津，终年 70 岁。

参考文献：

吕志毅主编：《河北大学史》，河北大学出版社，2001 年。

王杰：《著名流体力学与物理学家张国藩》，载天津市政协文史委编：《近代天津十二大自然科学家》，天津人民出版社，2011 年。

张绍祖：《著名物理学家与教育家张国藩》，载张绍祖、张建虹编撰：《天津河西历史文化名人传略》，线装书局，2013 年。

（张绍祖）

张 国 淦

张国淦(1876—1959),字乾若、仲嘉,号石公,湖北蒲圻人。

张国淦自幼随父寓居安徽。1902年,张国淦乡试中举,1904年考取内阁中书。1906年授礼部学馆纂修,同年清政府设考察政治馆(后改名宪政编查馆),张国淦任馆员。

1907年,张国淦前往黑龙江,历任黑龙江抚院文案(秘书长)、财政局会办等职。1910年,经奏保以道员留黑龙江补用。次年,任黑龙江交涉局总办。1911年,擢任黑龙江清理财政监理官;6月,调北京任内阁统计局副局长。1912年4月任国务院铨叙局局长、国务院秘书长,后历任总统府秘书长、内务次长、教育总长。黎元洪执政时,因同乡关系,继续受重用,历任总统府秘书长、国务院秘书长、农商总长、司法总长、全国水利局总裁等要职。周旋于北洋军阀各派系之间,调解矛盾,为各方所倚重。1918—1926年,先后担任平政院院长、高等文官惩戒委员会委员长、农商总长兼署内务总长、教育总长、司法总长、北京图书馆馆长等职。

1926年7月,广州国民政府进行北伐,摧毁了北京政府的统治。至此,张国淦也结束了他的官僚政治生涯。去职后,他移居天津,常往来于北平、东北之间,从事史地调查研究工作,以写稿、卖书维持生活,一心闭门整理方志,从事地方志的收集和研究,考订了全国地方志近万种,从秦汉方志到明清方志,积成稿本300万字,地方志部分著作即成于此时。其中,从秦汉至宋元的方志考订稿约70万字,成《中国古代方志考》。七七事变后,他迁居上海,继续潜心研究地方史志与著述。

1945 年秋,《文汇报》在上海复刊,张国淦被推为董事长。复刊后的《文汇报》坚持进步方向,持论公正,触犯蒋介石,于 1947 年 5 月 24 日被无理查封,勒令永久停刊。新中国成立后,《文汇报》迎来新生和灿烂前程,张国淦仍然代理董事长一职,悉心馆务,维持公正舆论,直至 1953 年《文汇报》公私合营。随后张国淦受聘为上海文史馆馆员。

1953 年,中央人民政府副主席董必武力邀张国淦北上参加工作,受聘为中国科学院近代史研究所特约研究员,专事民国初政事的研究。1954 年,张国淦任北京市政协委员。1955 年当选全国政协委员。

新中国成立后,张国淦将数千张珍贵的碑帖拓本及部分珍贵藏书捐献国家。1952 年,中南图书馆(现湖北省图书馆)馆长方壮猷向中南军政委员会文化部报告,请示收购张国淦"无倦斋"藏书。张国淦欣然应允,自称"藉悉私藏图书自当公诸人民,况武汉家乡……今幸得归中南图书馆,实获我心,不足言谢"。并从上海运抵武汉,大部分藏书遂归中南图书馆收藏,其中地方志较多,计有 1698 部,18 696 册,明清刻本较多,亦有十数种宋元明刻本和抄本,鄂人著述近 3000 册。张国淦为此受到中南军政委员会文化部表扬。

张国淦晚年专事著述,成为一代方志学泰斗,他对东北史和方志学进行汇集研究,考证史传得失遗阙,成一家之言。主要著作有《历代石经考》《俄罗斯东渐史略》《中国古方志考》《〈永乐大典〉方志辑本》《芜湖乡土志》《黑龙江旗制辑要》《黑龙江志略》《西伯利亚铁路图考》《续修河北通志》《湖北书征》《湖北献征》《中国书装源流》《常熟瞿氏观书记》《辛亥革命史料》《北洋述闻》《潜园文集》《潜园诗集》等,并参加过《湖北文征》的编纂。

1959 年 1 月,张国淦病逝于北京,终年 83 岁,安葬于北京八宝山革命公墓。

参考文献：

周家骏：《张国淦先生其人其事》，《档案与史学》，1997 年第 5 期。

李新等主编：《中华民国史·人物传》，中华书局，2001 年。

李玉安、黄正雨编著：《中国藏书家通典》，中国国际文化出版社，2005 年。

（郭以正）

张 季 鸾

　　张季鸾(1888—1941),原名炽章,陕西榆林人,1888 年 3 月 20 日生于山东邹平,父亲张翘轩为光绪二年(1876)进士,时任山东邹平县县令,为官清廉。母亲是一位慈祥温和的女性,父亲去世后,母亲带着他和两个妹妹,回到了祖籍陕西榆林。

　　在艰难的生活条件下,母亲坚持让儿子去读私塾。张季鸾聪敏过人,刻苦好学,父亲生前常教他读书识字,他过目不忘,作文一挥而就,文采超群。15 岁时,张季鸾受陈兆璜资助到醴泉烟霞草堂读书,遇到了恩师刘古愚。陕西很多文化名人都受过刘古愚的教育,民国时期著名的"陕西三杰",其中两个就是他的学生,即于右任和张季鸾。张季鸾后来执笔办报,纵横时事,所秉持的原则就是"国家至上,民族至上",恩师的教导对于后来张季鸾的经世学文、立言于天下影响深远,为张季鸾以后从事记者职业打下了良好的基础。

　　1904 年,母亲去世,令张季鸾悲痛不已,更激发他发奋学习,刻苦求知。不久他赴省会西安应试,受到沈钧儒的父亲,时任陕西学政沈卫的器重。1905 年 10 月,沈卫保举张季鸾官费留学日本。他先入东京经纬学堂,后入东京第一高等学校攻读政治经济学。1906 年,陕西的留日学生在东京成立了同盟会陕西分会,张季鸾是首批加入同盟会的成员之一。张季鸾在日本留学 5 年的经历,使其在后来的抗战中,对日本问题分析得深刻而中肯,常常能触到日本人的痛处。

1911年，张季鸾学成回国，出任于右任主办的《民立报》编辑。在于右任的影响和启迪下，张季鸾在新闻界脱颖而出，崭露头角。

1912年元旦，中华民国临时政府成立，孙中山就任中华民国临时大总统。经于右任推荐，张季鸾出任总统府秘书，并参与起草孙中山的《临时大总统就职宣言》。

孙中山就职时，张季鸾曾向《民立报》拍发新闻电，报道临时政府成立和大总统就职情况，这也是民国报纸第一次拍发的新闻专电，为民国报纸有新闻专电的开始。孙中山辞去临时大总统后，张季鸾也随之离去。张季鸾曾与于右任、胡政之、曹成甫等人合作创办过民立图书公司。1916年9月至1924年底，在北京和上海主持过《中华新报》。

1926年初，张季鸾失业后滞留天津。1926年9月1日，与吴鼎昌、胡政之合作接办《大公报》，以"大公报新记公司"名义，重新复刊。张季鸾作为《大公报》总编辑（时称"主笔"），提出著名的"不党、不卖、不私、不盲"的"四不主义"，成为"新记"时期《大公报》的办报方针。与此同时，他们还完善机构，网罗人才，购置设备，加强管理。在具体的办报活动中，张季鸾始终坚持对时局进行尽可能公正、客观的报道和评论。1930年底至1931年夏，蒋介石连续三次"围剿"红军，《大公报》在追踪报道中，不乏肯定红军的文章。20世纪30年代，国民党政府要求各个报刊一律称共产党为"共匪"，只有《大公报》从未服从这个命令。1935年，在国民党一片"剿匪"声中，《大公报》就发表了范长江采访延安的稿子，报道了陕北边区的真相。

1931年5月22日，正是社长吴鼎昌48岁生日，这一天《大公报》发行第一万期，当天报纸发行量骤然猛增数倍。北大文学院院长胡适发给《大公报》的贺词说："《大公报》已超越上海《申报》，天津报纸发展成全国舆论机关。"

1931年，震惊中外的九一八事变爆发，记者汪松年立即打电话给主笔张季鸾，张季鸾临时在要闻版补进了这条震惊世人的消息，《大公报》成为国内第一家报道九一八事变的报纸。同时张季鸾还打电话给在京的胡政之,要他赶往协和医院采访张学良。

1936 年以后,华北局势危机四伏,《大公报》在天津已无法展足,这时张季鸾首先想到了上海。同年 4 月 1 日,张季鸾创办上海《大公报》,他发表社论说:《大公报》在天津和上海两地发行,不是扩张事业,而是形势所迫。

1936 年 12 月 12 日西安事变爆发,14 日,张季鸾在《大公报》发表了题为《西安事变之善后》的社评。16 日,他写了第二篇社评《再论西安事变》。18 日,他的第三篇社评《给西安军界的公开信》发表,这是他在事变发生后的力作,也是他人生中最著名、最有力的代表作。对于张季鸾对事变的影响,中共领导人给予了充分的肯定。七七事变爆发后,《大公报》先迁汉口,再迁重庆,继续出版。

1941 年 5 月,《大公报》迎来美国密苏里大学新闻学院"最佳新闻服务奖"的殊荣。在学院给《大公报》的获奖词中说:"在中国遭遇国内外严重局势之长时期中,《大公报》对于国内新闻和国际新闻之报道,始终充实而精粹,其勇敢而锋利之社评影响于国内舆论者至巨。"①

1941 年 9 月 6 日,张季鸾在重庆病逝,终年 53 岁。毛泽东从延安发来唁电,称张先生"坚持团结抗战,功在国家"②。周恩来、董必武等在重庆参加吊唁活动,并谓"季鸾先生,文坛巨擘,报界宗师。谋国之忠,立言之达,尤为士林所矜式"③。

参考文献:

王润泽:《张季鸾与〈大公报〉》,中华书局,2008 年。

(杨秀玲)

---

① 王润泽:《张季鸾与〈大公报〉》,中华书局,2008 年,第 116—117 页。
② 同上,第 89 页。
③ 同上,第 59 页。

张 肖 虎

张肖虎(1914—1997),天津人。祖父张翰云、父亲张城(字瘦虎)均擅长作画,张肖虎在家中排行最小,上有三个姐姐和一个兄长。

1920年秋,张肖虎入河北师范学校附属国民小学初小读书。1924年,转入天津直指庵小学高小读书。在家庭艺术氛围的熏陶下,张肖虎兴趣广泛,爱好吟古诗、习书法和唱京剧。

1926年秋,张肖虎以优异成绩进入南开中学,并跳级直升初中部二年级学习。在南开中学就读期间,他对音乐表现出了浓厚兴趣,参加学校里的各种音乐社团,学习唱昆曲,弹钢琴,演奏二胡、笛子、月琴、六弦琴、萨克斯等乐器。

1931年,张肖虎考入清华大学土木工程系,那时课余音乐社团很多也很活跃,张肖虎入学不久就参加了学校的管弦乐队,在乐队排练期间受到了乐队指挥、外籍教授、著名小提琴家托诺夫的关注。大二时,张肖虎开始向托诺夫和另一名外籍教授、钢琴家古普克学习作曲理论和钢琴。大三时,他担任清华大学管弦乐队和军乐队的训练干事,辅导新队员练习管乐。大四时,除了在清华大学学习,担任清华大学管弦乐队和军乐队队长及助理指挥外,他还在燕京大学音乐系选修了音乐理论课,参加燕京大学乐队和合唱团。他吹单簧管、长笛、短笛,担任长笛独奏,参加室内乐队,演奏巴赫、贝多芬的作品。1933年,19岁的张肖虎采用宋代女词人李清照的词作,创作了声乐曲《声声慢》。1936年夏,张肖虎大学毕业,获工科学士学位。清华大学教务长潘光旦和工学院院长顾毓琇就张肖虎的工作去向产生不同意见,潘光旦更加肯定张肖虎的音乐才能,要留他在学校音乐室做助教;顾毓琇则认为培养一个工科生不容易,改行损失太大。经过校务会上的讨论,最终潘光旦说服了顾毓琇,张肖虎留校任音乐助教。

1937年,七七事变爆发,平津先后沦陷。张肖虎为照顾老母亲,回到天津,本想在安顿好家庭后回清华大学继续工作,他致信清华校长梅贻琦征询意见,梅校长回信说:“南方尚缺音乐教育条件,可在天津边执教育音乐,边学习音乐……”①张肖虎遂留在天津,先后受聘于天津私立耀华中学、天津基督教青年会和天津工商学院,担任音乐教员、指挥和教授等职。张肖虎与人合作先后创办了私立天津音乐专修学院、青年会音乐专修科、音乐学塾等音乐教育机构。

在耀华中学时,他曾建议音乐教学作全面改革,并以健康、严肃的音乐陶冶学生,用民族性强、有爱国意识的音乐鼓舞激励学生,使他们日后成长为对国家有用的人才。在校长的同意和支持下,耀华中学的音乐课由“唱歌为主”转为“唱歌、欣赏、乐理并举”,鼓励学生课余学乐器,同时组成了口琴队、管弦乐队及人数众多的大型歌咏团,学习演唱积极、健康的作品。张肖虎组织和指挥的耀华中学、青年会合唱团,吸引了天津200多名青年音乐爱好者,经过严格训练,合唱团曾用英语演出《乡村骑士》《唐豪塞》等歌剧选曲和《蓝色多瑙河》《弥赛亚》等世界名曲。

1939年,张肖虎编写了《乐学基础》一书,全书25万余字,包括基本乐理、曲式和乐器知识。此外还与其他音乐教师重新选编了三本歌曲选,分别为小学、初中音乐课上使用,其中排除了敌伪歌曲。1940年,张肖虎与同在耀华教书的清华校友王守惠共同构思创作了4幕历史题材歌剧

---

① 张肖虎:《沦陷时期的天津音乐活动》,载天津市政协文史委编:《天津文史资料选辑》第67辑,天津人民出版社,1995年,第59页。

《木兰从军》。

1941年,张肖虎建立了以天津工商学院为主,同时兼收社会爱乐青年的工商学院管弦乐队,他任指挥及正指导,定期练习乐器。在天津市举办的梵蒂冈第二任驻华代表蔡宁主教的欢迎会上,天津工商学院管弦乐队演奏了莫扎特《小夜曲》。该年是莫扎特逝世150周年,为了赈济灾民和救助学校贫困生,管弦乐队还举办了莫扎特作品慈善音乐会。

1944年,在天津青年会总干事杨肖彭的鼓舞下,由燕京大学宗教学院院长赵紫宸根据圣诞的故事,采用中国古典诗词的风格作词,张肖虎谱曲,创作了大合唱《圣诞曲》,在天津第六区青年会服务部礼堂公演,张肖虎任音乐指导。

1945年,张肖虎创作交响乐《苏武》,以古曲《苏武牧羊》为主题音调,并将歌词各段进行变体处理,用苏武思念祖国的故事,抒发爱国情怀。其时天津正为筹办一所山东医院募捐,医院院长邀约张肖虎以作品《苏武》举办筹款义演。张肖虎指挥天津工商学院扩大交响乐团在天津耀华礼堂进行了演出,引起天津民众感情共鸣,有些听众寄信表示"听了这首交响乐,爱国之心油然而生"。

1946年秋,清华大学迁回北平,张肖虎又重新受聘于清华大学,任音乐室主任导师。由他作曲并指挥的大型4幕歌剧《松梅风雨》在平津两地巡回演出20场次。之后他在清华大学恢复重组了管弦乐队、军乐队、合唱团,开设了音乐理论方面的选修课,举办了钢琴、提琴、声乐学习班和音乐讲座,同时还指挥着燕京大学的管弦乐队。

1949年开国大典时,张肖虎身背大鼓,率领作为大学生仪仗队的清华大学军乐队走过天安门广场,接受毛泽东等党和国家领导人的检阅。自1950年起,他先后任北京师范大学音乐系理论作曲教研室主任、作曲系副主任、音乐系系主任、艺术教育系系主任等职,创办并指挥了北师大合唱团。1956年后,他又陆续任北京艺术师范学院、北京艺术学院音乐系系主任,燕京大学和中央音乐学院作曲系兼职教授。其间,张肖虎创作大型舞剧《宝莲灯》，并获邀赴苏联，协助新西伯利亚歌剧院改编此剧并上演，作为我国国庆10周年贺礼。在新西伯利亚市，他荣膺了"劳动荣誉奖""新西伯利亚市人民奖"。

1964年，张肖虎任新建的中国音乐学院作曲系副主任。1973年，中国音乐学院与中央音乐学院合并成立中央五七艺术大学音乐学院，张肖虎任中央五七艺术大学音乐学院作曲系教授。

1980年5月，张肖虎参加中国音乐学院的复建工作，任副院长兼作曲系系主任和研究生导师。同期还参加了北京师范大学艺术教育系复系工作，任系主任。

1997年2月19日，张肖虎病逝于北京，终年83岁。

参考文献：

向延生主编：《中国近现代音乐家传》，春风文艺出版社，1994年。

孙玉蓉：《音乐家张肖虎早年歌剧创作拾珍》，载天津市政协文史委编：《天津文史资料选辑》第69辑，天津人民出版社，2007年。

秦德祥编著：《高山流水——常州音乐名家》，方志出版社，2010年。

（赵云利）

章　钰

　　章钰(1865—1937),字式之,又字坚孟,别署蛰存、茗理等,晚年自号霜根老人,江苏苏州人。

　　章钰年幼时喜欢读书,家境虽然很贫困,但父亲仍然为他购买了《日知录》《困学纪闻》,这两部书对他的影响很大,一直伴随他终生,他认为自己的学业根基是从这两部书开始的。

　　17 岁时,章钰考入苏州府学,后又入紫阳书院读书。1903 年,章钰考中进士,他以奉养母亲为由,回到故里,被江苏巡抚延入学务处任职。章钰是苏州当地开办小学的发轫者,在学务处期间,规划、帮助建立 40 余所初等学校。1909 年,章钰调外务部充一等秘书,兼京师图书馆编修。

　　辛亥革命后,正值盛年的章钰绝意仕途,辞官后退居天津,潜心学问,对经史、辞章、金石、考据各门,无不博洽。在天津居住 20 年,专注于藏书、读书、校书。初到天津时,章钰受聘为张叔诚(天津著名的文物收藏家)家所办的家学授课。1914 年曾一度在清史馆纂修《乾隆朝大臣传》《忠义传》《艺文志》。

　　1927 年,章钰接受严修延请,在著名的天津崇化学会担任主讲。他遵循儒家“有教无类”的传统,对求学者不分贫富贵贱,来者不拒,一视同仁。出于振兴国学的一片热忱,章钰特为崇化学会订立学程,设义理、掌故、辞章三部。学生既可专学也可兼学,且手书“学海”匾额悬挂于崇化堂。最初课堂设在严范孙家,每月授课两次,以经史发题,并校阅笔记,分数最高的给予奖励。后来崇化学会迁到河北二经路,再迁文庙明伦堂。授课改为每周三、周六两天,讲授经义及讨论各种学术的得失,析疑辩难。由于章钰学识渊博,崇化学会一时盛况空前,为振兴天津国学,研究经史古文做出了突出贡献,培育了一批优秀文化人才。

章钰少孤,家境贫寒,10多岁时即靠替人抄书来奉养母亲。一次偶然的机会读到曾国藩家书中有关读书的日程安排,于是节衣缩食,开始购置数量不多的图书。这时章钰的购书主要是供自己阅读之用,还谈不上有意识地图书收藏。中举以后,章钰声誉日起,于是更为刻苦攻读。这时他的藏书已有2万余卷,其中以金石目录及史部掌故之书为多。章钰有意识地藏书大约是从此时开始的。他的经济状况已有明显地好转,他以授徒之束脩、书院之膏火,大量购置经史集部图书。他在所收藏图书的12个书箱上,标上"得此书,费辛苦,后之人,其鉴我"12个大字,每箱一字,既是编号,也表现了自己对图书的珍爱,反映了自己收藏图书的艰难。

章钰藏书之处取名"四当斋","四当"二字兼取两位古代藏书家宋尤延之、明胡元瑞之遗说,前者"饥读之以当肉,寒读之以当裘,孤寂而读之以当友朋,幽忧而读之以当金石琴瑟",后者"饥以当食,渴以当饮,诵之可以当《韶濩》,览之可以当夷施"。章钰收集图书几成癖,他自己在所藏书记的跋语中说过:"三十年来有敛书之癖,一日不添书即觉虚度一日。"一生之中,四当斋收藏图书达到3368部,72 787卷,达21 596册之多。章钰藏书以史部最多,而其用力最勤者也是史部书,其次则是集部书。藏书中不乏珍贵的名家抄本、稿本,其中稿本《四寸学》一书经过师生三代、祖孙五代之手。原来章钰得书《四寸学》后,请恩师俞曲园鉴定,章钰去世后,章钰之子章元善将《四寸学》赠予了为章钰写传记的张尔田,张尔田就是章钰的弟子,而《四寸学》的作者张云璈是张尔田的高祖,高祖的稿本最终流传到玄孙手中,不能不说是一段书坛佳话。

章钰的校书更是成就卓著,有功于学林。他认为:读书不求善本,则郢书燕说,谬种流传,为学之大蠹。到1912年,章钰手校已达600卷,1921年左右,已经积累到四五千卷。一生中,他手校、手抄合计 15 000 卷,其中很大一部分都是在天津完成的。其中在天津完成的《资治通鉴》和《读书敏求记》用力最大、贡献最深厚。在将近 300 卷的《资治通鉴》中,章钰校出"脱、衍、误、倒"这四种情况共七千多处、万字以上,最终编撰成的《胡刻通鉴正文校宋记》于 1931 年刊行。新中国成立后,毛泽东主席倡导读《资治通鉴》,就是用的章钰勘校过的本子标点重印,一直沿用至今。1926 年刊行的《读书敏求记》以管庭芬著本为主,但参考了 28 种刊本、抄本、校本,如今已经成为目录学入门的必读书之一,甫一问世,时评"此本一出,旧本可废"。此外,《南齐书》《宋史》《旧五代史》等多部校勘著作虽然成就斐然,但惜未发行。

章钰不仅在校勘实践上成绩很大,而且在校勘理论上也作过探索,并将这种探索灵活地应用到自己的校勘实践中去。章钰认为古来校勘之学略分为两类:一在存古,明知版本有误也不轻改,而是另撰校记以备考证;一在求是,在证据确凿的情况下做必要的合理的改正,为的是不使全书"复留疮痛",可为将来"留一善本"。与一些校勘名家偏执一法不同,章钰强调应根据具体情况采用不同的方法。如他校《资治通鉴》,更多的是采用"存古"法,而他为陶湘校《程雪楼集》,就基本采用"求是"法,"择善而从,谊固应尔"。

1931 年冬,章钰定居北平,定期到天津来讲学,后来病情加重,不能往返平津之间,他让人将学会学员们的评卷和学习札记专程送到北平批阅。严修曾作《祝章钰六十寿》云:"君为斯文忧,教我距邪镌。我虽心折服,庸陋弗能为。惟颜能匡谬,惟韩能起衰。已为先知者,斯能觉后知。求之时贤中,舍君更有谁?"

1937 年 5 月,章钰在北京去世,终年 72 岁。当年 10 月,其遗孀王丹芬女士将四当斋的藏书全部捐献给燕京大学。燕大图书馆专辟纪念室收藏,同时陈列章钰生前用过的文具、书案等,又由其问业弟子顾廷龙负责编成《章氏四当斋藏书书目》3 卷行世。章钰著有《四当斋集》《四当斋藏书目》等,还与罗振玉等以殷墟甲骨文字撰楹联 400 余副刊行。

参考文献:

周斌主编:《中国近现代书法家辞典》,浙江人民出版社,2009 年。

章用秀:《天津书法三百年》,天津人民美术出版社,2013 年。

曹子西主编:《北京历史人物传》(下),北京燕山出版社,2014 年。

(郭登浩)

赵 今 声

赵今声(1903—2000)，原名玉振，以字行，河北辛集人。

1903 年 6 月，赵今声生于束鹿县回生村的一个普通农民家庭。7 岁时进私塾读书。翌年，入村里初等小学堂。1915 年升入束鹿县第一高等小学校，1917 年夏毕业，考入保定私立育德中学。他于 1921 年考入天津北洋大学预科，翌年以优异成绩考取直隶省教育厅保送香港大学读书的公费留学生。1926 年底在香港大学工科土木工程专业毕业，获得一级荣誉工学士学位。

大学毕业后，赵今声于 1927 年 7 月赴南洋群岛，在北加里曼丹沙捞越油田公司任测量员。1930 年 9 月回国，在沈阳东北大学土木系任助教。1931 年九一八事变后，于 12 月回到保定，在育德中学任高中物理教员。1933 年 8 月，他又到天津，在河北省立工业学院市政水利工程系工作，历任讲师、副教授、教授。主要讲授平面测量、应用天文、道路工程、水力学等课程。在抗战期间，他赴西北工学院任教，主要讲授测量及道路工程等课。

抗战胜利后，赵今声于 1946 年被选派去美国考察进修，先后在密歇根大学研究院、美国陆军工程兵团所属海岸侵蚀研究所、港口水道研究所学习港口工程。1947 年秋回国，重返天津，出任河北工学院水利系教授，兼水利系系主任，讲授港口工程、海岸及河口动力学等课程。

1949 年天津解放后，赵今声被任命为河北工学院院长。1951 年，河北工学院与北洋大学合并成立天津大学,他出任校务委员会副主任兼秘书长、水利系系主任。在他的建议下,天津大学水利系创建了港口及水道工程专业,赵今声担任教研室主任,编写教材,建设实验室。他亲自指导学生做课程设计和毕业设计,还带领学生前往烟台、青岛、大连、连云港等港口码头工地,进行生产实习。1952年,天津新港开港后,淤积严重,每年需要耗费大量资金,清除淤泥数百万立方米。1958年,赵今声受交通部委派,任天津新港回淤研究组副组长,并在天津大学建立海岸工程研究室,进行海岸及河口泥沙运动的研究。经过5年的艰苦努力,于1963年提出减轻新港回淤第一期工程方案,被采纳后,效果显著,新港回淤量大大减少。赵今声的研究,为中国海岸及河口泥沙运动学的建立与发展开了先河,并为我国培养了这方面的专业人才。

1964年,赵今声被国务院任命为天津大学副校长。1969年,他写出了《从船舶发展看港口发展趋势》《码头防护设备》两篇论文。他还主动提出建议,为新港海洋石油基地码头建设节省了20多万元费用。此后他又受交通部的委托,就砂质海岸输沙率进行研究,提出了一个砂质海岸输沙率的计算公式,被交通部采纳。1971年,交通部委任赵今声为主编,用3年时间完成一部87万字的《港口工程》教科书。该书被各大学采用,并于1989年被国家教委评为优秀教科书。此后他又先后对广西铁山湾建立南海石油开采供应基地的可行性和开挖航道后的回淤量进行研究。20世纪70年代末,他还随交通部组织的专家团考察了山东岚山、江苏连云港,对在何处建10万吨级轮船码头提出良策,被国务院采纳。1979年以后,他还曾先后赴美国、日本和澳大利亚的一些高校进行考察,一方面学习外国的先进科学技术和教育教学经验,另一方面也向国外介绍了我国的学术研究成果和教育成就,促进了中外文化交流。赵今声在从教60余年中,直接教过的学生达数千人,包括众多港口及航道工程专业和海岸工程专业的研究生,其中很多人成为专家学者,有的还担任了领导职务。

赵今声1979年光荣加入中国共产党。1982年,他从天津大学副校长的行政职务退了下来,专任天津大学水利系教授。20 世纪 80 年代中期,赵今声作为技术总负责人,对天津市海岸及海深资源综合调查进行指导,提出了开发利用方案,经国家验收合格。他对天津市对外经济技术开发区选址和建设方针提出全面设想,均被市政府采纳,并受到表彰。1985 年,他被推选为天津海岸带开发咨询服务公司名誉董事长。赵今声还被全国科学大会评为先进工作者,《光明日报》曾用头版头条《退居二线,又立新功》予以报道。他还编写了 70 万字的《海岸及河口动力学》一书,交由海洋出版社出版。他又应海洋出版社的特约,整理了研究波浪及水流作用下泥沙运动基本理论的论文,共三十余万字,编成《赵今声论文集》。

赵今声 1952 年参加民盟,是民盟天津市委员会第六、第七届主任委员及第八、第九届名誉主委,民盟中央委员会第四、第五届常务委员,民盟中央参议委员会第一、第二届常务委员。曾任天津市政治协商会议第一届常委,第二、第三届秘书长,第四、第五、第六、第七、第八届市政协副主席。全国人民代表大会第三、第五、第六、第七届代表。曾任天津市水运工程学会第一届理事长、天津市水利学会名誉理事长、天津市科学技术协会第二届副主席,全国科学技术协会第三届常务委员、中国海洋学会第二届副理事长。

2000 年 7 月 24 日,赵今声在天津病逝,终年 97 岁。

参考文献:

田俊:《港口专家赵今声教授》,载左森主编:《天津大学人物志》,天津大学出版社,1993 年。

薛万军:《港口专家赵今声》,载陈德第主编:《代代风流(1903—2003)》,黑龙江人民出版社,2004 年。

王家琦、王丽:《著名水利与港口工程专家赵今声》,载天津市政协文史委编:《近代天津十二大自然科学家》,天津人民出版社,2011 年。

(张绍祖)

赵 元 任

　　赵元任（1892—1982），号宣重、重远，原籍江苏常州。1892 年，赵元任出生于天津一个官宦诗书人家，六世祖赵翼是乾隆进士。赵元任的父亲中过举人，母亲擅诗词及昆曲。年幼的赵元任随其家人在北京、保定等地居住，那时他就显露出极高的语言天赋，喜欢学别人说话，并善于辨别出各地方言和语音特点。9 岁时，因为祖父病故，全家迁回常州。13 岁时，由于父母双亡，赵元任移居苏州大姨母家，跟随大表哥读书并学会苏州话。14 岁时，赵元任回到常州青果巷，与三个堂兄由大伯母照管并进入高小接受新式学校教育。他与同学组织了"青年集益社"买书，成立可供社员借阅的图书室。他还创办了《课余杂志》，并任科学编辑。

　　赵元任 15 岁时赴南京，考入江南高等学堂。江南高等学堂预科设置的课程有国文、英文、数学、物理、生物、图画、体操等。通过学习，赵元任英语水平大有提高，已经达到可以写诗的程度。在江南高等学堂的最后一年，17 岁的赵元任学习了化学、德语。1910 年，赵元任以第二名的成绩考取了第二批公费赴美国留学资格，进入康奈尔大学主修数学，还选修了物理、哲学和声学、教育心理学、生物实验、音韵学，其博闻强记，成绩优异。1914 年 9 月，他进入康奈尔研究生院并改学哲学。1915 年，赵元任学习和研究罗素著作后撰写论文并获奖。4 月，他收到哈佛大学授予的哲学奖学金，并接到攻读博士学位的通知。这一年，他还发表了多篇论文、科学小品、译文及音乐作品。读博期间，他在《科学》杂志上发表了多篇科学小品及文章。1918年，赵元任顺利完成毕业论文，并获得雪尔登旅行奖学金。8月，赵元任离开哈佛，去芝加哥大学、伯克利大学游学，学习哲学史、数学史。他在加州读书时，音乐活动丰富，他参加了阿瑟·法尔韦尔（Arthur Farwell），指挥的合唱团。在希腊剧院演唱大型歌剧《阿依达》（Aida）时，赵元任参演剧中僧侣与市民合唱。他还翻译中国民歌《湘江浪》（Siang Kang Waves）并谱和声。1919年，他回母校康奈尔大学任教。

1920年，赵元任返回祖国，到清华任教，教授中国音韵学、普通语言学、中国现代方言、数学、物理学、中国乐谱乐调和西洋音乐欣赏等课程。适逢美国教育家杜威和英国哲学家罗素来中国讲学，清华派他给罗素当翻译。1920年10月—1921年7月，罗素辗转上海、杭州、南京、长沙和北京各地讲学，赵元任陪同翻译，应对自如。每至一地，他都会用当地语言来为听众翻译。赵元任不仅将罗素的演讲内容完整无误地翻译出来，就连其中的笑话、俚语，也翻译得毫不走样，罗素极为满意。他与罗素建立了终生友谊。其间，赵元任解除了旧式包办婚姻，与中国佛教协会创始人杨仁山的孙女、首位留日医学女博士杨步伟喜结连理。赵元任还参加了国语统一筹备会，从事国语运动。除了这些，他还参加了多种学术活动。

1921年，赵元任偕夫人离开清华，去哈佛任教。他的译著《阿丽思漫游奇境记》于1922年元月由商务印书馆出版。商务印书馆还正式出版了赵元任所编的《国语留声片课本》与留声片。1923年，赵元任继续在哈佛教授中国语言课。其间，在伍兹（Woods）教授的帮助下，赵元任顺利申请到了查尔斯·霍尔基金（Charles Hall Foundation），并成立哈佛—燕京社，该社逐渐成为国际上研究中国与远东文化的重要中心之一。1923年，赵元任再次接受清华之邀，准备回国任教。回国之前，赵元任旅欧游学，其间他还曾在巴黎大学学习，时而去英国参加伦敦大学的学术活动。

1925年6月，赵元任抵达清华。此时的清华正在筹备成立国学研究院,聘请梁启超、王国维、赵元任与陈寅恪为导师(四大导师)。赵元任教授"方音学""普通语言学"和"音韵学"等课程,指导学员进行专题研究的范围包括中国音韵学、中国乐谱乐调和中国现代方言等。他在清华国学研究院任教期间,除语言学与语音学外,不仅在哲学系兼授逻辑学还在校外兼课讲学。

1926 年 2 月,赵元任开始到燕京大学授课。他还抽时间为《国际音标国语正音字典》正音,并开始翻译高本汉的《中国音韵学研究》和撰写并发表《北京、苏州、常州语助词研究》《符号学大纲》等,音乐方面还谱写了《也是微云》,茶花女中的《饮酒歌》《上山》《教我如何不想他》等,并计划编写歌曲选集《新诗歌集》。1928 年,赵元任作为中央研究院语言研究所研究员,在广州进行了大量的语言田野调查和民间音乐采风工作。1929 年,中央研究院历史语言研究所成立,并在北平开始工作,赵元任受聘为所长兼语言组主任。他不仅完成了粤语方言调查,还编译并出版了《最后五分钟》。1930—1937 年间,他一直在中研院史语所工作,除了继续在各个大学兼课,他还继续亲赴各地完成整理研究各地方言的工作。赵元任是中国第一位用科学方法做方言和方音调查的学者。他的耳朵能辨别各种细微的语音差别。他曾亲自考察和研究过吴语等近 60 种方言,会说 33 种方言。这期间,他发表论文《音位标音法的多能性》,谱写歌曲,出版《儿童节歌曲集》,并继续翻译高本汉《中国音韵学研究》一书。

1938 年,赵元任夫妇赴美,先是教学于夏威夷大学,开设过中国音乐课程,后教学于耶鲁大学至 1941 年,继续从事语言研究,撰写文章和书评,参加学术及社会活动。此后的 5 年中,他又回哈佛任教并参加《哈佛燕京字典》的编辑工作,其间加入了美国国籍。从 1947 年到 1962 年退休为止,赵元任在加州大学伯克莱分校教授中国语文和语言学,退休后仍担任加州大学离职教授。1945 年,赵元任当选美国语言学学会主席。1952 年,荣任阿加西基金会东方语和语文学教授。1960 年,被选为美国东方学会主席。他先后获得美国三个大学的名誉博士称号。

1973 年，中美关系正常化刚起步，赵元任夫妇就偕外孙女昭波和女婿迈克回国探亲。5 月 13 日晚至 14 日凌晨，受到周恩来总理的亲切接见，周总理还跟赵元任谈到文字改革和赵元任致力研究的《通字方案》。在座的还有郭沫若、刘西尧、吴有训、竺可桢、黎锦熙诸友。1981 年，赵元任应中国社会科学院语言研究所之邀，偕长女赵如兰、女婿卞学磺、四女赵小中再次回国探亲，受到邓小平的热情接见，并接受了北京大学授予的名誉教授称号。

　　作为五四时期"科学"与"民主"的积极提倡与实践者，赵元任在大学和研究生学习阶段参与了"中国科学社"的创建，成为《科学》杂志的撰稿人并长期参与该杂志的编辑工作。从 1920 年执教清华至 1972 年在美国加州大学退休，前后从事教育事业 42 年，中国著名语言学家王力、朱德熙、吕叔湘、丁声树、杨时逢等都是他的学生，"给中国语言学的研究事业培养了一支庞大的队伍"，也培养了罗杰瑞等一批美国汉学家。

　　在音乐方面，赵元任突破了"学堂乐歌"借用外国乐谱填词的模式，开始完全由中国人独立作曲作词，使中国近现代音乐进入新的发展阶段。他是中国近现代音乐史上当之无愧的先驱者之一。他创作的歌曲《劳动歌》《卖布谣》《教我如何不想他》《上山》《听雨》《也是微云》和合唱曲《海韵》等广为流传。赵元任一生著作等身，在语言学方面的代表作有《现代吴语的研究》《中国话的文法》《国语留声片课本》等。赵元任在音乐方面的代表作有《教我如何不想他》《海韵》《厦门大学校歌》等。赵元任翻译的代表作有《阿丽思漫游奇境记》。他是公认的中国现代语言学的先驱，被誉为"中国现代语言学之父"，同时也是中国现代音乐学之先驱，"中国科学社"的创始人之一，为汉语和中华文化的传播做出了突出的贡献。

　　1982 年 2 月 24 日，赵元任逝世于美国马萨诸塞州坎布里奇，终年90 岁。

参考文献：

张树铮:《遥遥长路·赵元任》,山东画报出版社,1998 年。

赵新那、黄培云编:《赵元任年谱》,商务印书馆,1998 年。

[美]罗斯玛丽·列文森采访:《赵元任传》,焦立为译,河北教育出版社,2010 年。

苏金智:《赵元任传》,江苏文艺出版社,2012 年。

（冯智强）

郑 炳 勋

郑炳勋（1866—1954），字纪常，号菊如，天津人。

1866年10月10日，郑炳勋出生于天津西门里大街的罗底铺胡同。郑家是广东香山县的书香世家，郑炳勋幼承家学，8岁时适逢上德堂药铺延李北溟设馆授徒，就前去拜师学习经史。20岁时，入天津县学，参加过两次乡试，第一次因荐卷落选，第二次因名额满了未能就试，从此他就放弃了举业。

清末实施"新政"后，全国各地中小学堂蓬勃发展，但师资力量薄弱。严修任直隶学务处总办时，多次考选学生出洋留学。1903年秋，郑炳勋等十余人奉派赴日留学，入东京弘文书院师范学科学习。翌年，郑炳勋学成归国，任直隶工艺总局教育品陈列所管理一职。教育品陈列所中不但有仪器、标本、模型等各种教学用品，还陈列着有关入学年龄、就学表格及各种教育方面的调查统计资料，甚至连学生的考试成绩，也加以甄选展陈。教育品陈列所中附设藏书楼，收藏有数千卷图书，以应用科学方面的为多。其间，郑炳勋撰著了《教育品分级编目》，呈请直隶总督批准后印行，分发各学校备录。

郑家在天津城西南水闸旁有10余亩地，当时严修建立的私立第一中学堂因"地狭不敷应用"，正向社会筹款扩建，郑炳勋代表家族将这10余亩地捐给学校，俗称"南开洼"。学校建成后以地名命名为私立南开中学堂，后改称为私立南开学校，郑炳勋任学校讲师和校董事会董事。

辛亥革命后，郑炳勋在京津两地专心从事文化教育工作。他在北京新街口北小七条购地，建书斋"书带草堂"，在天津罗底铺胡同老宅建"小书斋"。郑炳勋历任北洋政府农工商部商品陈列馆庋设课课长、京师蚕业讲习所管理兼国文教员、天津劝学所海河区劝学、北京国立高等师范学校庶务长兼管各专修科教务、河北省立第一中学国文教员、天津私立耀华中学教务主任兼国文教员、天津市立第一贫民救济院主任、河北省教育厅秘书兼第四科主任科员。

1927年，严修在天津文庙成立"崇化学会"，郑炳勋受聘在此讲学。20世纪30年代初，郑炳勋任天津国学研究社讲师。他讲授《诗经》，是本着孔子的"《诗》可以兴，可以观，可以群，可以怨。迩之事父，远之事君，多识于鸟兽草木之名"，"《关雎》，乐而不淫，哀而不伤"，以及"《诗》三百，一言以蔽之，曰：'思无邪'。"等精神。他反对朱熹把郑之国风多斥为淫诗，有自己的个人见解，并在讲授时反复阐明自己的观点。

1939年春，郑炳勋任伪天津特别市市立第二图书馆馆长。该馆前身是河北省立第一图书馆，原为清末直隶提学使卢木斋所倡建，除各省督抚送书及自购书外，以严修捐赠的家藏12000多部，计50000余卷珍贵善本书为主。七七事变爆发，天津沦陷后，此馆饱受战火，被迫关闭。为使珍贵图书免遭兵燹，馆内员工将图书分装30余箱寄存于天津盐业银行。后来日军进驻河北公园，图书被查封。经过多方交涉，日军才同意图书馆将书启封外迁，但限3日内必须搬完。该馆仓促间只得急租西关外联兴里230号民房一处，在日军荷枪监视下昼夜抢运，终于按时搬迁完毕。郑炳勋上任后，感到藏书民房地势低洼，易遭水患，改租城内鼓楼东大街164号徐朴庵宅前院15间房为新馆舍，赶在雨季到来之前将全部藏书搬迁完毕。不久天津罹患水灾，几乎全市被淹，但这批图书幸免于难，被完好地保存下来。经过编目整理，一年后向社会开放阅览。1942年，郑炳勋在馆内设儿童读书会，收不满10岁的贫苦家庭的儿童。他义务授课，每天下午两小时。儿童嬉闹无拘，没有定性，郑炳勋却口讲指画，毫不厌倦。随着日伪统治逐渐加剧，馆内经费被不断压缩，无法购置新书刊，只能以现有书刊开展借阅工作，读者日渐稀少，最终陷于停滞状态。1943年冬，郑炳勋辞职。

1945年日本投降后，郑炳勋任天津私立众成高等商业学校校长。当时市面物价飞涨，学校经费匮乏。为了延聘教师，已届79岁高龄的郑炳勋四处奔走，筹借薪资。为了节省开支，他自任国文课老师，并不领薪水。1947年，他又倡建天津私立崇化中学，选县文庙为校址。改庙为校，既能保护庙产，又能增加一处教育青少年的学校，可谓一举两得。

1952年，郑炳勋被聘任为中央文史研究馆馆员。1954年1月21日，郑炳勋在北京病逝，终年88岁。

郑炳勋著有《教育品分级编目》《文艺精选》《礼记选读》《诗经讲义》《古近体诗存》等。

参考文献：

《郑菊如先生诗存》，南开大学出版社，2011年。

谭汝为、刘利祥编著：《天津地名故事》，天津人民出版社，2012年。

（赵云利）

郑 汝 铨

郑汝铨(1907—2011),女,北京人。1907 年 9 月 14 日出生于江西九江。郑汝铨 3 岁起,母亲开始教她认字。6 岁,全家迁到天津。郑汝铨先在私立竞存小学读书,后来转入刚成立的圣功女子学校就读,成为该校的首届学生。

1919 年,郑汝铨考入天津中西女中,每天上课前,在外国或中国牧师的带领下,学生们进行半个小时的灵修会。受学校氛围的影响,郑汝铨开始信仰基督教,她在学校做过霓虹团的干事,市会的委员、总干事。

1927 年,郑汝铨中学毕业,考入天津南开大学。1928 年冬,郑汝铨转校到上海沪江大学攻读教育学兼社会学。1931 年毕业后,天津中西女中和上海中华基督教女青年会全国协会都对她发出工作邀请,郑汝铨选择回母校工作,并担任天津女青年会劳工部委员。

27 岁时,郑汝铨在上海正式受洗,加入教会,成为基督徒。1934 年,郑汝铨到美国的密歇根大学深造。1935 年毕业回国,在上海工部局中学为一名因生育而请假的老师代课,后受聘于长老会的上海清心女中。

1936 年夏,郑汝铨回天津探亲,好友劝说她留在天津,担任女青年会总干事。此时郑汝铨受聘于上海清心女中,感到非常为难。女青年会与清心女中张蓉珍校长接洽,张校长同意郑汝铨离开。1936 年 8 月 5 日,《华北明星报》(*North China Star*)登报宣告郑汝铨成为天津女青年会总干事。她还曾担任维斯理堂基督教徒青年主日学教师,培才小学董事,并参加过中国妇女友谊会、国际妇女友谊会、美国大学妇女会。

"一二·九"运动后,天津女青年会成为中共地下组织活动的阵地,虽然郑汝铨不清楚这些人的政治身份,但她抱着爱国热情,对他们的活动给予大力支持。

　　天津女青年会经费完全依靠捐款,为扩大募捐队伍的影响力和号召力,郑汝铨义务教当时天津市市长张自忠的妻子英语,并请她参观女青年会,并担任募捐的名誉总队长。张自忠的妻子为女青年会在市府内募捐到期望的数目,同时发展局长们的妻子担任募捐队队长,并吸收女职员加入募捐队伍。一些社会名流都曾为女青年会捐款做事。另外天津女青年会还向英、美、法等领事馆,各国传教士、外国军营、银行、公司等处募捐。郑汝铨担任总干事期间,得到的捐助年年超过目标,为开展各项工作打下了坚实的经济基础。

　　女青年会会员最初要读经祷告,后来增加了识字、唱歌、救济等活动,宗教色彩慢慢变淡。按照女青年会"服务社会,造福人群"的宗旨,郑汝铨带领女青年会一方面进行赈灾等救济工作,一方面开展义务教育、创办学校等教育工作。

　　在郑汝铨的带领下,天津女青年会的会员部(后改称成人教育部)有了很大发展,学生人数增多、科目增加。1937年,开办女仆识字班。1938年,成立初级小学部、义务小学。

　　七七事变后,天津女青年会劳工部创办"车夫幸福社",把人力车低价租给车夫,租金用来救济车夫疾病和意外;与相关部门合办难民诊疗所;设立"弃儿箱"救助弃婴。

　　1944年,郑汝铨结婚,不再担任天津女青年会总干事一职。同年秋,郑汝铨赴南京,担任南京基督教女青年会复员工作筹备主任、南京基督教女青年会总干事。1948年7月—1949年1月,郑汝铨获得联合国奖金,去美国考察社会福利工作。

　　新中国成立后,郑汝铨任南京市基督教三自爱国会副主委,南京市人民代表、政协常委。1951年,中央人民政府政务院文化教育委员会宗教事务处在北京召开"处理接受美国津贴的基督教团体会议"。时任南京女青年会总干事的郑汝铨参加,并积极响应吴耀宗先生提出的中国基督教三自革新宣言,中国基督教团体要"自治、自养、自传"。

1953年下半年,郑汝铨从南京女青年会调到女青年全国协会任储备干事,被派到天津女青年会协助工作。1957年,郑汝铨再次出任天津基督教女青年会总干事。"文化大革命"期间,天津女青年会停止工作。

改革开放后,在郑汝铨的倡导下,天津女青年会首创护工培训班,并于1982年正式开班,培训班共开办9期,培养430名护工。1995年,郑汝铨出席全国妇联"部分大中城市妇联开展家务劳动工作现场会",并在会上介绍天津女青年会创办护工班的经验。1984年,天津女青年会创办幼光幼儿园,郑汝铨为幼儿园房舍问题多方奔走,并筹集资金,率先开办多种特色教学。

1995年,天津女青年会开始从事社区服务工作,进行居民保健、提高养老水平等相关的工作。天津女青年会还与相关单位联合开办美发班、烹饪班等职业技能培训班,对在产业结构调整中下岗的女工进行培训。

郑汝铨历任天津市妇联常委,天津市第一至第五届政协委员、第六至第十届政协常委,天津市妇联第四、第五届常委及第六至第八届执委、第九至第十届名誉执委,天津市第五届青联委员及第六至第七届青联常委等职。2011年,郑汝铨住院期间,捐出30万元积蓄,用于在宁河丰台镇建立希望小学。

2011年10月5日,郑汝铨逝世,终年104岁。

参考文献:

郑汝铨:《我所知道的天津基督教女青年会》,载天津市政协文史委编:《天津文史资料选辑》第21辑,天津人民出版社,1982年。

天津市政协文史资料委员会编:《天津文史资料选辑》第83辑,天津人民出版社,1999年。

(魏淑赟)

周 华 庭

周华庭(1906—1942),又名周景春,化名苏钺东,1906年出生于山东富山县柳行村。幼年时期,由于家贫,他靠叔叔资助念了几年私塾。后到北京大顺染厂当学徒工,因受不了资本家的气,周华庭跑到关外,在东北当了卫生兵,不久又考入国民革命军军医学校,毕业后被分派到于学忠部当医生。

1933年5月,卖国的《塘沽协定》签订以后,冀东22个县只留于学忠部两个团,将其改编为"非战区"的冀东保安队,负责该地区的治安工作。许多官兵因对国民党政府的腐败无能不满而开了小差,周华庭等几个军医也来到蓟县县城,在县城西大街路北开办了一所大同医院。院长张顾三,医生有周华庭、宋瑞轩、王瞵辰等。在大同医院行医期间,周华庭开始接触中共地下党员。1935年,在共产党员李子光的帮助下,周华庭离开大同医院,去城东五百户村开办了华锋医院,医院设在董宝林家,以治病为掩护,实则为党的秘密联络站。

周华庭主攻西医,医术精,医德好。他对病人和蔼可亲,还经常免费为穷人看病,周边许多村民都过来找他看病。周华庭还经常走村串户行医治病,马伸桥一带各村都留下了他的足迹。利用行医的机会,他积极主动向群众进行爱国抗日宣传,发动和组织群众开展抗日活动,并从中了解掌握敌人的情况。在周华庭的宣传带动下,当地群众的抗日热情不断高涨,涌现出许多抗日积极分子。

华锋医院成立不久，周华庭参加了王克兴领导的五百户秘密抗日小组，并成为小组领导者之一。县区党组织负责人王少奇、王克兴等来医院研究工作时，周华庭详细汇报搜集了解到的情况，为党组织掌握敌情、开展抗日斗争提供了便利条件。周华庭等人联络抗日群众，以禁止毒品的名义，巧妙地赶跑了日本特务大金、二金，得到广大群众一致称赞。

1938 年 7 月，冀东人民抗日大暴动爆发，周华庭积极响应并参与，义务治疗伤病员，同时继续做好党的秘密工作。1940 年，根据抗日斗争的需要，周华庭离开华锋医院，投身抗日部队，把自己开办医院的医疗器械和药品全部献给了八路军。1941 年，八路军 13 团成立卫生所，周华庭任医务主任。由于当时部队以打游击为主，经常转移，伤病员行动不便，卫生所建立了 3 个分所：一分所主要活动在长城以北渔子山一带，二分所主要活动在七区下仓一带，三分所主要活动在河东太和洼一带，三个分所分别在所在区域为部队提供医疗服务。卫生所本部主要随 13 团团部活动，也经常派人到 3 个分所进行业务指导。

作为医务主任的周华庭，除了随团部转移，还得翻山越岭，往返于 3 个分所之间。当时很多在战场上负伤的战士尤其是重伤员，需要实施外科手术，卫生所的医护人员不够，要日夜加班抢救伤员。为抢时间，多做创伤手术，多挽救一个个生命，周华庭经常夜以继日地工作，吃饭、上厕所都要节省时间。由于他医术好，治病细致入微，废寝忘食地抢救伤员，许多重伤战士因此得以伤愈，又重新投入战斗一线。

1942 年，敌人对冀东抗日根据地进行疯狂"扫荡"。这年秋季，上级党组织特地从冀东军区派周华庭到黄崖关外为时任冀东西部书记的田野治病，并从生活上予以照顾。在周华庭等 4 名同志的陪同下，田野到兴隆县石门台村小沙峪沟的土窑里治病。不幸的是，田野养病的秘密被叛徒发觉并对日军告密。9 月 19 日拂晓，驻兴隆县茅山伪警察署的大批敌人突然包围了田野养病的小沙峪沟村。周华庭等人选择有利地形，奋勇抵抗，多次击退敌军冲锋，经过一夜激战，终因寡不敌众，周华庭壮烈牺牲，终年 36 岁。

参考文献：

中共天津市委党史资料征集委员会编:《天津抗日英烈》,天津古籍出版社,1995 年。

中共天津市委党史研究室:《中国共产党天津历史》第 1 卷,中共党史出版社,2005 年。

（李占浦）

周 铭 新

　　周铭新(1904—1940)，又名周化民，吉林和龙人。1932年，加入中共北平西区反帝大同盟，后经人介绍加入中国共产党。在北平期间，周铭新曾入东北难民职业中学学习，后到洛阳潼关扶轮小学任教。

　　1934年8月，周铭新调到塘沽扶轮小学工作。经中共天津市委批准，9月，在塘沽扶轮小学成立了"中共塘沽支部"，这是中国共产党在塘沽建立的第一个支部组织，周铭新任组织委员。中共塘沽支部建立后，一面积极开展抗日宣传，一面发展壮大组织。除将外地一批共产党员调入塘沽外，还帮助该校毕业的永利碱厂工人成立了"塘沽扶轮小学毕业同学会"。以同学会的名义出版油印刊物《自励》，交流校友信息，传播进步思想，并鼓励阅读进步书籍，以此来积极培养发展本地进步青年入党。与此同时，还利用成立塘沽扶轮小学新河分校的机会，成立了党小组。塘沽扶轮小学成为塘沽地下党组织活动的基地。

　　1935年，周铭新任中共塘沽支部书记。其间，中国共产党的中心工作以抗日斗争为主线，以周铭新为首的地下支部积极组织地下党员和进步群众学习抗日思想，反对伪冀东自治政府的建立，举办纪念"九一八"四周年活动。在抗日救亡运动中，周铭新领导的党支部带领党员和进步青年印传单、写标语，在街道、码头、车站、火车车厢上，甚至警察局和国民党党部门口秘密张贴，宣传中国共产党的《八一宣言》，揭露南京政府的卖国行径，要求"停止内战，一致抗日"，号召"打回老家去"，抵制日货，等等。在当地产生了很大的影响。在这些活动中,以发动塘沽扶轮小学学生驱逐反动校长孟昭权的活动为最盛,直接揭露了日本侵略者的罪行本质。1935年9月,孟昭权接任塘沽扶轮小学校长。孟昭权到任后,百般限制进步青年在学校的活动,其言行遂遭到学生和校友们的反对。于是党支部通过六年级的进步学生发动了一次罢课,学生们和一些校友一起把孟昭权逐出了学校。孟昭权跑到主管上级铁道部去告状,铁道部育才科又派人带着警察把孟昭权送回了塘沽扶轮小学,接着周铭新和该校的党员教师陆续被调走。周铭新被调走后,由周铭新等在塘沽发展的第一个共产党员许光庭任支部书记,支部活动基地也从小学转移到许光庭家。后来支部又先后发展党员十余人,组织成立了"塘沽青年学术研究会"。为了配合声援"一二·九"运动,他们通过组织青年工人集会,组织进步学生秘密刻印传单并散发和张贴,出版油印小报等活动宣传抗日救国。1936年2月,经中共天津市委批准,中共塘沽支部改为"特别支部",7月,塘沽"特别支部"改为塘沽区委。

1935年12月,中共党组织将周铭新调到河南开封继续从事革命活动。1938年,周铭新任山西省闻喜县公安局长,继续从事中共地下工作。1939年12月,周铭新不幸被捕。1942年2月,在山西省平陆县曹川乡,周铭新被阎锡山第七专署专员关民权杀害,终年36岁。

1988年,国家民政部追认周铭新为革命烈士。

参考文献:

赵继华、于棣主编,天津市地方志编修委员会办公室编著:《抗日烽火在天津》,天津人民出版社,2005年。

(张甜甜)

周 汝 昌

周汝昌（1918—2012），字禹言，号敏庵，后改字玉言。1918 年 4 月 14 日生于天津咸水沽镇。周家祖上于明崇祯年间为避患自安徽桐城县迁居天津咸水沽镇。周汝昌祖父周铜，清末捐同知衔，热心支持地方文化、教育及民间艺术活动。父亲周景颐，光绪末科秀才，民国初年被推举为镇长，后来担任商会会长。周汝昌的母亲李彩凤自幼好学，喜欢吟诵唐诗宋词、读《红楼梦》。周汝昌从小深受熏陶。

1926 年，周汝昌 8 岁才开始上学，为躲败兵的骚扰，小学校常常停课。1932 年，考入天津市内的觉民中学。1935 年，考入南开中学高中班，与著名散文家、藏书家黄裳，著名演艺家、剧作家黄宗江，皆为同学。这一年周汝昌开始了学术研究活动，第一篇读词杂记《杂俎》，连载于在《南开高中》。1936 年，散文《无题》发表在《南开高中》。1937 年，汉译林语堂英文《白日梦》，发表于《南开高中》。常与黄裳谈《红楼梦》。

1937 年卢沟桥事变爆发，日本侵略者轰炸了南开中学。平津沦陷，学校解散。1938 年，周汝昌考入法国天主教会创办的工商学院附中，成为高三年级插班生。1939 年毕业后考入北平燕京大学。因天津发大水，未能当年入学，1940 年才前去入学。1941 年太平洋战争爆发，日本侵略者封闭了燕京大学。周汝昌回到家乡咸水沽，曾在镇上唯一的小学当过教师，教过"国文""修身"等课程。周汝昌每日躲在暗室，与老师、北平的著名词人顾随先生书信往来与诗词唱和，常常书写一些激愤的句子，以抒发对侵略者的不满和愤怒。抗战胜利后，周汝昌于 1947 年重新考入燕大，继续未完成的学业。

其时四哥周祜昌正失业在家，在读到胡适关于《红楼梦》的考证文章后，嘱周汝昌留意寻找曹雪芹好友敦敏的《懋斋诗钞》。周汝昌遂在燕京大学图书馆发现此书，书中有直接咏及曹雪芹的诗作 6 首。周汝昌当即写了一篇考论的文稿，后来发表在天津的《民国日报》副刊《图书》上。这篇文章引起了北大校长胡适先生的注意，主动给周汝昌写信，此信全文发表在《民国日报》，引起了很大的反响。以此为始，胡适与周汝昌通信频繁，讨论切磋。周汝昌向胡适借阅他珍藏的海内孤本《乾隆甲戌脂砚斋重评石头记》。

1948 年的暑假，周汝昌将《乾隆甲戌脂砚斋重评石头记》带回了家乡天津咸水沽，与周祜昌共同研读，发现流行的《红楼梦》与甲戌本相比改动极大。周汝昌给胡适先生写信，提出"校订出一部新版来，恢复曹雪芹的本来面目"的想法，得到胡适的支持。周祜昌执笔抄录一部《乾隆甲戌脂砚斋重评石头记》副本，周汝昌则整理半年来寻获的有关《红楼梦》的诗文资料。这也就是日后《红楼梦新证》一书的先声。

1953 年，草创于 1947—1948 年、约 40 万言的《红楼梦新证》由上海棠棣出版社出版。《红楼梦新证》是一本关于小说《红楼梦》和它的作者曹雪芹的材料考证书，内容所涉极为繁富，著者所研阅参考的书籍在 1000 种以上，实际征引著录的书目也多达 700 余种，挖掘出一批丰富珍贵的史料。此书出版后，不到 3 个月的时间连销 3 版，当时正召开全国文代会，代表们人手一册。毛泽东主席对此书进行了圈阅。1976 年上半年修改增订为上下两册共 80 万言，由人民文学出版社印行出版，同时印行专供毛泽东等中央领导同志阅读的"大字本"。1999 年，《红楼梦新证》荣获文化部第一届优秀科技文化成果一等奖。

2004 年，周氏兄弟"集本校勘，恢复真本"的"大汇校"工程——10 卷本、500 万字的《石头记会真》出版。早在将甲戌本《石头记》抄录一副本之时,周氏兄弟就发下宏愿:集齐所有能见到的《石头记》古抄本,为雪芹的真本原笔恢复应有的光辉。从此兄弟俩一头扎进了红学研究这一汪洋大海之中,经历了长达56年的坎坷才终于问世。

周汝昌曾感言:"如果你想要挑选一件最困难而又最值得、也最需要做的文化工作,那么就请你从事研究和评价曹雪芹的工作。"①曹雪芹是中国历史上最伟大的文学家,然而有关他的身世生平的历史资料却十分匮乏。撰写曹雪芹传记,难在文献奇缺,东鳞西爪、只言片语,从传记学的角度来看确实很难。但在周汝昌看来:"我们拿不出一部曹雪芹传,对自己的历史、对世界人类文化,都是说不过去、难为人原谅的憾事。"②为此,周汝昌自1964年写出10余万字的《曹雪芹》,到新世纪的《曹雪芹传》,40年间5次为曹雪芹作传。曹雪芹传记的出版对于红学研究具有重大的历史意义,所挖掘的资料和塑造的艺术形象弥足珍贵。2011年,周汝昌的《曹雪芹传》在美国出版了英译本。同年,《曹雪芹传》在日本出版了日译本。

天津是周汝昌的故乡,他对乡梓故里有着深厚的感情。20世纪60年代就在《天津晚报》开辟专栏"沽湾琐话",对故乡的历史人文充满深情地记述和感怀。改革开放后,更是频频在《天津日报》《今晚报》刊发文章,续写对桑梓故里绵绵不绝的热爱之情。周汝昌对天津话,对天津的历史地理、季候、节气、交通、戏曲、曲艺等都做过较为详尽的且独到的考证与论述。更对天津的妈祖文化倾力弘扬,多次亲临天后宫参加庆典活动。对恢复水西庄文化情有独钟,倡议成立"水西庄学会"。周汝昌先生在60余年的学术生涯中,出版了70余部著作,包括红学、诗词、书法、随笔、自传等。晚年仍然笔耕不辍,每年都有新著出版。

周汝昌先后任燕京大学西语系教员、华西大学与四川大学外文系讲师、人民文学出版社古典部编辑,是第五至第八届全国政协委员,中国和

---

① 周汝昌:《周汝昌红楼梦学术馆·解说词》。该馆于2004年建馆,地址在天津市津南区咸水沽镇。

② 周汝昌著,周伦苓整理:《文采风流第一人——曹雪芹传》,东方出版社,1999年。

平统一促进会理事,中国作家协会和书法家协会会员,中国韵文学会、中国楹联学会、中国大观园文化协会顾问,中国曹雪芹学会荣誉会长,《红楼梦学刊》编委等职。2010 年成为中国艺术研究院首批终身研究员。

2012 年 5 月 31 日,周汝昌在北京去世,终年 94 岁。

参考文献:

曹雪芹:《石头记会真》,周祜昌、周汝昌、周伦玲校订,海燕出版社,2004 年。

周汝昌著,周丽苓、周伦苓编:《我与胡适先生》,漓江出版社,2005 年。

周汝昌:《红楼梦新证》(全三册),中华书局,2012 年。

(周贵麟)

周 文 彬

周文彬（1908—1944），原名金成镐，1908 年 9 月 23 日生于朝鲜平安北道新义州红南洞，排行第三。父亲金基昌是朝鲜革命者，1914 年因受日本殖民统治者和朝鲜反动派迫害，携全家来到中国，定居于河北省通县复兴庄，后加入中国国籍。

1916 年，周文彬入通县潞河小学，1922 年又考入潞河中学。在学校里，他与进步同学组织了社会主义科学学习小组，一起学习马克思主义书籍，参加各种革命活动。1926 年加入中国共产党。

1927 年四一二反革命政变后，面对极端残酷的白色恐怖，周文彬没有任何动摇和退缩，继续坚持革命活动，组织成立中共潞河中学党支部，并担任党支部书记兼党小组长，积极宣传党的革命主张。为发展革命力量，他还开办夜校，组织工人学习文化。1928 年秋，周文彬在潞河中学毕业后，受党组织派遣从事地下工作。1936 年，周文彬调任中共唐山市工委书记，他在唐山华东电料行以修理收音机为掩护，开展党的秘密工作。

1937 年七七事变爆发后，中共河北省委遵照中共中央北方局的指示，在敌人后方全力组织群众抗日武装，在冀东地区发动抗日大暴动。河北省委决定时任唐山工委书记的周文彬负责组织领导开滦矿工斗争，为发动冀东抗日大暴动做准备。周文彬根据河北省委指示，深入开滦赵各庄煤矿，利用自己掌握的医学知识，给工人看病，同时宣传党的革命思想，秘密恢复和发展党的组织。1938 年 3 月 16 日，在周文彬领导下，赵各庄矿首先拉开了大罢工序幕。

在赵各庄矿罢工的影响下,林西、唐家庄矿工人也相继举行罢工,周文彬和唐山工委领导三矿工人联合成立东三矿罢工委员会,罢工斗争坚持了半个月之久。至4月9日,唐山矿和马家沟矿也加入罢工斗争,从而形成开滦五矿35 000名矿工声势浩大的总同盟罢工。1938年7月,在冀东抗日大暴动鼓舞和抗日联军的配合下,周文彬领导赵各庄矿工人武装纠察队举行起义,随后又策应唐家庄矿工举行起义,成为抗日大暴动的骨干队伍,后这支队伍转移至丰(润)滦(县)迁(安)农村,编为冀东抗日联军工人大队,成为坚持冀东抗日游击战争的一支劲旅。

冀东抗日大暴动胜利后,1938年8月,冀东抗日联军在遵化铁厂与八路军4纵队会师,决定冀东八路军主力和抗日联军全部西撤,周文彬留下任地委书记兼八路军第1支队政治部主任,领导冀东东部地区的抗日斗争。面对艰苦的斗争环境,周文彬遵照党中央和北方局的指示,采取有事集中,平时分散隐蔽和便衣活动的灵活方法,依靠人民群众与敌人周旋,保存发展抗日力量,在创建冀东抗日根据地的斗争中做出了贡献。1939年底,为了加强领导,进一步开展冀东的抗日工作,巩固和扩大根据地,冀热察区党委冀东分委成立,周文彬任委员。在此期间,周文彬转战冀东东部地区,坚持抗日游击战争,建立冀东第一个联合县委和县政权,即丰(润)滦(县)迁(安)联合县委和县政府,周文彬兼任联合县委书记。

1943年夏,冀东根据地进一步扩大,晋察冀中央局决定把冀东地委改为冀热边特委,周文彬任特委组织部部长。1944年10月16日,冀热边特委在驻地丰润县张店子召开减租减息会议,会议进行中发现敌情。为了安全,周文彬决定结束会议,全体与会干部立刻向杨家铺转移。第二天拂晓,敌人将杨家铺包围,周文彬下令从毡帽山突围。由于敌众我寡,经过激烈的作战,部队伤亡很大,周文彬头部中弹,壮烈牺牲,终年36岁。

周文彬烈士牺牲后,冀东人民将他的遗体安葬在毡帽山下,新中国成立后移葬唐山市冀东烈士陵园。

参考文献:

中国中共党史人物研究会编:《中共党史人物传》第 21 卷,陕西人民出版社,1985 年。

中共天津市委党史资料征集委员会编:《天津抗日英烈》,天津古籍出版社,1995 年。

(孟　罡)

朱道孔

朱道孔(1891①—1969)，名锡纯，字道孔，以字行，号仰素，回族，北京大兴人。朱氏先民世居安徽寿州，明初随军北上落户为民。其祖、父在京东通州执教办学，颇孚众望。民国初年，朱道孔随父母迁居天津。

朱道孔接受新式教育，于北京化石桥法政专门学校法律本科毕业。1924 年 2 月 17 日，在天津地方法院注册成为律师，主要承接民事、刑事诉讼案件，履行律师业务职责。同日加入天津律师公会。

1925 年，朱道孔代理了一件十分棘手的债务案。在法庭上，朱道孔冒着被打击报复的风险，揭露了被告代理人制造伪证的不法行为，义无反顾地维护了原告的合法权益，自此声名大振。朱道孔为人正直，处事公道，恪守法律准绳，办案严肃认真。他的工作作风得到业界同人的肯定，同时也得到委托人的好评。在天津律师公会职员选举时，朱道孔当选副会长。

朱道孔逐步成为一位著名律师，被一些文化单位或知名团体邀聘。1931 年，朱道孔应邀为天津《益世报》副刊"法律问答"专栏撰稿，为读者提供法律咨询服务。1935 年 7 月，天津商会聘朱道孔为商会义务律师。1937 年 7 月，天津《益世报》董事长雷鸣远聘任朱道孔为报社法律顾问。

朱道孔作为一位正理平治的著名律师，深知自身的法律责任及社会

---

① 据《潞河松茂堂朱氏宗谱》所载，朱道孔生于光绪十七年，即 1891 年。

义务。天津律师公会成立了平民法律扶助部,帮助那些贫困当事人完成诉讼。朱道孔身体力行,不辞劳苦,不收报酬,其承接办理的平民法律扶助案件达 40 余件。

1937 年 7 月 30 日天津沦陷。为抵制日本侵略者的统治,朱道孔毅然关闭了亲手创办的法律事务所,毅然辞去副会长职务并退出天津律师公会,自动停止律师及其他社会工作。朱道孔举家回到通县乡下,他和夫人窦氏抚养着 6 个子女,过着节衣缩食的生活。

1945 年 8 月 15 日,日本侵略者宣布无条件投降。朱道孔心情振奋,精神抖擞,决定把法律事务所重新开起来。1947 年 3 月,他首先加入北平律师公会,并在北平地方法院登录注册,开始在北平履行律师职务,事务所设在通县。

1948 年 2 月,朱道孔回到天津。3 月 9 日,重新加入天津律师公会;3 月 16 日,在天津地方法院、河北高等法院登记注册,继续在天津履行律师职务,事务所仍然设在河北宙纬路原址。4 月 4 日,天津律师公会举行职员选举,朱道孔当选理事。

新中国成立后,朱道孔到河北省立宁河中学任教。1957 年 4 月 20 日,朱道孔当选政协宁河县委员会第一届副主席。1958 年 1 月,在整风运动中,朱道孔被错划为"右派"。不久他回到天津,过着深居简出的日子。他把当年从事律师工作时经手办理的案卷及担任天津律师公会副会长期间保存下来的文件等资料整理成册。这些案卷材料和文件资料共整理成 1114 卷(册),时间跨度近 30 年,定名为《朱道孔法律事务所全宗》,由天津市档案馆收藏。这些历史资料十分珍贵,是研究民国时期律师行业及司法制度的宝贵文献。

在"文化大革命"中,朱道孔遭受迫害。1969 年,朱道孔逝世,终年78 岁。

1979 年,朱道孔被错划为"右派"的冤案得到平反昭雪。

参考文献:

天津市档案馆藏《朱道孔法律事务所全宗》。

天津市政协文史委编:《天津文史资料选辑》第 37 辑,天津人民出版社,1986 年。

宁河县地方史志编纂委员会编著:《宁河县志》,天津社会科学院出版社,1991 年。

朱江:《潞河松茂堂朱氏宗谱》(民国十七年),朱向如 1993 年重修。

(尹忠田)

朱 彭 寿

朱彭寿(1892—1938),字杰夫,江苏松江人。

朱彭寿自幼勤奋好学,聪颖过人,少年时就读于苏州英文专修馆,后转入上海南洋公学读书。1913年考取官费留学美国,学习电气工程,获硕士学位。毕业后,先在美国普通电气公司实习,后任西方电气公司工程师,1919年返回祖国。

朱彭寿回国后来到天津,任天津电话局副总工程师,由于成绩卓著,1929年升任总工程师,在电话局广大职工中享有很高声望。

1937年7月底,天津沦陷,日本侵略者建立了殖民统治。当时天津电话局共有6个分局,其中2个分局设在租界区。天津沦陷初期,租界区属于中立区,日伪殖民统治不能深入租界区内,但日伪殖民当局以电话局属于一个系统为由,要求接管租界区内电话局。在打入电话局工作的中共党员朱其文的领导下,在国民党电话局局长张子奇的支持下,租界区电话局广大职工发起了一场拒绝日伪接管电话局的"抗交"斗争。这是天津沦陷后,党领导的第一次以公开形式进行的群众性抗日斗争,朱彭寿积极参加了这场斗争。

日伪当局为达到接管租界区电话局的目的,不但在政治上施加种种压力,而且在技术上也采取了各种破坏手段,使租界区电话局的业务工作不能进行。日伪还在租界区外大量逮捕扣押电话局职工,制造恐怖气氛,使租界区电话局不少职工被迫离开工作岗位,电话局的技术力量遭到削弱。为了反击敌人的破坏阴谋,朱彭寿在局内成立了短期技术训练班,动员职工家属参加训练,结业后立即上岗补充缺额,很快解决了人员短缺问题。日伪又收买一些民族败类和地痞流氓,破坏电话局的技术设施,中断租界区电话局的业务。他们潜入法租界破坏电缆,在接头箱内倒入硫酸,将电缆芯线烧毁,使全线电话中断,还将电话线与电力线连通,企图制造电死抢修人员的事件,等等。但是这些破坏事件,都被朱彭寿迅速解决,使敌人的破坏目的始终不能得逞。

此外日伪当局还采取种种收买利诱手段,破坏电话局职工的"抗交"斗争。在敌人利诱下,当时管理股一名主任有投敌意图,职工向朱彭寿反映这一情况后,他立即与局长张子奇研究,撤销了这名主任的职务。另有一名无国籍的职工,与日伪华北电报电话公司有秘密联系,职工反映了这一情况后,朱彭寿立即将这名职工解雇。敌人收买利诱的手段甚至指向朱彭寿本人,要他提供租界区电话局机线图,许诺给以重酬,朱彭寿闻言大怒,厉声斥逐。

朱彭寿以坚定的爱国立场和高超的技术,阻挡日伪在技术上破坏租界区电话通讯。敌人看在眼里,恨在心里,决意置他于死地。

1938年4月5日,朱彭寿在上班路上被日本宪兵劫持,押往日本宪兵分队。敌人企图对其利诱收买,朱彭寿愤然拒绝。敌人见软的不成,就露出凶残的真面孔,企图用残暴的毒刑征服这个坚定的爱国者。朱彭寿被敌人绑在架子上,敌人用马鞭、军棍猛烈抽打他,打昏后用水泼醒又灌辣椒水,折腾了一整天,而朱彭寿始终坚贞不屈,直至天黑,全身血肉模糊的他才由两个日本宪兵抬回牢房。转天,敌人继续对其施以酷刑,手段之残忍,令人发指。这位铮铮铁骨的爱国志士,惨死在敌人牢中,为祖国的抗日民族解放事业,奉献出自己的宝贵生命,终年46岁。

朱彭寿壮烈殉国的消息传来后,电话局广大职工无比悲痛,他们决心继承烈士遗志,把"抗交"斗争进行到底。从1937年8月开始的"抗交"斗争,直至1940年9月天津租界区被日伪接管为止,一直坚持了3年之久。

参考文献:

中共天津市委党史资料征集委员会编:《天津抗日英烈》,天津古籍出版社,1995年。

(朱漓江)

朱 维 之

朱维之(1905—1999),浙江苍南人。1905 年 3 月,朱维之出生于温州苍南县仙居乡朱家岛村的一个基督徒家庭。他是朱家五兄弟中最小的孩子。朱维之 7 岁入私塾学习,他记性好,很快就认识许多字。9 岁时,父亲送朱维之到温州的一家教会小学——崇真小学读书。从此朱维之的一生就与基督教文学结缘。教会小学的师资力量雄厚,特别是历史老师王乐泉,知识渊博,讲课生动,对他影响颇深。1917 年冬,朱维之从崇真小学毕业。

1919 年,朱维之进入温州中学读书。在五四精神的感召下,他与当时众多的热血青年,上街游行示威,查禁、烧毁洋货。他还阅读了大量进步书刊和文学作品。1923 年,朱自清到温州中学任教,朱维之在朱自清先生的教育、鼓励下,开始迈向文学的道路。他喜爱一些新文化运动的名人如徐志摩、冰心等的作品。1924 年,他完成了《墨翟的人生哲学》,并在校刊上发表,后来他将此文投稿上海刊物《青年进步》杂志发表,引起主编的注意,主编亲自询问作者,得知此文是出自中学生之手,很惊奇。从此朱维之经常给该杂志投稿,《中国最早的文学家屈原》《诗仙李白》等都是当时完成的。朱维之求知欲旺盛,他还喜欢读一些西方的书籍,因为从小在教会读书,所以特别喜欢读《圣经》,尤其是《诗篇》《雅歌》《约伯记》《马太福音》等篇章。后来朱维之也试着动手翻译一些西方作品,第一篇是美国欧文的散文《航程》,译文虽然显得很稚嫩,却在校刊刊出了。这极大地鼓舞了朱维之的信心,他在翻译道路上迈出了第一步。

中学毕业后,迫于家境困窘,朱维之没有报考正规大学,而是进入免费的金陵神学院读书。在金陵神学院的三年间,他博览群书,潜心研究希伯来文化与基督教文学。1927年,《青年进步》出版创刊10周年纪念专号,朱维之应约撰写了《十年来的中国文学》。这篇论文决定了其一生的生活道路。同年朱维之投笔从戎,参加北伐,从南京到达武汉,参加北伐军总政治部工作,并被委任为第3军宣传科科长,随军北上,直至攻克许昌,驻守开封。不久大革命失败后,朱维之来到上海,进入《青年进步》杂志所属的青年书局从事编译工作。1928年,朱维之翻译出版了爱尔兰著名作家叶芝的诗剧《心所向往的国土》。

1929年初,新创办的福建协和大学来上海招聘教员,朱维之拿着两年前发表的长篇论文《十年来的中国文学》前去应聘,得到协大校长林景润博士的赏识。朱维之随即南下,来到福建协大讲授中国新文学课程。1930年,朱维之被学校派往日本早稻田大学和中央大学进修,从事日本文学与中国文艺思潮史研究。1932年,朱维之毕业于日本中央大学研究科。回国后,朱维之继续在协大国文系任教,同时出任《福建文化》主编。其间,朱维之先后出版了《李卓吾论》《李卓吾年谱》两部著作。抗战期间,朱维之一边在上海沪江大学任教,一边埋头著述,先后出版了《中国文艺思潮史略》《基督教与文学》《文艺宗教论集》等学术专著。

1952年,他调任南开大学教授,先后担任南开大学中文系外国文学教研室主任、中文系系主任等职,并当选天津外国文学学会会长、天津比较文学研究会会长、中国比较文学学会顾问、中国外国文学学会顾问。1957年,朱维之翻译并出版了英国著名诗人弥尔顿的长诗《复乐园》。1958年的"大跃进"及其后的"文化大革命"期间,朱维之遭到错误批判。"文化大革命"结束后,朱维之重登讲台,为本科生、研究生讲课。他痛感"文化大革命"贻害,学生无书可读,教师无教材可用,遂于1977年发起倡议,联合京津及华北地区一批专业教师,共同编写外国文学教材,由他和中国人民大学赵沨教授为主编,成立了由全国多所高校重要学者组成的外国文学史教材编写组,并在1980年首先推出了《外国文学简编》(欧美部分),于1983年推出了《外国文学简编》(亚非部分),均由中国人民大学出版社出版。在此基础上,朱维之教授和赵沨教授又主持编写了《外国文学史(欧美卷)》和《外国文学史(亚非卷)》,分别在1985年和1988年由南开大学出版社出版。无论是南开版还是人大版的教材,其后都每隔数年就修订一次,在全国高校的外国文学教学中产生了持久而深远的影响,被学界称作"经典教材"。

1979年,朱维之被推举为中文系系主任。在繁忙的教学和学术活动之余,他一直潜心研究并翻译弥尔顿的作品。1981年,朱维之翻译并出版了弥尔顿的《斗士参孙》,接着又出版了《失乐园》,1993年出版了《弥尔顿抒情诗选》。朱维之数十年呕心沥血,翻译、研究弥尔顿的诗歌作品,其中皇皇巨著《失乐园》凡12卷,1万多行,是国内最早一部也是迄今唯一的一部全译本。

朱维之是中国希伯来基督教文学与文化研究的开拓者之一。早在1941年出版的《基督教与文学》一书中就全面论述了《圣经》的文学特质及其对欧美文学的深远影响,出版后引起学术界、宗教界的广泛关注,此书多次再版,1991年被上海书店收入《民国丛书》影印发行。1951年,朱维之的另一部重要著作《文艺宗教论集》出版,此书旁征博引,论述了基督教、佛教、印度教等宗教对中外文学及著名作家创作的影响。上述两部著作在中国相关领域的学术研究方面,无疑具有重要的开拓性意义。

20世纪70年代末,朱维之在《外国文学研究》1980年第2期上发表了《希伯来文学简介——向〈旧约全书〉文学探险》一文,强烈表达了探索研究希伯来—基督教文学的学术勇气与学术期望。此后他带领南开大学中文系外国文学教研室的青年教师与研究生,陆续编写出版了《圣经文学故事选》(1983)、《希伯来文化》(1988)、《圣经文学十二讲》(1989)、《圣经奇文妙语选》(1992)、《古犹太文化史》(1997)、《古希伯来文学史》

（2001）等系列著作，使南开大学中文系迅速成为国内研究希伯来—基督教文学与文化的一方重镇。这些著作不仅从文学与文化的角度对《圣经》进行新的解读与阐释，而且厘正了希伯来文学、希伯来文化的发展历史，论述了希伯来—基督教文化对西方文学与文化的深远影响。

1999年，朱维之因病在天津辞世，终年94岁。

参考文献：

郝岚等：《世界文学与20世纪天津》，中国社会科学出版社，2011年。

张大为主编：《天津文学史·新中国初十七年卷》，天津人民出版社，2011年。

林勇：《朱维之：融通古今　学贯中西》，苍南新闻网，www.cnxw.com.cn，2015年12月3日。

（冯智强）